Praxis der Wirtschaftsinformatik – Inhalt

Strategisches IT-Management

- 3 **Editorial**
- 4 Cartoon
- 5 **Einwurf** von Richard Brägger
- 7 Rüdiger Zarnekow, Walter Brenner
  Auf dem Weg zu einem produkt- und dienstleistungsorientierten IT-Management
- 17 Helmut H. Grohmann
  Prinzipien der IT-Governance
- 25 Hans Brunner, Karl Gasser, Fritz Pörtig
  Strategische Informatikplanung – Ein Erfahrungsbericht
- 37 Lutz J. Heinrich, Claudia Thonabauer
  Strategische E-Business-Planung – Entwicklung von E-Business-Strategien
- 45 Axel Hochstein, Andreas Hunziker
  Serviceorientierte Referenzmodelle des IT-Managements
- 57 Malte Foegen
  Architektur und Architekturmanagement Modellierung von Architekturen und Architekturmanagement in der Softwareorganisation
- 66 Björn Wolle, Volker Müller
  Prozessorientiertes IT-Qualitätsmanagement
- 79 Hans-Peter Nägeli
  Management der Informationssicherheit – Erfahrungen eines Finanzdienstleisters
- 89 Jochen Scheeg, Uwe Pilgram
  Integrierte Kostenbetrachtung für IT-Produkte
- 111 Glossar
- 113 Notizen

Weitere Themen

- 98 Rolf Bergmann, Volker Kratzenstein, Wolfgang Behme
  Portalgestütztes Wissensmanagement bei der Qualitätssicherung der Volkswagen AG

Rubriken

- 114 Bücher
- 120 Veranstaltungen
- 121 Vorschau
- 123 Stichwortverzeichnis
- 128 Impressum

Seminare 2003

Informationen und Anmeldung
auch im Internet:
http://www.dia-bonn.de

DIA DEUTSCHE INFORMATIK AKADEMIE

Erfolgreiches Projektmanagement – auch unter Druck	22.09.	Stuttgart
Knowledge Management: Methoden, Werkzeuge, Praxisbeispiele	25.09. - 26.09.	Stuttgart
Projektsteuerung und Risikomanagement	29.09. - 30.09.	Stuttgart
Webtechnologien und -anwendungen: heute und morgen	29.09. - 01.10.	Dagstuhl
Objektorientierte Systementwicklung: Fachliche Modelle, Analysemuster, Rahmenwerke und Komponenten, Produkte, Qualitätssicherung	08.10. - 10.10.	Dagstuhl
Methodisches Testen und Analysieren von Software	09.10. - 10.10.	Berlin
Geschäftsprozessmodellierung und Workflow-Management	09.10. - 10.10.	Ulm
IT Portfolio Management	13.10.	Stuttgart
Große, komplexe Systeme erfolgreich spezifizieren und entwerfen	13.10. - 14.10.	München
UML 2.0 - Die Neuerungen und ihre Bedeutung für die Anwendungsentwicklung	15.10.	München
Mobile Kommunikation und Mobile Computing	15.10. - 16.10.	Heidelberg
XML & Co.: Standards, Anwendungsfelder und strategische Entscheidungsgrundlagen	23.10. - 24.10.	Stuttgart
Middleware im Vergleich: Funktionalität, Einsatzempfehlungen, Anwendungen, Migrationskonzepte, Erfahrungen	29.10. - 30.10.	Berlin
Usability-Engineering: Entwicklung gebrauchstauglicher Software	29.10. - 31.10.	Dagstuhl
Objektrelationale Datenbanksysteme: Möglichkeiten und Grenzen einer neuen Datenbanktechnik	30.10. - 31.10.	Heidelberg
Software aus Komponenten	03.11. - 04.11.	Karlsruhe
Visualisierung in der Software-Entwicklung	05.11. - 06.11.	Stuttgart
Objektorientierte Entwurfstechniken und Softwarearchitekturen	05.11. - 07.11.	Dagstuhl
Enterprise Application Integration: Integration verteilter, heterogener autonomer Informationssysteme	05.11. - 07.11.	Köln
Testen objektorientierter Software	06.11. - 07.11.	Berlin
Web-Performance: Metriken, Modelle und Methoden	06.11. - 07.11.	Heidelberg
Konstruktion eingebetteter Computersysteme	10.11. - 11.11.	Köln
Mit Projektreviews zu erfolgreichen Projekten	11.11.	Stuttgart
Dokumenten-Management: Konzepte, Systeme und deren Anwendung	13.11. - 14.11.	Heidelberg
Prozeßorientiertes IT Service Management	13.11. - 14.11.	Heidelberg
Verteilte Anwendungen und .NET	17.11. - 18.11.	Heidelberg
Metadaten für digitale Inhalte: Standards, Anwendungsfelder und strategische Entscheidungsgrundlagen	20.11. - 21.11.	Stuttgart
Strategien zur Verbesserung des Software-Entwicklungsprozesses	20.11. - 21.11.	Mannheim
Datenbanken und verteilte Anwendungen im Netz	26.11. - 28.11.	Heidelberg
Projektmanagement von Informatikprojekten	26.11. - 28.11.	Köln
Sicherheit und Zuverlässigkeit eingebetteter Systeme	27.11. - 28.11.	Berlin
Directories und Metadirectories: Ein Praxisbericht	02.12.	Heidelberg
Extreme Programming: Agile Entwicklung von Software	03.12. - 05.12.	Dagstuhl
Application Server: Architektur, Produkte, Anwendungen	04.12. - 05.12.	Berlin
Software Qualitätsmanagement konkret	04.12. - 05.12.	Heidelberg
Systematisches Requirements Management	05.12.	Stuttgart
XML und Datenbanken	11.12. - 12.12.	Heidelberg
Ubiquitous Computing / Pervasive Computing	11.12. - 12.12.	Stuttgart

DIA Deutsche Informatik-Akademie GmbH, Ahrstr. 45, D-53175 Bonn
Tel: 0228 / 302164, Fax: 0228 / 378690, E-Mail: dia@dia-bonn.de

Editorial

In wirtschaftlich schwierigen Zeiten stehen viele Führungskräfte unter Dauerstress: Krisensitzungen über den negativen Geschäftsverlauf werden einberufen, absprungbereite Kunden müssen beruhigt und mit Lockangeboten bei der Stange gehalten werden, und die eigenen Mitarbeitenden wollen über Marktveränderungen und betriebliche Umstrukturierungen aufgeklärt sein. Die IT-Manager sind von dieser Hektik nicht ausgeschlossen, im Gegenteil! Qualitätsprobleme bei den IT-Dienstleistungen heizen die Nervosität an. Plötzlich müssen operative Anwendungen und Führungsinformationssysteme über Nacht angepasst werden. Laufende Projekte werden gestoppt oder auf das Machbare heruntergefahren. Das Informatikbudget ist sowieso zu hoch und wird halbiert.

Ist es nicht vermessen, ausgerechnet in Krisenzeiten ein HMD-Heft mit dem Schwerpunkt »Strategisches IT-Management« herauszugeben? Hätte das nicht früher auf die Liste der IT-Topthemen gehört? Hat die HMD-Herausgeberschaft die Marktentwicklung verschlafen?

Die Verantwortlichen der HMD haben in den letzten Jahren regelmäßig strategische Fragen in ihren Ausgaben behandelt. So erschien beispielsweise im Februar 2001 ein Heft unter dem Titel »Strategisches IT-Controlling«, oder im Oktober 2002 konnten wir das Heft »Performance Measurement« herausgeben, das sich einer großen Nachfrage erfreute.

Uns ist nicht entgangen, dass strategische IT-Führungsfragen, Modelle zur IT-Governance (siehe z.B. CobiT und ITIL im Glossar resp. im Beitrag »Serviceorientierte Referenzmodelle des IT-Managements« von Hochstein/Hunziker) oder Fragen der Systemarchitekturen (Beitrag Foegen), der Qualitätssicherung (Wolle/Müller) und der Systemsicherheit (Nägeli) topaktuell sind und in vielen Führungsetagen diskutiert werden. So haben wir uns entschlossen, unserem Anspruch an Aktualität und Relevanz der Themenwahl treu zu bleiben und ein eigenes Heft zum strategischen IT-Management herauszugeben.

Es ist uns gelungen, für dieses Thema zwei ausgewiesene Kenner der Szene als Gast-Herausgeber zu gewinnen. Seit Jahren arbeiten Walter Brenner und Rüdiger Zarnekow von der Universität St. Gallen auf diesem Gebiet und haben interessante Kooperationsprojekte mit der Praxis vorzuweisen. Sie wirkten an der Konzeption des Heftes aktiv mit und erläutern mit ihrem Überblicksbeitrag den Weg zur Produkt- und Serviceorientierung im IT-Bereich.

Wer ist berechtigter über IT-Governance zu sprechen als ein CIO? Helmut H. Grohmann von der Deutschen Bahn AG wagt, die wesentlichen Elemente der IT-Governance zu erklären, und illustriert sie an konkreten Anschauungsbeispielen aus seinem Verantwortungsbereich. Weitere Erfahrungsberichte zur strategischen Informatikplanung (Brunner et al.), zur Entwicklung von E-Business-Strategien (Heinrich/Thonabauer) und zur Leistungsverrechnung (Scheeg/Pilgram) runden den Schwerpunkt ab.

Der IT-Manager auf dem Cartoon von Norman Zey rotiert ganz schön. Die Uhr zeigt drei vor zwölf. Der Rechner meldet Fehlanzeige. Noch bleibt Zeit zum Umdenken! Studieren Sie dieses Heft eingehend, übernehmen Sie die für Sie wichtigen Methoden und Lösungsansätze, überzeugen Sie Ihre Vorgesetzten, entwickeln Sie Ihr strategisches IT-Managementkonzept und starten Sie mit Ruhe und Geduld die Umsetzung.

Weniger Stress und viel Erfolg wünscht Ihnen

Andreas Meier

Richard Brägger

Kooperationen

Strategisches IT-Management oder wie führe ich eine IT-Abteilung? Was sind die Aufgaben eines CIO? Es gibt viel Literatur über Führung, über Strategien, auch eine Zeitschrift mit dem Titel CIO. Ich habe selbst fünf Jahre an einer technischen Hochschule gearbeitet und viele Fachartikel gelesen, Bücher studiert und Zeitschriften quergelesen. Seit ich aber in der Praxis bin, selbst große Projekte geleitet habe und in einigen Firmen CIO war, habe ich den Nutzen von persönlichem Erfahrungsaustausch kennen und schätzen gelernt.

Vor gut einem Jahr hatte ich Besuch eines Assistenten des CIO einer Schweizer Großbank. Er wollte mich – ich war damals IT-Leiter bei Ringier AG – zum Thema »strategisches Projektmanagement« befragen. Ich musste lächeln, mein Interviewer nach einigen Fragen und meinen Antworten auch: Ringier Informatik mit gut 70 Mitarbeitenden und einem Jahresbudget von 26 Mio. sFr. passte einfach nicht in sein Fragenkonzept. Wieso?

Ringier Informatik ist ein mittelständisches Unternehmen (KMU). Wir hatten damals etwa 2–3 strategische Projekte pro Jahr. Der Rest waren Betrieb, Instandhaltungs- und Wartungsprojekte mit 2–3 Projektmitarbeitern und einem bescheidenen Budget. Die strategischen Projekte und Aktivitäten ließen sich daher leicht auf einem DIN-A4-Blatt manuell managen.

Diese Erkenntnis teile ich mit vielen Kollegen. Die meisten IT-Abteilungen, auch von Großunternehmen, sind Kleinfirmen, hier wird oft noch hemdsärmelig gearbeitet, der Chef ist voll involviert in die Projekte. Stabsstellen für Strategie oder Qualitätsmanagement gibt es nicht, es fehlt einfach das Geld dafür. Und trotzdem müssen wir die gleichen Aufgaben lösen wie die großen IT-Unternehmen. Wieso?

Der Markt der IT-Produkte ist sehr schnelllebig, alle drei Jahre sind die Basissoftware-Komponenten zu ersetzen, die Hardware ist etwa alle 4–5 Jahre fällig. Applikationen leben länger, aber stetiger Wartungsaufwand erfordert enorme Ressourcen. Reorganisationen in den Fachbereichen bringen immer wieder Ausbildungsbedarf. Neue Technologien wie Internet, Breitbandübertragung, drahtlose Geräte etc. lassen kaum Verschnaufpausen zu. All dies gilt nicht nur für IT-Riesen, nein auch für die IT-Abteilungen wie zum Beispiel von Ringier AG oder von Krankenversicherungen ist das das tägliche Brot.

Und wie soll nun eine IT-Abteilung mit 50–200 Mitarbeitenden diese Herausforderungen anpacken? Für mich gibt es nur eine Lösung: Kooperationen. Nur wenn die Organisation fähig ist, für die verschiedensten Projekte und Aufgaben mit unterschiedlichen Partnern über längere Zeiträume zusammenzuarbeiten, kann sie erfolgreich sein.

Kooperieren heißt zusammenarbeiten, Dinge gemeinsam tun, Kosten auf mehrere Partner verteilen, Fachwissen teilen und bereit sein zu Kompromissen. Die wichtigste strategische Aufgabe eines CIO ist es daher, seine Organisation so zu entwickeln, dass sie kooperationsfähig wird.

Als wichtigste Faktoren dafür sehe ich:

1. Standardisierung der Produkte
2. Standardisierung der Prozesse
3. Hohe soziale Kompetenz der Mitarbeitenden (Eigenverantwortung)

Daraus lassen sich zahlreiche Folgerungen ableiten:

Das Anwendungsportfolio ist so auszulegen, dass möglichst Standardprodukte eingesetzt werden. Damit erhält man die Möglichkeit, mit anderen IT-Abteilungen innerhalb der Branche enger zusammenzuarbeiten. Bei Ringier wird deshalb angestrebt, im Redaktions- und Verlagsumfeld die gleichen Werkzeuge wie NZZ und Tamedia einzusetzen. So eröffnet sich ein großes Einsparpotenzial für alle Beteiligten. Mit der Gründung der Centris AG haben einige Krankenversicherer diesen Schritt schon vor langer Zeit sehr erfolgreich getan.

Alle Fachbereiche fordern aus Kostengründen möglichst tiefe und mengenabhängige Verrechnungspreise. Diese internen Preise müssen zudem mit Marktpreisen vergleichbar sein, weil damit eine Beurteilung der eigenen IT einfach und klar ist. Bei Ringier haben wir daher angestrebt, für möglichst viele Bereiche »outsourcingfähig« zu sein. Das bedeutete klare und standardisierte Prozesse, monatliche Verrechnungen anhand von Produktkatalogen mit Preisen und die Einhaltung von SLAs (Service Level Agreements). Auch dies ist absolut notwendig, wenn man – um Kosten zu sparen und effizienter zu arbeiten – mit Lieferanten oder befreundeten IT-Abteilungen enger zusammenarbeiten möchte.

Wenn man mit verschiedenen Outsourcern spricht, erkennt man schnell, dass noch kaum Branchenstandards (Services-Modelle) existieren. Hier besteht dringender Handlungsbedarf. Centris AG will im Krankenversicherungsbereich die Federführung übernehmen.

Auch die verschiedenen Prozesse im operativen Betrieb müssen professionalisiert werden. Das Ziel bei Ringier war klar, die IT von einer internen Abteilung zu einem Service Provider zu entwickeln. Wir haben uns damit die Möglichkeit geschaffen, für verschiedene Produkte (PC-Betreuung, Netzbetreuung, Help Desk etc.) sehr einfach Angebote vom Markt zu holen und mit unseren internen Kosten zu vergleichen.

Und fast am wichtigsten für erfolgreiche Kooperationen ist die soziale Kompetenz der Mitarbeitenden. Alle müssen bereit sein, anderen Fachleuten zuzuhören und deren Meinung zu verstehen. Sie müssen ihre eigenen Vorstellungen klar und verständlich formulieren können und bereit sein, gemeinsam Kompromisse zu erarbeiten. Auch diesem Faktor haben wir bei Ringier Informatik mit einer Kulturentwicklungsinitiative Rechnung getragen. In verschiedenen Workshops haben wir mit allen Mitarbeitenden an der Eigenverantwortung gearbeitet. Die Erfahrung hat gezeigt, dass dies der wohl langwierigste Veränderungsprozess ist und ohne externe Hilfe kaum gelingt. Aber auch hier gilt: Erfahrungen von anderen helfen.

In diesem Sinne würde ich mich über ein E-Mail mit Ihren Erfahrungen freuen.

Dr. Richard Brägger
CEO
Centris AG
CH-4502 Solothurn
richard.braegger@centrisag.ch
www.centrisag.ch

Rüdiger Zarnekow, Walter Brenner

Auf dem Weg zu einem produkt- und dienstleistungsorientierten IT-Management

Die wachsenden Effizienz-, Effektivitäts- und Transparenzanforderungen an das IT-Management zwingen Unternehmen dazu, ihre IT-Managementprozesse und -instrumente weiterzuentwickeln. Einen Schwerpunkt bildet die Integration von Konzepten und Methoden des Produkt- und Dienstleistungsmanagements in das IT-Management. Auf dieser Grundlage verfolgt der Beitrag zwei Zielsetzungen: Er stellt zum einen übersichtsartig aktuelle Forschungsschwerpunkte auf dem Weg zu einem produkt- und dienstleistungsorientierten IT-Management vor. Zum anderen beschreibt er mit einem integrativen Ansatz eine produktorientierte Gestaltung des IT-Managements.

Inhaltsübersicht

1 Anforderungen an das IT-Management
2 Traditionelle Ansätze des IT-Managements
3 Entwicklungsschwerpunkte innerhalb des IT-Managements
   3.1 Definition von IT-Produkten und -Dienstleistungen
   3.2 IT-Lebenszyklus-Konzept
   3.3 IT-Governance
4 Ansätze für ein integriertes IT-Management
   4.1 Institutionenmodell
   4.2 Integrierte IT-Leistungserbringung
5 Literatur

1 Anforderungen an das IT-Management

Während in den 90er Jahren Entwicklungen wie das Internet oder der elektronische Handel dazu führten, dass dem IT-Management in Wissenschaft und Praxis weniger Aufmerksamkeit gewidmet wurde, rückt das Thema in jüngerer Vergangenheit aufgrund der wachsenden Anforderungen an die IT, dem zunehmenden Kostendruck und der höheren Komplexität verstärkt in den Fokus von Unternehmen und Organisationen. Das IT-Management, häufig auch als Informationsmanagement bezeichnet, beschäftigt sich als Teil der Unternehmensführung mit der Erkennung und Umsetzung der Potenziale der Informations- und Kommunikationstechnologien in Lösungen ([Brenner 1994], [Teubner & Klein 2002]). Im Mittelpunkt steht eine effektive, effiziente und transparente Gestaltung des IT-Einsatzes. An diese Gestaltungsaufgabe knüpfen sich auch Herausforderungen, mit denen das IT-Management in der betrieblichen Praxis konfrontiert ist. Immer wieder ist die Informatik mit Vorwürfen hinsichtlich mangelnder Effektivität bei der Abstimmung von IT- und Geschäftsstrategie, mangelnder Effizienz bei der Entwicklung und dem Betrieb von IT-Leistungen und intransparenten Kostenstrukturen konfrontiert.

Inhalte und Aufgaben des IT-Managements sind seit Beginn der 90er Jahre relativ konstant. Veränderte Rahmenbedingungen, wie z.B. neue Formen der Unternehmens- und IT-Organisation, die Konzentration auf Kernkompetenzen oder veränderte Marktmechanismen, zwingen Unternehmen verstärkt dazu, ihre IT-Managementprozesse zu überdenken und weiterzuentwickeln. Eine zentrale Rolle spielt die Erweiterung des IT-Managements um produkt- und dienstleistungsorientierte Konzepte, die im Mittelpunkt dieses Beitrags stehen.

2 Traditionelle Ansätze des IT-Managements

In der Praxis untergliedert sich das IT-Management traditionell in die in Abbildung 1 dargestellten Kernphasen der Planung, Entwicklung

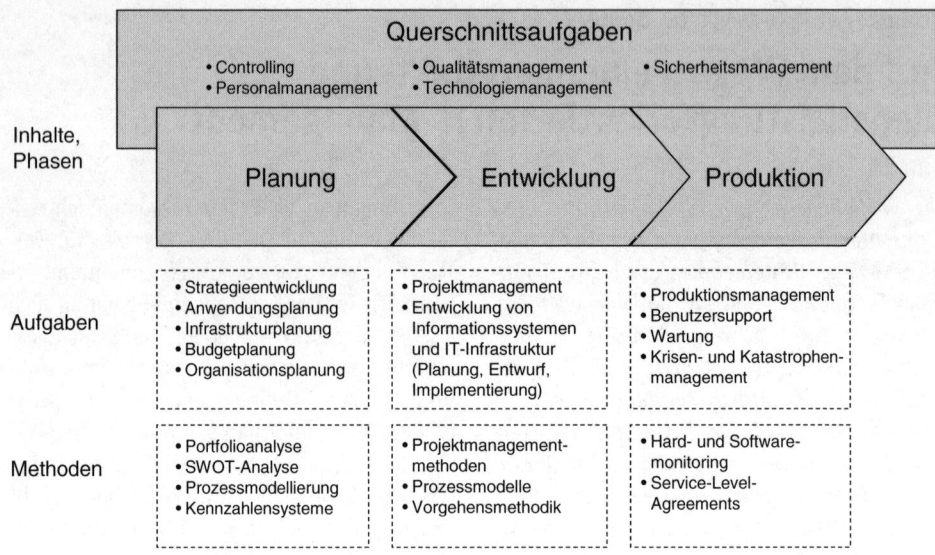

Abb. 1: Inhalte, Aufgaben und Methoden des IT-Managements

und Produktion von Informationssystemen und IT-Infrastrukturen (vgl. [Moll 1994]). Für jede Phase existieren Aufgaben und Methoden, wie sie z.B. in [Heinrich 2002] detailliert beschrieben sind und über Jahre kontinuierlich weiterentwickelt wurden. Neben den Kernaufgaben umfasst das IT-Management eine Reihe von Querschnittsaufgaben, z.B. Controlling, Qualitätsmanagement, Personalmanagement oder Sicherheitsmanagement.

Für die praktische Umsetzung des IT-Managements im Unternehmen existieren eine Vielzahl von Vorgehens- und Prozessmodellen, die sowohl im universitären Umfeld (z.B. das St. Galler Informationssystem-Management [Österle et al. 1991]) als auch von Beratungsunternehmen und IT-Dienstleistern (z.B. das IT Process Model der IBM [IBM 2000]) entwickelt wurden. Einen Überblick über ausgewählte Referenzmodelle gibt der Beitrag von Hochstein/Hunziker in diesem Heft.

Es stellt sich die Frage, warum der IT-Einsatz im Unternehmen trotz der ausgereiften Managementkonzepte häufig als wenig effektiv und effizient bezeichnet wird? Obwohl die Ursachen hierfür vielschichtig sind, lassen sich zwei zentrale Problembereiche erkennen:

Erstens weisen die IT-Managementprozesse eine starke Phasenorientierung auf. Aufgaben, Methoden und Werkzeuge wurden unter phasenspezifischen Zielsetzungen gestaltet und sind darauf ausgerichtet, innerhalb der Phasen Planung, Entwicklung und Produktion jeweils ein Optimum an Effizienz und Effektivität zu erreichen. Durchgängige Managementprozesse, wie sie zum Beispiel im Rahmen der industriellen Produktfertigung existieren (vgl. [Eversheim & Schuh 1999]), fehlen weitgehend. Je ein Beispiel aus der IT-Planung, Entwicklung und Produktion sollen dies verdeutlichen:

- Die Portfolioanalyse als zentrales Instrument der Planung im IT-Management ist charakterisiert durch eine einseitige Sicht auf die Phase der Entwicklung. Dem Portfoliomanagement und der Priorisierung bzw. Auswahl von IT-Vorhaben liegen IT-Projekte zugrunde, in denen primär Entwicklungsressourcen und -kosten Berücksichtigung finden. Nur in wenigen Unternehmen wird im

Rahmen der Portfolioanalyse eine präzise Abschätzung der zu erwartenden Betriebskosten vorgenommen. Noch seltener werden in der Planungsphase die Möglichkeiten einer zielgerichteten Kostenbeeinflussung in Form funktionaler oder finanzieller Vorgaben wahrgenommen.

- Methoden und Werkzeuge zur Softwareentwicklung weisen ebenfalls einen starken Phasenbezug auf. Die Verbindungsstellen zur Planung oder zum Betrieb finden in den Werkzeugen kaum Berücksichtigung. Die Übertragung von Konzepten der kontinuierlichen Verbesserung, des Prozessmanagements, des Qualitätsmanagements oder der Standardisierung werden oft im Kontext der Softwareerstellung gesehen. Eine Einordnung oder Übertragung der Konzepte in eine Gesamtsicht von IT-Leistungen ist noch nicht erfolgt. Softwareentwicklungsprojekte gelten als erfolgreich, wenn sie mit den geplanten Ressourcen in der geplanten Zeit auskommen. Die Phasen der Planung und des Betriebs spielen bei der Entwicklung von Anwendungen eine untergeordnete Rolle, obwohl mit dem Abschluss der Softwareentwicklung die Parameter des Ressourcenverbrauchs für den Betrieb gesetzt sind.
- Die IT-Produktion konzentriert sich vor allem auf die Maximierung der Verfügbarkeit von Anwendungssystemen. Der Bezug zu den Geschäftsprozessen und die Abhängigkeiten der Geschäftsprozesse untereinander sind hier von untergeordneter Bedeutung. Diese unzureichende Berücksichtigung der Anforderungen aus den Geschäftsprozessen wird durch zahlreiche Benchmarking-Studien zu Rechenzentrumsleistungen belegt. Typische Kenngrößen dieser Benchmarks sind Kennzahlen zu Kapazitäten, wie z.B. CPU (Central Processing Unit)-Sekunden oder Speicherkapazität in GB (Gigabyte), sowie Kennzahlen zu Kosten, wie z.B. Kosten/CPU-Sekunde oder Kosten/GB. Diese Kenngrößen beziehen sich nicht auf den eigentlichen Output der IT, nämlich die Unterstützung von Geschäftsprozessen, sondern auf die Kosten für die Bearbeitung des Outputs. Die Wirksamkeit bei der Erstellung von IT-Leistungen als Ganzes wird zu wenig betrachtet.

Zweitens fließen Anforderungen und Erfahrungen aus der IT-Produktion nur unzureichend in die vorgelagerten Planungs- und Entwicklungsprozesse ein. Und dies, obwohl verschiedene Untersuchungen zeigen, dass Unternehmen heute deutlich mehr als 50% ihrer IT-Budgets für die IT-Produktion ausgeben ([Keen 1991], [Strassmann 1997], [Thiel 2002]). Vor allem zwischen der Entwicklung und Produktion existiert eine zum Teil bewusst geschaffene Trennung, wie die folgenden Beispiele verdeutlichen:

- Entscheidungen in der Planung und Entwicklung werden mit mangelndem Wissen über die Produktionsabläufe getroffen und führen oft zu Performanceproblemen, geringerer Servicequalität, heterogenen Architekturen und reduziertem Automatisierungsgrad.
- Mitarbeiter aus der Produktion werden nur punktuell und in die späten Projektphasen der Entwicklungsprozesse und meist gar nicht in die Planungsprozesse eingebunden.
- Erkenntnisse aus der Produktion über Fehlerhäufigkeiten, Supportaufwände und Ressourcenverbräuche einzelner Anwendungssysteme fließen nicht in künftige Planungs- und Entwicklungsprozesse ein.
- In der Produktion ermittelte Kennzahlen und Auswertungen über die Nutzung einzelner Anwendungssysteme finden zu selten Berücksichtigung bei der Steuerung des IT-Portfolios.

3 Entwicklungsschwerpunkte innerhalb des IT-Managements

Die beschriebenen Schwachstellen und die sich wandelnden Anforderungen an das IT-Management führen zu einer Weiter- bzw. Neuentwicklung der Konzepte und Methoden. Einen Schwerpunkt bildet dabei die Integration von Gedanken aus dem Produkt- und Dienstleistungsmanagement in das IT-Management. Obwohl die Entwicklung in diesem Bereich vielfach noch nicht abgeschlossen ist und keine fertigen, in der Praxis erprobten Ergebnisse vorliegen, sollen im Folgenden ausgewählte Forschungsschwerpunkte übersichtsartig dargestellt werden.

3.1 Definition von IT-Produkten und -Dienstleistungen

Viele Unternehmen sind dabei, ihre IT-Abteilungen von einem reinen Lieferanten für Informationstechnik hin zu einem Dienstleistungserbringer für das gesamte Unternehmen zu wandeln. Die Auswirkungen dieses Veränderungsprozesses sind weitreichend. Die Geschäftsbereiche werden zu Kunden der IT, die auf der Basis transparenter Liefer- und Leistungsbeziehungen und marktähnlicher Mechanismen mit dem IT-Dienstleister zusammenarbeiten. Damit rücken die geschäftlichen Anforderungen des Kunden in das Zentrum der Betrachtungen. Der IT-Dienstleister übernimmt einen Teil des unternehmerischen Risikos, indem er marktgerechte Preise kalkulieren und seine Dienstleistungen vermarkten und absetzen muss.

Voraussetzung für ein dienstleistungsbasiertes IT-Management ist die Definition von IT-Produkten. IT-Dienstleister und Kunde arbeiten nicht mehr auf der Basis IT-bezogener Objekte, wie z.B. Anwendungssystemen, Systemplattformen oder Netzwerken, zusammen, sondern definieren IT-Produkte, die vom IT-Dienstleister angeboten und verkauft werden. Die Definition eines IT-Produktportfolios wird zu einer Kernaufgabe des IT-Managements. Dabei stellt sich die Frage, was sich konkret hinter den Produkten der IT verbirgt? Die Produktdefinition kann auf unterschiedlichen Stufen erfolgen, die sich im Grad der Geschäftsorientierung voneinander unterscheiden (siehe Abb. 2).

Stufe 1 – Ressourcenorientierte IT-Produkte: Vielfach werden die durch die IT bereitgestellten Ressourcen zu IT-Produkten umdefiniert und beispielsweise als Produkte wie »1 Personentag Entwicklung« oder »Bereitstellung von 1 MIPS Rechenleistung« angeboten. Obwohl die Definition derartiger Produkte viele IT-Abteilungen vor eine schwierige Aufgabe stellt, handelt es sich aus der Sicht der Kunden nicht um Produkte im eigentlichen Sinne. Die geschäftliche Orientierung fehlt und der Kunde ist gezwungen, sich mit für ihn kaum verständlichen technischorientierten Produktgrößen auseinander zu setzen.

Stufe 2 – Informationssystemorientierte IT-Produkte: Aus Sicht der Softwareentwicklung bildet die Bereitstellung eines Informationssystems das zentrale Produkt. Produkte wären in diesem Fall beispielsweise die Bereitstellung eines Anwendungssystems zur Kundenverwal-

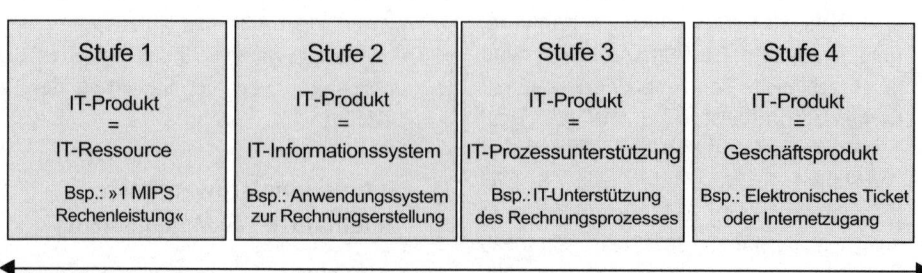

Abb. 2: Entwicklungsstufen von IT-Produkten [Zarnekow & Brenner 2003]

tung, eines Systems zur Rechnungserstellung oder einer CAD-Lösung für die Konstruktion. Derartige IT-Produkte werden in der Regel in enger Abstimmung mit den Kunden entwickelt und sind speziell auf deren Bedürfnisse zugeschnitten. Aus Kundensicht bilden Informationssysteme einen ersten Schritt in Richtung einer geschäftsorientierten Zusammenarbeit mit dem IT-Dienstleister. Mehrere IT-Leistungen, wie zum Beispiel Entwicklung, Betrieb und Support eines Informationssystems, werden durch den Dienstleister zu einem IT-Produkt zusammengefasst.

Stufe 3 – Prozessorientierte IT-Produkte: Eine konsequente Orientierung an der Geschäftsprozessunterstützung als zentrale Aufgabe der IT führt zu einer dritten Stufe von IT-Produkten, die eine höhere Geschäftsorientierung aufweisen. Der Kunde kauft IT-Leistungen zur Unterstützung seiner Geschäftsprozesse ein. Für ihn ist das Ergebnis und das eigentliche Produkt der IT eine Prozessunterstützungsleistung. Ein Versicherungsunternehmen benötigt beispielsweise IT-Produkte zur Unterstützung des Schadensabwicklungsprozesses. Sinnvollerweise werden prozessorientierte IT-Produkte auf der Ebene von Teilprozessen definiert, im Beispiel etwa »Schadensvorgang eröffnen«, »Schadensmeldung bearbeiten« oder »Zahlungsvorgang auslösen«. Die IT-Produkte beinhalten die aus Sicht des Kunden für die Unterstützung der Teilprozesse gewünschten IT-Leistungen. Aus Sicht des IT-Dienstleisters setzen sich die Produkte aus einer Vielzahl einzelner Leistungen zusammen, z.B. der Bereitstellung der erforderlichen Infrastrukturen, Anwendungssysteme und Supportleistungen. Prozessorientierte IT-Produkte ermöglichen es Dienstleister und Kunde, auf der Grundlage von Geschäftsprozessen über rein geschäftliche Größen und Produktkonditionen miteinander zu verhandeln. Der Kunde ist von der hinter den Produkten liegenden technischen Komplexität vollständig abgeschirmt.

Stufe 4 – Geschäftsproduktorientierte IT-Produkte: Nicht nur interne Geschäftsprozesse, sondern auch die eigentlichen Produkte und Dienstleistungen eines Unternehmens basieren zunehmend auf IT-Produkten. So beinhalten beispielsweise die Geschäftsprodukte der Telekommunikations-, Unterhaltungselektronik- oder Automobilbranche heute bereits eine Vielzahl von IT-Produkten und -Dienstleistungen. Vollständig IT-basierte Geschäftsprodukte existieren ebenfalls, z.B. elektronische Tickets, netzbasierte Anrufbeantworter oder Internetzugänge. Diese beinhalten in der Regel Prozessleistungen, die wiederum durch IT-Produkte unterstützt werden. So erfordert der Verkauf eines elektronischen Tickets einen elektronischen Bestellprozess und die Bereitstellung eines Internetzugangs Prozesse zur Verwaltung der Benutzerdaten und zur Abrechnung der Nutzungsgebühren.

3.2 IT-Lebenszyklus-Konzepte

IT-Produkte durchlaufen einen Lebenszyklus. Dieser kann in die typischen Phasen eines Produktlebenszyklus, bestehend aus Entwicklung, Einführung, Wachstum, Reife und Rückgang [Matys 2002], unterteilt oder durch den Lebenszyklus eines Informationssystems, bestehend aus Planung, Entwicklung, Produktion und Außerbetriebnahme, beschrieben werden.

Der Nutzen eines IT-Produktes für den Kunden und dessen Erträge für den IT-Dienstleister verändern sich über den Zeitablauf. Aus Sicht des IT-Managements ist es daher von Bedeutung, über durchgängige Managementkonzepte für den gesamten Lebenszyklus zu verfügen. Nur so lassen sich die Auswirkungen einzelner Entscheide ermitteln und Informationssysteme unter unternehmerischen Gesichtspunkten lenken. Betrachtet man die bestehenden Ansätze zum Lebenszyklusmanagement innerhalb der IT, so konzentrieren diese sich vor allem auf den Lebenszyklus eines Softwareentwicklungsprojektes. Die Ausweitung auf den gesamten Produktlebenszyklus stellt eine Herausforderung für das IT-Management dar.

Eine Lebenszyklus-Betrachtung eignet sich sowohl für die Analyse neuer IT-Vorhaben als auch für das Management bestehender Informationssysteme. Bei in Planung befindlichen Vorhaben ermöglicht sie eine qualifizierte Entscheidung über den insgesamt zu erwartenden Nutzen. Die Weiterentwicklung des IT-Projektportfolios, das Entwicklungprojekte enthält, hin zu einem IT-Produktportfolio, basierend auf einer Produktlebenszyklus-Betrachtung, stellt einen ersten konkreten Schritt in diese Richtung dar. Voraussetzung hierfür ist die Definition von IT-Produkten und die Berechnung von Produktstückkosten und Mengengerüsten. Bei bestehenden Informationssystemen ermöglicht die Lebenszyklus-Betrachtung zudem die Bestimmung des Zeitpunktes, zu dem die Außerbetriebnahme einer IT-Lösung aus unternehmerischer Sicht sinnvoll ist. Heute wird diese Entscheidung, wenn überhaupt, auf der Basis von Ad-hoc-Entscheidungen und nicht im Rahmen eines institutionalisierten Managementprozesses getroffen.

3.3 IT-Governance

Komplexe Unternehmensorganisationen, vielfältige Marktbeziehungen und Entwicklungen wie das IT-Outsourcing führen zu einer wachsenden Anzahl an Kommunikationsbeziehungen der IT und sind Ursache für Schnittstellenprobleme und Intransparenz. Die Übertragung von Verantwortung der Corporate Governance auf die IT ist erforderlich. Unter IT-Governance werden Grundsätze, Verfahren und Methoden zusammengefasst, die sicherstellen, dass mit Hilfe der eingesetzten IT die Geschäftsziele abgedeckt, Ressourcen verantwortungsvoll eingesetzt und Risiken angemessen überwacht werden [Meyer et al. 2003]. Innerhalb der IT-Governance kommt den Prozessen zur Beschaffung, Auslieferung und Unterstützung von IT-Dienstleistungen eine besondere Bedeutung zu. Im Mittelpunkt steht die Gestaltung der Schnittstelle zwischen IT-Dienstleister und Kunde, bei der die IT-Governance die folgenden Themenbereiche adressieren muss:

- Grundsätze, Organisation (strategische Positionierung der IT, Rollenverteilung, Anwendungsbereich der IT-Governance, Grundsätze für Liefer- und Leistungsbeziehungen, rechtliche Beziehungen, Eskalations- und Schlichtungsprozesse)
- Wettbewerbssituation (Gestaltung der Bezugspflicht, Grad der Freigabe der Leistungserbringung, Bezugsprinzipien, rechtliche Voraussetzungen)
- Preisfindung und Leistungsverrechnung (Preisbildungsmethoden, Budgetierungsverfahren, Besitzverhältnisse, rechtlicher Rahmen)
- Risiko- und Performance-Management (Verteilung des Risikos, Verantwortung für Risiken, Risiko-Kontrollmechanismen, Berichterstattungsprozesse, Leistungsüberwachung)

In der Praxis spielt im Bereich der IT-Governance vor allem die Gestaltung der Führung und Organisation der Informatik im Unternehmen eine Rolle. So ist zu definieren, welche Aufgaben und Kompetenzen in welchen Organisationseinheiten anzusiedeln sind und welche Steuerungsgremien benötigt werden. Ein praktisches Beispiel für die Umsetzung der IT-Governance in einem Großkonzern beschreibt der Beitrag von Grohmann in diesem Heft.

4 Ansätze für ein integriertes IT-Management

Die in Kapitel 3 dargestellten Schwerpunkte machen deutlich, dass ein Bedarf für phasenübergreifende IT-Managementprozesse und die Berücksichtigung von Produktlebenszyklen innerhalb des IT-Managements besteht. Unter dem Begriff des integrierten IT-Managements werden im Folgenden konkrete Ansätze vorgestellt, die diese Gedanken aufgreifen.

4.1 Institutionenmodell

Die institutionelle Umsetzung eines produkt- und dienstleistungsorientierten IT-Managements erfordert die Unterscheidung zwischen Leistungserbringern und -abnehmern (siehe Abb. 3). Der IT-Dienstleister übernimmt die Rolle eines Leistungserbringers, die Geschäftsbereiche die Rolle der Leistungsabnehmer. Beide Seiten definieren ein IT-Produktportfolio. Auf der Seite der Leistungsabnehmer ergibt sich aus den verschiedenen Bedürfnissen nach IT-Unterstützung der Geschäftsprozesse und -produkte ein Nachfrage-Produktportfolio. Produktmanagern obliegt die Verantwortung, die benötigten IT-Produkte mit einem Leistungserbringer zu verhandeln und einzukaufen. Die Rolle des Produktmanagers kann dabei entweder von den jeweiligen Geschäftsprozessmanagern übernommen werden, da diese für die Geschäftsprozesse und somit auch für die im Geschäftsprozess benötigten IT-Produkte verantwortlich sind, oder innerhalb einer bestehenden CIO-Organisation auf Seite des Leistungsabnehmers angesiedelt werden.

Der Leistungserbringer fasst in seinem Angebot-Produktportfolio seine Dienstleistungen zu IT-Produkten zusammen. Die Erstellung eines solchen Portfolios erfordert die Zusammenarbeit von Entwicklung und Produktion, da jedes Produkt gestaltet (d.h. entwickelt) und hergestellt (d.h. produziert) werden muss. Auf der Seite des Leistungserbringers existiert ebenfalls ein Produktmanagement, das die Schnittstelle zum Leistungsabnehmer bildet. Um ein bedarfsgerechtes Angebot-Produktportfolio zusammensetzen zu können, ist ein intensiver Kommunikationsprozess mit dem Leistungsabnehmer notwendig. Des Weiteren muss der Leistungserbringer Informationen über seine tatsächlichen Herstellkosten der im Angebot-Produktportfolio enthaltenen IT-Produkte besitzen, die als Grundlage für die Verhandlung mit dem Leistungsabnehmer dienen. Der Beitrag von Scheeg/Pilgram in diesem Heft beschreibt ein derartiges Konzept zur Kalkulation von IT-Produkten.

Leistungserbringer und -abnehmer verhandeln über die genauen Konditionen eines Produktkaufs. Zwischen beiden Seiten existiert ein interner oder externer Markt, je nachdem ob sich beide innerhalb desselben Unternehmens befinden oder rechtlich unabhängige Einheiten

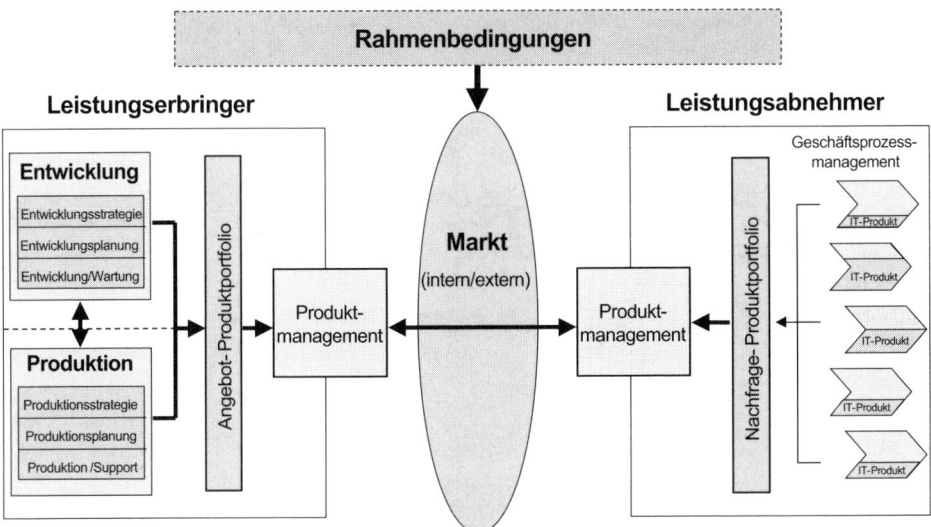

Abb. 3: Institutionen innerhalb eines dienstleistungsorientierten IT-Managements

darstellen. Aufgabe des Marktes ist es, Angebot und Nachfrage möglichst effizient zusammenzuführen. Die Verhandlung konzentriert sich vor allem auf die genauen Produkteigenschaften, die Abnahmemenge, die Lieferzeiten, die Produktqualität und die Konsequenzen bei Nichteinhalten der vereinbarten Produktkonditionen. Im Falle einer Einigung kauft der Leistungsabnehmer die IT-Produkte ein und der Leistungserbringer stellt diese zur Nutzung bereit.

Die über den Markt vollzogenen Kommunikations- und Verhandlungsprozesse müssen innerhalb bestimmter Rahmenbedingungen ablaufen. Diese unterscheiden sich in Abhängigkeit davon, ob es sich um einen internen oder externen Markt handelt. Innerhalb eines unternehmensinternen Marktes ist die Gestaltung der Rahmenbedingungen eine Teilaufgabe der IT-Governance (siehe Abschnitt 3.3). Zu definieren sind beispielsweise die formalen Beziehungen zwischen Leistungserbringer und -abnehmer, Aufgaben und Verantwortlichkeiten, rechtliche und wettbewerbsbezogene Fragestellungen sowie die Art und Weise der Leistungsverrechnung. Im Falle eines externen Marktes finden die für alle geschäftlichen Handlungen gültigen gesetzlichen und rechtlichen Rahmenbedingungen Anwendung.

4.2 Integrierte IT-Leistungserbringung

Die Gestaltung von IT-Managementprozessen auf Basis der in Kapitel 2 beschriebenen Kernphasen des IT-Managements (Planung, Entwicklung, Produktion) erschwert die Schaffung durchgängiger Managementprozesse für die Bereitstellung von IT-Leistungen. Verbesserungspotenziale bieten sich durch die Übertragung integrierter Managementkonzepte aus der industriellen Fertigung auf die IT. Abbildung 4 zeigt in Anlehnung daran die zentralen Aufgaben innerhalb eines integrierten IT-Managements.

Im Rahmen des Programmmanagements wird das durch die IT angebotene Produktprogramm, d.h. die Summe aller IT-Produkte, gestaltet. Das Entwicklungsmanagement ist verantwortlich für die IT-Produktgestaltung, d.h. für die Spezifikation, die Entwicklung und den Test einzelner IT-Produkte. Das Produktionsmanagement beinhaltet die Aufgaben der IT-Produktherstellung, d.h. den Betrieb, den Support

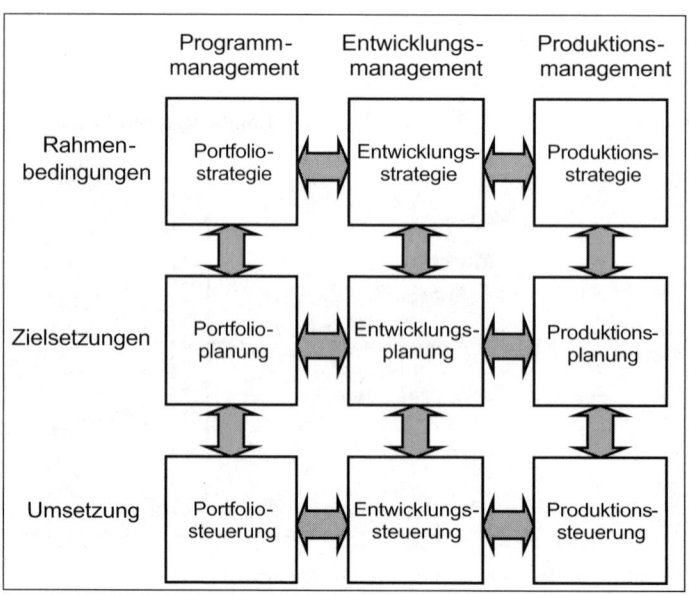

Abb. 4: Kernaufgaben eines integrierten IT-Managements

und die Wartung. In allen drei Bereichen müssen Rahmenbedingungen definiert, Zielsetzungen gestaltet und operative Umsetzungsaufgaben wahrgenommen werden. Insgesamt ergeben sich somit neun Kernaufgaben, die im Folgenden kurz beschrieben werden.

Die Portfoliostrategie legt die strategische Ausrichtung des IT-Produktportfolios fest. Sie definiert zukünftige Geschäftsfelder, identifiziert Kunden- oder Marktpotenziale und sucht kontinuierlich nach zukunftsträchtigen Produktideen. Als Ergebnis der Portfoliostrategie entstehen Produktideen und strategische Vorgaben für die Portfolioplanung sowie Rahmenbedingungen für die Entwicklungs- und Produktionsstrategie. Die Entwicklungsstrategie definiert die strategischen Rahmenbedingungen für die Produktgestaltung. Hierzu zählen beispielsweise die Definition des Vorgehensmodells, der grundlegenden Entwicklungsprinzipien, der eingesetzten Methoden und Werkzeuge und nicht zuletzt der Anwendungsarchitektur. Analog hierzu legt die Produktionsstrategie etwa die Plattformstrategie, die Standortstrategie und die Systemarchitektur fest. Von entscheidender Bedeutung ist in diesem Zusammenhang die enge Abstimmung von Portfolio-, Entwicklungs- und Produktionsstrategie, da sich alle drei wechselseitig beeinflussen. Beispielsweise macht eine Entwicklungsstrategie zur Nutzung der Microsoft .NET-Architektur nur dann Sinn, wenn auch in der Produktionsstrategie der Einsatz von Microsoft-basierten Plattformen verfolgt wird. Und wurde im Rahmen der Portfoliostrategie beispielsweise entschieden, zukünftig das Marktsegment Web-Services auszubauen, so muss auch diese Entscheidung mit entsprechenden Entwicklungs- und Produktionsstrategien hinterlegt werden.

Auf der Basis der strategischen Vorgaben werden im Rahmen der Portfolio-, Entwicklungs- und Produktionsplanung Zielsetzungen definiert. Die Portfolioplanung umfasst vor allem den Prozess der Portfolioanalyse, d.h. die Bewertung und Priorisierung der IT-Produkte und damit die Definition des konkreten Produktportfolios. Darüber hinaus müssen aber auch Produktabsatzmengen unter Berücksichtigung bestehender Entwicklungs- und Produktionskapazitäten geplant und Vor- und Nachkalkulationen einzelner Produkte durchgeführt werden. Basis der Portfolioplanung bilden die in der Portfoliostrategie festgelegten Rahmenbedingungen sowie die Entwicklungs- und Produktionskapazitäten. Im Rahmen der Entwicklungsplanung findet vor allem die detaillierte Ressourcenplanung und Priorisierung der verschiedenen Entwicklungsvorhaben statt. Sie umfasst die Anwendungs-, System-, Projekt- und Integrationsplanung. Aufgabe der Produktionsplanung ist die Festlegung eines konkreten Produktionsprogramms für eine bestimmte Periode und die damit verbundene Planung von Mengen, Terminen sowie Kapazitäten. Konkret beinhaltet sie die Kapazitäts-, die Verfügbarkeits-, die Wiederanlauf- und die Sicherheitsplanung. Wie bei der Definition der Rahmenbedingungen müssen auch die Zielsetzungen übergreifend abgestimmt werden. Die Portfolioplanung spezifiziert, kalkuliert und bewertet neue Produkte. Entwicklungs- und Produktionsplanung liefern die hierzu notwendigen Informationen, z.B. Ressourcen- oder Kosteninformationen.

Die Portfoliosteuerung umfasst vor allem die Portfolioüberwachung (Soll-Ist-Vergleich von Absatzmengen, Umsatzerlösen, Marktanteilen usw.) und die Überwachung der Neuproduktentwicklung. Des Weiteren werden kontinuierliche Portfoliooptimierungen vorgenommen und Verbesserungsmaßnahmen initiiert. Hauptaufgabe der Entwicklungs- und Produktionssteuerung ist es, eine zufrieden stellende Entwicklung und Produktion sicherzustellen. Zielvorgaben, zum Beispiel durch Service-Level-Agreements, müssen in konkrete Entwicklungs- und Produktionsvorgaben umgesetzt, kontrolliert und bei Problemen bzw. Abweichungen korrigiert werden.

5 Literatur

[Brenner 1994] *Brenner, W.:* Grundzüge des Informationsmanagements. Springer-Verlag, 1994.

[Eversheim & Schuh 1999] *Eversheim, W.; Schuh, G.:* Produktion und Management. Springer-Verlag, 1999.

[Heinrich 2002] *Heinrich, L. J.:* Informationsmanagement: Planung, Überwachung und Steuerung der Informationsinfrastruktur. 7. Aufl., Oldenbourg Verlag, 2002.

[IBM 2000] *IBM:* IT Process Model White Paper: Managing information technology in a new age, 2000, http://www.ibm.com/services/whitepapers/ (abgerufen am 06.03.2003).

[Keen 1991] *Keen, P.:* Shaping the Future: Business Redesign through Information Technology. Harvard Business School Press, 1991.

[Matys 2002] *Matys, E.:* Praxishandbuch Produktmanagement. Campus Verlag, 2002.

[Meyer et al. 2003] *Meyer, M.; Zarnekow, R.; Kolbe, L.:* IT-Governance – Begriff, Status Quo und Bedeutung. In: Wirtschaftsinformatik, Nr. 4, Vol. 45, 2003.

[Moll 1994] *Moll, K.-R.:* Informatik-Management. Aufgabengebiete, Lösungswege, Controlling. Springer-Verlag, 1994.

[Österle et al. 1991] *Österle, H.; Brenner, W.; Hilbers, K.:* Unternehmensführung und Informationssystem – Der Ansatz des St. Galler Informationssystem-Managements. Teubner Verlag, 1991.

[Strassmann 1997] *Strassmann, P.:* The Squandered Computer. The Information Economics Press, 1997.

[Teubner & Klein 2002] *Teubner, A.; Klein, S.:* Informationsmanagement – Vergleichende Buchbesprechung. In: Wirtschaftsinformatik, Nr. 3, Vol. 44, 2002, S. 285-299.

[Thiel 2002] *Thiel, W.:* IT-Strategien zur aktuellen Marktlage – The Boston Consulting Group. In: 8. Handelsblatt-Tagung Strategisches IT-Management, Bonn, 29. Januar 2002.

[Zarnekow & Brenner 2003] *Zarnekow, R.; Brenner, W.:* A product-based information management approach. In: Proc. 11th European Conference on Information Systems (ECIS 2003), Neapel 16.-21. Juni 2003.

Dr. rer. pol. Rüdiger Zarnekow
Prof. Dr. oec. Walter Brenner
Universität St. Gallen
Institut für Wirtschaftsinformatik
Müller-Friedberg-Straße 8
CH-9000 St. Gallen
{ruediger.zarnekow, walter.brenner}@unisg.ch
www.unisg.ch

Helmut H. Grohmann

Prinzipien der IT-Governance

Der Beitrag stellt zentrale Elemente der IT-Governance vor und illustriert diese am Beispiel der Deutsche Bahn AG. Der Schwerpunkt liegt auf der Darstellung der IT-Governance aus geschäftlicher Sicht und weniger bei den technologischen Aspekten. Der Beitrag beschreibt, in welchen Kontext IT-Governance in einem Unternehmen zu stellen ist, welche Rahmenbedingungen geschaffen und welche Faktoren beachtet werden müssen. Es wird der Versuch unternommen, die Rahmenbedingungen und Faktoren möglichst vollständig auf Basis des Erfahrungshintergrundes des Autors darzustellen.

Inhaltsübersicht

1 Ausgangssituation
2 Elemente der IT-Governance
   2.1 Aufgaben des Informationsmanagements
   2.2 Was ist IT-Governance?
   2.3 Rollenverteilung
   2.4 IT als Kern-Know-how oder Kerngeschäft
3 Das IT-Governance-Modell bei der Deutsche Bahn AG
   3.1 Die Arbeitsteilung der IT-Funktionen
   3.2 IT-Portfoliomanagement
   3.3 IT-Risikomanagement
   3.4 IT-Projekte
4 Literatur

1 Ausgangssituation

In der Literatur und in Veröffentlichungen und Kommentierungen zum Generalthema Management kann man in den letzten Jahrzehnten ein wellenartiges Auftauchen und Wieduntergehen unterschiedlichster Managementkonzepte beobachten. Oft drängt sich dabei das geflügelte Wort vom »alten Wein in neuen Schläuchen« auf. Mit diesen Managementwellen einher gehen seit Jahren auch IT-Wellen, gepaart mit Begriffswellen. Einer dieser neuen Begriffe, der in der Presse und auf Fachkongressen in letzter Zeit vermehrt Verwendung findet, ist »IT-Governance«.

Hinterfragt man den Begriff der IT-Governance in verschiedenen Unternehmen, so erhält man oft eine unscharfe Definition, die als banalste Antwort so etwas wie »das ist, wie wir die EDV / IT organisieren« hervorbringt. Als konzeptionelle Antwort ist diese Definition nicht sehr brauchbar. Sie definiert nicht die Rahmenbedingungen und das damit einhergehende notwendige Managementsystem. Sie lässt offen, wie und ob die spezielle IT-Governance ableitbar ist aus generellen Prozessmanagement- und Organisationsprinzipien. Dass Governance mehr ist als »wer macht was«, soll anhand von Erfolgsfaktoren Gegenstand der folgenden Betrachtungen sein.

2 Elemente der IT-Governance

2.1 Aufgaben des Informationsmanagements

Es wurden und werden immer neue Versuche gestartet, sich über die Aufgaben des Informationsmanagements Klarheit zu verschaffen. Im Grundsatz haben sich die Aufgaben des Informationsmanagements kaum verändert:

Zum einen organisiert das Informationsmanagement die Prozesse, die notwendig sind, um eine Unterstützung der in Frage kommenden Geschäftsprozesse des Unternehmens mit Informationstechnologie sicherzustellen. Dazu gehören sowohl die Prozesse beim Anwender als auch die Prozesse innerhalb der IT-Funktion, für die Inhalte und Verantwortlichkeiten festgelegt werden müssen. Hierzu gab und gibt es verschiedene Ansätze, wie das ISM-Modell der

IBM [IBM 1988], die IT Infrastructure Library [OCG 2002] (wo allerdings nur ein Teil der Prozesskette definiert ist) oder CobiT [ISACA 2001]. Zum anderen hat Informationsmanagement die Aufgabe, sicherzustellen, dass die richtige Information zum richtigen Zeitpunkt, am richtigen Ort, in der richtigen Qualität, mit der nötigen Sicherheit verfügbar ist. Das kann auch ohne Informationstechnologie möglich sein. Ein dritter Punkt kam in den letzten zehn Jahren hinzu, nämlich die Möglichkeiten der IT zur Gestaltung des Geschäftes zu nutzen.

Weil die oben genannten Aufgaben des Informationsmanagements zu Beginn sehr stark technikgetrieben waren und erst heute der Fokus auf das Geschäft und die Geschäftsprozesse gelegt wird, gab es in den letzten drei Jahrzehnten kontinuierlich neue Ansätze. Zu Beginn tauchen häufig neue Schlagwörter auf, wie EDV-Orga, Informationswirtschaft, IS-Management, IT-Management etc. Damit einhergehend entstehen neue Verantwortungsbezeichnungen wie EDV-Leiter, IS-Direktor, IT-Direktor, Chief Information Officer (CIO), Chief Technology Officer (CTO), Chief Change Officer (CCO), die, wenn man genauer hinsieht, entweder nur neue Bezeichnungen für die alten Aufgaben sind oder auch konsequent das beschreiben, was die neue Definition der Verantwortung zum Inhalt hat.

2.2 Was ist IT-Governance?

Grundsätzlich ist wichtig, dass IT-Governance keine im freien Raum entwickelte Struktur ist. IT-Governance muss eingebunden sein in die allgemeine Governance-Struktur des Unternehmens. Eine gängige Definition für Governance ist die Festlegung, wer die Verantwortung für Entscheidungen hat und wer Ergebnisse zu verantworten hat. [Weill & Woodham 2002] sehen als Hauptgegenstand der IT-Governance »specifying the decision rights and accountability framework to encourage desirable behavior in the use of IT«. Mit einer derartigen Definition bewegt man sich innerhalb bekannter Managementprinzipien, die man für die IT-Governance konkretisieren muss.

Als IT-spezifische Elemente und Verantwortungsbereiche innerhalb der IT-Governance kristallisieren sich immer mehr die folgenden heraus:

- Wie sehen die IT-Architekturen aus?
- Welche IT-Prinzipien und IT-Policies werden benötigt?
- Wie soll die IT-Infrastruktur gestaltet werden?
- Wie und wofür soll IT genutzt werden?
- Welche Geschäftsapplikationen soll es geben?
- Wer entscheidet über IT-Investitionen und Prioritäten?
- Wie werden IT-Kosten verrechnet?
- Wie wird die Effektivität der IT-Governance gemessen?

Dabei zeigt sich, dass man die Frage der Verantwortungen nicht allgemein gültig, losgelöst vom Unternehmenstyp, von der ökonomischen Situation des Unternehmens, von der Unternehmenskultur, von den Führungs- und Steuerungsprinzipien (zentral vs. dezentral) und vom Reifegrad des Einsatzes von Informationstechnologie diskutieren kann.

Eine weitere Betrachtungsebene neben dem Reifegrad des Einsatzes von Informationstechnologie ist die Frage des Nutzens von IT. Dabei kann man drei Nutzenkategorien beobachten:

- IT unterstützt das Geschäft.
- IT ermöglicht, das Geschäft anders zu machen.
- IT ermöglicht anderes Geschäft.

Oft wird der Einsatz von IT in einem Unternehmen nicht nur einer Nutzenkategorie zuzuordnen sein, verschiedentlich gibt es alle Kategorien nebeneinander. Gleiches gilt für andere Elemente. Beispielsweise besteht ein Unternehmen in seiner inneren Geschäftsstruktur oft aus unterschiedlichen Geschäftsbereichen, die wie unterschiedliche Unternehmen agieren. Ob deshalb eine einzige IT-Governance-Struktur adäquat ist, gilt es zu untersuchen.

Ein konkretes Beispiel in jüngster Zeit war die Diskussion um die »richtige« Organisation des E-Business / E-Commerce. Hier wurden für die Nutzenkategorien »Geschäft anders« und »anderes Geschäft« oft neben der alten IT-Organisation (»unterstützt Geschäft«) eigene Einheiten, z.T. sogar eigene Gesellschaften gegründet. Damit sollten »schnelle« Einheiten geschaffen werden, für die dann oft auch die üblichen Spielregeln im Konzern, wie Architekturen, IT-Standards, Beschaffung etc. außer Kraft gesetzt wurden. In einer derartigen Situation noch über IT-Governance zu diskutieren, ist ein äußerst schwieriges Unterfangen – obwohl gerade dann eine IT-Governance-Festlegung sinnvoll, wenn nicht gar notwendig wäre. Obwohl die Mehrzahl dieser Initiativen zwischenzeitlich vom Markt verschwunden sind und in den meisten Unternehmen wieder aufgelöst wurden, ist ein bleibender Wandel zu beobachten: Zunehmend wird die Diskussion auch dadurch geprägt, dass mehr und mehr Anwender IT-Erfahrungen im privaten Bereich sammeln und diese Erfahrungen auf die Ansprüche am Arbeitsplatz übertragen. IT ist nicht mehr nur die Aufgabe der IT-Abteilung des Unternehmens.

Hält man sich die oben aufgeführten Einflussfaktoren und Rahmenbedingungen vor Augen, so kann man gedanklich eine mehrdimensionale Entscheidungsmatrix konstruieren, worauf hier bewusst verzichtet wird. Wichtig für die Einführung einer IT-Governance-Struktur ist in jedem Fall, sich darüber Gedanken zu machen, wie man die Wirksamkeit der IT-Governance messen und beurteilen will [Edvinsson & Malone 1997]. Hier gibt es bisher nur wenige im Ansatz ausgereifte Konzepte. Dabei wird primär die Wirkung für das Business in den Vordergrund gestellt, ohne die IT-internen Kennzahlen zu vernachlässigen. In diesem Sinne könnten ansatzweise folgende Kennzahlen nützlich zur Beurteilung einer IT-Governance-Struktur sein:

- Abstimmung von IS und Geschäft (Alignment)
- Kennzahlen der Geschäftsprozesse
- Produkt- / Service-Innovationskennzahlen
- Nutzenrealisierungskennzahlen
- Servicekennzahlen
- Interne IT-Kennzahlen für z.B. operationale Performance und Prozesse

Zusammenfassend wird man eine Strukturorganisation entwickeln müssen, die die Elemente Strategie, Planung, Monitoring, Architektur, Standards und das Management der Infrastruktur, der Anwendungen und der IT-Services beinhaltet. Mitunter ist die Beschaffungsfunktion für Informationstechnologie noch in die Betrachtungen einzubeziehen. Das Ganze muss in eine Prozess-Struktur eingepasst werden, die eine End-to-End-Sicht und die Definitionen von Rollen ermöglicht.

2.3 Rollenverteilung

Abgeleitet aus den Prozessmodellen des Informationsmanagements sind im Rahmen der Diskussion um IT-Governance im Wesentlichen drei Rollen im Sinne eines gemeinsamen Geschäftsprozesses zu organisieren:

- die Rolle des Anwenders
- die Rolle des CIO
- die Rolle des IT-Dienstleisters

Die Rolle des Anwenders

Vor 30–40 Jahren war der Anwender im Wesentlichen passiv. »Die EDV wusste, was für ihn gut und notwendig war.« Das hat sich dramatisch gewandelt. Heute ist der Anwender nicht nur qualifizierter Auftraggeber und Leistungsabnehmer, sondern in den meisten Fällen stellt der Anwender auch den Gesamtprojektleiter für IT-Projekte. Damit ist der Anwender auch für die Realisierung des Nutzens verantwortlich.

Die Rolle des CIO

Die Notwendigkeit der Etablierung einer CIO-Funktion im Unternehmen wurde erstmals Ende der 70er, Anfang der 80er Jahre diskutiert und zunächst vornehmlich in den angelsächsischen Ländern implementiert. In Frankreich, Italien und Deutschland z.B. fand diese Diskussion erst in den letzten zehn Jahren statt. Es musste Überzeugungsarbeit geleistet werden, dass Informationsmanagement mehr ist als das Betreiben eines Rechenzentrums oder das Installieren eines PC. Die Überzeugung, dass Unternehmen gut beraten sind, das Management der Ressource Information durch einen CIO auf einer Topmanagement-Ebene aufzuhängen, setzte sich nur langsam durch.

Eine wichtige Aufgabe des CIO ist, das eigene Unternehmen, das Umfeld und die Entwicklung der Informationstechnologie im Auge zu behalten, weil sich daraus die jährliche CIO-Agenda ableiten sollte. So macht es sicherlich einen Unterschied, ob das Unternehmen um das Überleben kämpft, ob es seine Marktposition behaupten möchte oder ob es sich in der Phase einer starken Expansion befindet. Im ersten Fall wird man sich auf das Notwendige beschränken und primär Kosten sparen, während im letzten Fall der IT-Einsatz für Innovationen im Vordergrund stehen wird.

Die Diskussion um die Rolle des CIO flammt immer dann erneut auf, wenn über Outsourcing der IT nachgedacht wird. Man erkennt, welches IT-Kern-Know-how trotz Outsourcing im Unternehmen bleiben muss und dass das Management des IT-Leistungserbringers eine noch wichtigere Funktion ist, als wenn man die IT im eigenen Haus hat. Auch wird bewusst, dass ein externer Dienstleister nicht die IT-Strategie für das Unternehmen formulieren kann. Das Unternehmen muss immer selbst eine Vorstellung über Art und Umfang des Einsatzes von Informationstechnologie haben. Außerdem muss das Unternehmen selbst eine klare Meinung haben über das Sicherheitsbedürfnis für Daten und Informationen. Es gilt Klarheit darüber zu verschaffen, ob man dem Outsourcer die Freiheit lässt, die IT-Plattform selbst zu definieren, oder ob man Standards vorgibt – alles Aufgaben eines CIO und seines Teams.

Ein potenzielles Spannungsfeld bildet das Verhältnis zwischen zentralen und dezentralen Konzerneinheiten, respektive CIOs. Im Rahmen der IT-Governance ist beispielsweise zu definieren, welche Kompetenzen zentrale und dezentrale Einheiten haben, wie die Verteilung von IT-Budgets abläuft oder wie die Umsetzung zentraler Planungsergebnisse, zum Beispiel Anwendungsarchitekturen und Standards, in den dezentralen Einheiten erfolgt [Brenner et al. 2003].

Die Rolle des IT-Dienstleisters

Die meisten IT-Dienstleister – interne wie externe – fühlen sich am wohlsten, wenn es zu ihrem Kunden eine reine Auftraggeber/Auftragnehmer-Beziehung gibt. Dann kann man sich auf die Abarbeitung des geschlossenen Vertrages konzentrieren. Dem Auftragnehmer ist jedoch in vielen Fällen wenig damit geholfen, wenn von Juristen formulierte Verträge administriert werden.

Der mündige Anwender erwartet heute von seinem Dienstleister ein hohes Maß an Beratung im Vorfeld eines Projektes oder einer IT-Dienstleistung. Das bedeutet auch, dass (vor allem der interne) Dienstleister sich Gedanken macht, wie er dem Anwender bei der Gestaltung seiner Geschäftsprozesse helfen kann und wie er die Möglichkeiten von Informationstechnologie in Anwendernutzen transformieren kann. Diese Aspekte sollten mit bedacht werden, wenn über Outsourcing diskutiert wird.

2.4 IT als Kern-Know-how oder Kerngeschäft

Seit das Thema Outsourcing massiv diskutiert wird und größere Outsourcing-Verträge abgeschlossen wurden, ist auch in die IT-Organisationen die Diskussion um das Kerngeschäft eines Unternehmens hineingetragen worden. Dabei zeigte sich, dass Diskussionen über das Kerngeschäft innerhalb der IT-Abteilungen aus einem anderen Blickwinkel heraus geführt wurden als auf Konzernebene. Selbstverständlich muss IT das Kerngeschäft der IT-Abteilung sein, so wie es auch IT-Know-how als Kernkompetenz haben muss. Aus Sicht des Unternehmens kann die Beurteilung allerdings anders ausfallen: Ist die IT Bestandteil des Kerngeschäftes? Diese Frage ist selbstverständlich grundsätzlich mit »ja« zu beantworten, wenn es sich um ein Unternehmen handelt, dessen Geschäftszweck IT-Dienstleistung ist. Die Frage, die sich hier stellt, ist höchstens noch die Breite und Tiefe des IT-Dienstleistungsangebotes.

Auch die IT-Abteilung im Unternehmen ist gut beraten, sich die Frage des IT-Dienstleistungsangebotes sehr gewissenhaft zu beantworten. Hier hilft oft eine Stärken- und Schwächenanalyse, denn es gibt in der Realität kaum jemand, der alle Themen gleich gut beherrscht. Sich auf seine Stärken zu konzentrieren, kann durchaus auch für die IT ein sinnvolles Managementprinzip sein. Das Ergebnis kann dann beispielsweise ein selektives Outsourcing sein. So hat die Deutsche Bahn das User-Helpdesk an einen entsprechenden Serviceprovider vergeben und mit dem Produzieren und Versenden des Druckoutputs aus dem Rechenzentrum eine Versicherungsgesellschaft beauftragt. Gleiche Überlegungen werden derzeit für das Thema Installation und Wartung von PCs angestellt.

Oft wird die Diskussion um Outsourcing geprägt von den erwarteten Kosteneinsparungen, obwohl man eigentlich keine Klarheit hat über die eigentlichen Kosten der IT. Abgesehen davon, dass das Argument der Kosteneinsparungen durch Outsourcing strategisch das fragwürdigste ist, ist man gut beraten, sich über Inhalt und Verrechnung der IT-Kosten Gedanken zu machen [Remenyi et al. 2000]. Das Thema der Verrechnung von IT-Kosten ist so alt wie die elektronische Datenverarbeitung. Unabhängig von einem konkreten Modell haben sich über die Jahre vier Ansprüche an eine Weiterverrechnung herauskristallisiert: Sie muss einfach, fair, vorhersehbar und überprüfbar sein.

Es ist gut zu überlegen, was man mit der Weiterverrechnung von IT-Kosten erreichen will und ob der Nutzen den Aufwand rechtfertigt. Im Grunde sollte die Verrechnung der IT-Kosten nach den gleichen Regeln erfolgen wie die innerbetriebliche Leistungsverrechnung im Allgemeinen. Es erscheint in diesem Zusammenhang sinnvoll, allgemeine zentrale IT-Dienste anders zu verrechnen (evtl. auch gar nicht) als individuell bestellte Leistungen. Das wird ganz besonders bei den zentralen Diensten der Fall sein, wo dem Anwender keine Wahl gelassen wird, ob er den Dienst aktiv in Anspruch nimmt oder ob er quasi passiv in den Dienst eingebunden wird (z.B. E-Mail). In einer Welt, wo aus Anwendungen immer mehr Dienste werden, muss das im IT-Governance-Modell explizit formuliert werden.

Bei der Deutschen Bahn AG werden alle intern erbrachten Leistungen gegenseitig verrechnet, so auch die IT-Kosten. Dabei strebt man an, die Kosten nicht technisch, sondern geschäftsspezifisch (z.B. Kosten pro Fahrkarte, Kosten pro Buchungsposition), im Sinne eines IT-Produktes weiter zu verrechnen. Auf diese Weise ergibt sich ein Steuerungselement für die Entwicklung und den Betrieb einer Anwendung über den gesamten Lebenszyklus eines IT-Produktes hinweg.

3 Das IT-Governance-Modell bei der Deutsche Bahn AG

Die Bahn war seit ihrer Gründung ein Beförderungsunternehmen für Menschen und Güter. Ihr Produkt ist die Ortsveränderung von Gütern und Menschen. Mit dem Erwerb der Firma Stinnes durch die Deutsche Bahn AG wurde die Mission der Bahn in »Führender Internationaler Mobilitäts- und Logistikdienstleister« verändert. Dieser Anspruch hat selbstverständlich Auswirkungen sowohl auf das Produktportfolio als auch auf das IT-Projektportfolio. Transport und Logistik sind ohne eine ausgeprägte IT-Unterstützung der Geschäftsprozesse nicht denkbar. Die Bahn ist hochgradig von einer extrem verfügbaren und performanten IT abhängig. Deshalb gehört die IT bei der Bahn auch zum Kerngeschäft.

Die Deutsche Bahn AG ist per Gesetz seit 1999 in fünf Aktiengesellschaften aufgeteilt worden (Güterverkehr, Personenfernverkehr, Personennahverkehr, Personenbahnhöfe und die Schieneninfrastruktur) mit einer operativen Holding an der Spitze der Aktiengesellschaften. An der Aufteilung lässt sich unschwer ablesen, dass keine der Aktiengesellschaften alleine eine Leistung für den Bahnkunden erbringen kann. Man benötigt im Minimum die Leistung von zwei Aktiengesellschaften für eine Leistungserbringung für einen Bahnkunden. Die Bahn ist also hochgradig eine Verbundproduktion. Diese Verbundproduktionssicht hat Auswirkungen auf das Governance-Modell des Konzerns und somit auch auf das Governance-Modell der IT.

3.1 Die Arbeitsteilung der IT-Funktionen

Einhergehend mit der Bildung der Aktiengesellschaften wurde vor Jahren eine gestaffelte CIO-Struktur etabliert: Die einzelnen Aktiengesellschaften und die Holding haben jeweils einen CIO, der fachlich (nicht personell) von dem Konzern-CIO geführt wird. Die CIOs bilden zusammen den sog. Planungsausschuss Informationssysteme (PA-IS), der monatlich tagt. Der PA-IS ist für den Konzern das oberste Entscheidungsgremium in Sachen IT.

Für die Bahn könnte man eine einfache Gleichung aufstellen: Bahn = Logistik; Logistik = Prozesse; Prozesse = IT. Man sieht, dass dem Beherrschen der Prozesse bei der Bahn eine besondere Bedeutung zukommt. Aus diesem Grund sind in allen Unternehmensbereichen (Aktiengesellschaften) und allen Holdingfunktionen so genannte Geschäftsprozessverantwortliche (GPV) etabliert. Diese GPV sind dafür verantwortlich, dass in Prozessen anstatt in Funktionen bzw. Organigrammen gedacht und gehandelt wird. Sie sind weiter dafür verantwortlich, dafür zu sorgen, dass die Prozesse den sich verändernden Geschäftsanforderungen angepasst werden. Sie sind auch diejenigen, die fachliche Anforderungen an IT-Systeme formulieren und die Anforderungen auch priorisieren.

Mit seinen priorisierten Anforderungen geht der GPV zu seinem zuständigen CIO, der die Business-Anforderungen in IT-Anforderungen im Rahmen der Bereichs-Anwendungsarchitektur umsetzt. Der CIO beauftragt dann den internen IT-Dienstleister der Deutschen Bahn mit der Umsetzung der IT-Anforderungen und den späteren Betrieb der IT-Systeme.

3.2 IT-Portfoliomanagement

In der Regel ist die Wunschliste der Anwender nach IT-Leistungen groß, die Managementfähigkeit, beliebig viele Projekte gleichzeitig durchzuführen, endlich und auch die personellen und finanziellen Ressourcen limitiert. Aus diesem Grund wurde bei der Deutschen Bahn ein IT-Portfoliomanagement-Prozess eingeführt. Das Ergebnis dieses Prozesses ist eine durch den Planungsausschuss IS priorisierte Liste der IT-Projekte mit einem anschließenden Vorschlag des Konzern-CIO an den Konzernvorstand, welche Projekte durchgeführt werden sollen und welche nicht. Jedes Projekt mit einem Volumen größer 2,5 Mio. € muss dem Konzernvorstand anschließend einzeln zur Genehmigung vorgelegt werden.

Die Prioritäten für IT-Projekte werden aufgrund des bewerteten Nutzens der einzelnen Vorhaben ermittelt. Dabei gibt es neben der Nutzenkategorie »Muss-Projekt« die entscheidbaren Kategorien »Sanierung«, »Leistung« und »Wachstum«. Diese Kategorien sind direkt den Unternehmensprioritäten entnommen, da sich die Bahn derzeit noch selbst als definierten Sanierungsfall betrachtet. Der bewertete Nutzen basiert auf einer Wirtschaftlichkeitsrechnung, die wiederum die Lifecyle-Kosten beinhaltet.

3.3 IT-Risikomanagment

Teil des Portfoliomanagements ist das Risikomanagement. Dabei werden sowohl vor Freigabe und Start eines Projektes explizit die geschäftlichen, organisatorischen und technischen Risiken als auch die Risiken, die während der Durchführung eines Projektes auftreten können, betrachtet. Deshalb gilt dem Projektmanagement seit langem ein besonderes Augenmerk.

3.4 IT-Projekte

Der jeweilige CIO beauftragt im Rahmen des IT-Portfolios den internen IT-Dienstleister mit der Entwicklung von IT-Anwendungen. Der Projektleiter für IT-Projekte wird jedoch immer vom Anwender gestellt – die IT hilft damit dem Fachdienst bei der Lösung seines Problems. Dass die IT von sich aus keine Anwendungen entwickelt, liegt darin begründet, dass der Anwender für die Realisierung des in der Wirtschaftlichkeitsrechnung dargestellten Nutzens verantwortlich ist. Damit ist auch gesagt, dass die Voraussetzung für den Start eines Projektes bei der Bahn eine Wirtschaftlichkeitsrechnung ist.

Die praktische Erfahrung zeigt, dass das Management von IT-Projekten nicht ohne Probleme ist. Dass Projekte »in time and in budget« fertig werden, gehört fast zu den Ausnahmen. Aus diesem Grund hat die Bahn eine sog. Project Assurance Group (PAG) etabliert. Die PAG ist weisungsungebunden. Sie begleitet alle großen IT-Projekte und soll eine Art Versicherung für den Erfolg des jeweiligen Projektes sein. Hauptaufgabe ist deshalb das Erkennen von Risiken und der Vorschlag von Maßnahmen zum Begegnen der Risiken. Die PAG ist Mitglied aller IT-Projekt-Lenkungskreise bzw. IT-Projekt-Steering-Committees. Sie präsentiert in den Sitzungen ihre eigene Sicht auf das Projekt und sie schreibt jeweils das Protokoll der Sitzungen. Außerdem erstellt die PAG pro Quartal einen Bericht für den Konzernvorstand.

Beim Konzern-CIO werden auch sämtliche IT-Budgets des Konzerns konsolidiert. Hierfür wurde die Funktion des Konzern-IT-Controllers etabliert. Für jedes Projekt gibt es einen verantwortlichen Projektcontroller. Die Projektcontroller werden fachlich von dem Konzern-IT-Controller geführt. Die Aufgabe des Projektcontrollers ist es, Aufwand und Nutzen verglichen mit der ursprünglichen Wirtschaftlichkeitsrechnung im Auge zu behalten. Treten Abweichungen auf, so wird eine neue Wirtschaftlichkeitsrechnung vom Fachdienst eingefordert.

4 Literatur

[Brenner et al. 2003] *Brenner, W.; Zarnekow, R.; Pörtig, F.*: Entwicklungstendenzen im Informationsmanagement. In: Österle, H.; Winter, R. (Hrsg.): Business Engineering. 2. Aufl., Springer-Verlag, Berlin, 2003.

[Edvinsson & Malone 1997] *Edvinsson, L.; Malone, M.*: Intelligence Capital – Realizing your company's true value by finding its hidden brainpower. Harper Business, 1997.

[IBM 1988] *IBM*: Information Systems Management – Management der Informationsverarbeitung. IBM Deutschland GmbH, 1988.

[ISACA 2001] *ISACA*: Control Objectives for Information and Related Technologies (CobiT). 3. Auflage, Information Systems Audit and Control Organisation, 2001, *http://www.isaca.org/cobit.htm* (Abruf am 25.06.2003).

[OCG 2002] *OCG*: IT Infrastructure Library, Office of Government Commerce. The Stationary Office, London, 2002.

[Remenyi et al. 2000] *Remenyi, D.; Money, A.; Sherwood-Smith, M.*: The effective measurement and management of IT costs and benefits. Butterworth-Heinemann, Oxford, 2000.

[Weill & Woodham 2002] *Weill, P.; Woodham, R.*: Don't just lead, govern: Implementing effective IT governance. CISR Working Paper No. 236, Sloan School of Management, Cambridge, 2002.

Helmut H. Grohmann
Konzern-CIO
Deutsche Bahn AG
Kleyerstraße 27
60326 Frankfurt am Main
Helmut.H.Grohmann@bku.db.de
www.bahn.de

dpunkt.Wirtschaftsinformatik

NEU

Martin Kütz (Hrsg.)

Kennzahlen in der IT

Werkzeuge für Controlling und Management

2003, 320 Seiten, Festeinband
€ 39,00 (D) · ISBN 3-89864-225-9

NEU

Bernd Oestereich, Christian Weiss, Tim Weilkiens, Claudia Schröder, Alexander Lenhard

Objektorientierte Geschäftsprozess-modellierung mit der UML

2003, 250 Seiten, Festeinband
€ 39,00 (D) · ISBN 3-89864-237-2

Heidi Heilmann, Hans-Joachim Etzel, Reinhard Richter (Hrsg.)

IT-Projektmanagement - Fallstricke und Erfolgsfaktoren

Erfahrungsberichte aus der Praxis

2., aktualisierte und erweiterte Auflage

2003, 384 Seiten, Festeinband
€ 42,00 (D) · ISBN 3-89864-215-1

 **dpunkt.verlag**

Ringstraße 19 B · D-69115 Heidelberg · fon: 0 62 21 / 14 83 40
fax: 0 62 21 / 14 83 99 · e-mail: hallo@dpunkt.de www.dpunkt.de

Hans Brunner, Karl Gasser, Fritz Pörtig

Strategische Informatikplanung – Ein Erfahrungsbericht

In der zweiten Hälfte der neunziger Jahre wurden in der Privatwirtschaft und den öffentlichen Verwaltungen enorme Anstrengungen unternommen, die ERP-Landschaften durch den Einsatz von Standardsoftware wie z.B. SAP zu konsolidieren, die Jahr-2000-Problematik zu lösen und die IT-Infrastrukturen zu standardisieren. Dadurch wurden die strategischen und konzeptionellen Fragestellungen der Informatik zeitweilig in den Hintergrund gedrängt. Mit dem Abschluss dieser Konsolidierungsphase tritt das Bedürfnis wieder in den Vordergrund, auf die Unternehmensziele ausgerichtete Informatikstrategien und -architekturen zu entwickeln. Diese sollten den Mitarbeitern und Entscheidungsträgern eines Unternehmens als Orientierungsrahmen dienen können. Damit erlebt die strategische Informatikplanung eine eigentliche Renaissance. Der Artikel beschreibt die Vorgehensmethodik einer strategischen Informatikplanung und geht auf deren praktischen Einsatz im Eidgenössischen Justiz- und Polizeidepartement (EJPD), einem der sieben Ministerien (Departemente) der Schweizerischen Bundesverwaltung, ein.

Inhaltsübersicht

1 Vorgehensmethodik der strategischen Informatikplanung
   1.1 Überblick
   1.2 Situationsanalyse
   1.3 Umfeldanalyse
   1.4 Informatikstrategie (Grundsätze der Informatik)
   1.5 Architekturen
   1.6 Vorhabenplanung
2 Praktische Durchführung einer strategischen Informatikplanung am Beispiel EJPD
   2.1 Das organisatorische Umfeld des Projektes
   2.2 Projektablauf des SIP-Projektes im EJPD
   2.3 Auswahl praktischer Ergebnisse
3 Erkenntnisse aus Projektsicht
   3.1 Nutzung der SIP-Methodik für die Bundesverwaltung
   3.2 Zusammensetzung der Projektorganisation
   3.3 Teamansatz und professionelles Coaching
4 Literatur

1 Vorgehensmethodik der strategischen Informatikplanung

1.1 Überblick

Es wird eine Vorgehensmethodik für eine strategische Informatikplanung (SIP) beschrieben, die in der Schweiz von der Bundesverwaltung als Grundlage für die strategische Informatikplanung in allen Departementen und Verwaltungseinheiten vorgegeben ist [SIP-Bund 2003].

Die betrachtete Methode orientiert sich im Wesentlichen an folgenden Grundsätzen:

- Informatik ist ein Werkzeug von strategischer Bedeutung für ein Unternehmen. Die SIP hat die Rolle der Informatik im Unternehmen zu definieren und die Art und Weise der Unterstützung des Unternehmenserfolges zu planen.
- Eine SIP hat alle relevanten Komponenten zu planen.
- Eine SIP hat für alle in die Umsetzung involvierten Stellen, d.h. Management, Fachbereich und Informatikbereich, den Handlungsrahmen zu definieren.
- Die Ergebnisse der Planung müssen den Grundsätzen der Nachvollziehbarkeit, der

Strategische Informatikplanung – Ein Erfahrungsbericht

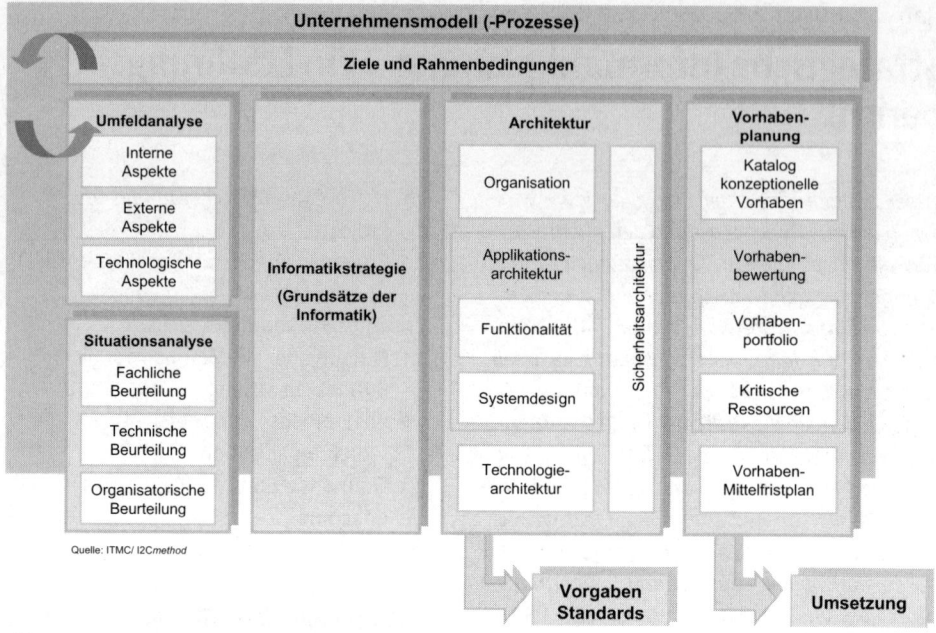

Abb. 1: Vorgehensmodell einer strategischen Informatikplanung

Führbarkeit und der Anpassungsfähigkeit an neue Situationen genügen.
- Die Resultate einer SIP sollen nahtlos in eine rollende Planung überführt werden können und ein effektives Informatikcontrolling ermöglichen.

Abbildung 1 zeigt die Vorgehensmethodik[1] im Überblick. In den nachfolgenden Abschnitten werden die einzelnen Komponenten des SIP-Vorgehensmodells beschrieben.

1.2 Situationsanalyse

Die Situationsanalyse liefert eine umfassende Sicht der Informatiksituation aus fachlicher, technischer und organisatorischer Sicht. Sie zeigt den erreichten Stand und den Handlungsbedarf aus Sicht der Fachbereiche und der Informatikorganisation für die Bewältigung der erkannten Herausforderungen der nächsten drei bis fünf Jahre.

Die *fachliche Beurteilung* liefert eine Beurteilung der Informatikmittel und der informatikbezogenen Dienstleistungen. Beurteilt werden einerseits der aktuelle Beitrag des Informatikeinsatzes zum Erfolg der Gesamtorganisation, anderseits die Möglichkeiten der Informatik zur Unterstützung bei der Bewältigung der zukünftigen Herausforderungen.

Abbildung 2 zeigt beispielhaft die betriebswirtschaftliche Darstellung eines Unternehmens basierend auf einem prozessorientierten Unternehmensmodell, das sich an der Wertschöpfungskette nach [Porter 1992] orientiert. Das Unternehmensmodell dient als »Kommunikationsdrehscheibe« zum Fachbereich. Es ermöglicht, die Charakteristik des Geschäftes zu diskutieren, Außenbeziehungen darzustellen, Veränderungen zu positionieren und die Unter-

---
1. Als Grundlage für die vorliegenden Betrachtungen dient die Vorgehensmethodik *I2Cmethod*® der Firma ITMC AG, die Methodik kommt vor allem in mittelgroßen bis großen Unternehmen verschiedener Branchen zum Einsatz. Sie wird durchweg mit internen Planungsteams, gecoacht durch einen externen Methodikberater, eingesetzt.

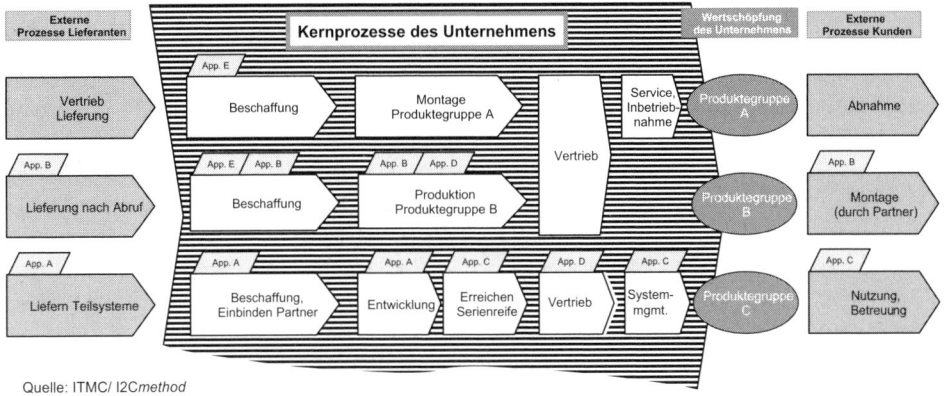

Abb. 2: Beispiel eines Unternehmensmodells

stützung mit Informatiksystemen zu visualisieren.

Die *technische Beurteilung* liefert, eingebunden in ein standardisiertes Raster, die technische Beschreibung und Beurteilung der Anwendungslandschaft, des Anwendungsdesigns sowie der technischen Infrastruktur und der betrieblichen Methoden und Hilfsmittel.

Die *organisatorische Beurteilung* liefert eine Analyse sämtlicher informatikrelevanten Prozesse der Organisation. Sie liefert eine Übersicht und eine Beurteilung der Führungsprozesse, der gewählten organisatorischen Lösungen, des erreichten Organisationsgrades, der Mengengerüste und des Ressourceneinsatzes (Personal, Finanzen und kritische Ressourcen).

1.3 Umfeldanalyse

Mittels einer Umfeld- und Technologieanalyse werden die möglichen Entwicklungen innerhalb und außerhalb der Organisation betrachtet. Die Umfeldanalyse liefert eine umfassende, vernetzte Analyse der möglichen Veränderungen im Planungszeitraum von drei bis fünf Jahren. Sie beurteilt sie auf ihre Relevanz, ihre Eintretenswahrscheinlichkeit und die möglichen Auswirkungen aus Informatiksicht. Hauptquellen für die Umfeldanalyse sind Expertenaussagen, Workshops mit dem Management sowie die Ergebnisse der Situationsanalyse.

In der Umfeldanalyse wird unterschieden zwischen den *internen Aspekten*, die aus dem Unternehmen selbst stammen, den *externen Aspekten*, die das Unternehmen von außen beeinflussen, sowie den *technologischen Aspekten*, die das Veränderungspotenzial von technologischen Entwicklungen abschätzen.

1.4 Informatikstrategie (Grundsätze der Informatik)

Die Ziele und Rahmenbedingungen der Informatik, welche die Strategie bestimmen, werden abgeleitet aus der Unternehmensstrategie des Unternehmens, der Umfeld- und Technologieanalyse sowie der Situationsanalyse. Dieser iterative Prozess verbindet die unternehmerischen Aspekte mit denjenigen der Informatik.

Mittels einer SWOT-Analyse (*Strengths, Weaknesses, Opportunities, Threats*)[2] werden strategische Lösungssätze entwickelt, die als Grundlage zur Formulierung einer Basisstrategie dienen. Die Basisstrategie zeigt in knapper, allgemein verständlicher Form, wie die Informatik im Unternehmen positioniert ist, wie die gesteckten Zielsetzungen unter bestmöglicher Nutzung der Chancen und Stärken erreicht wer-

---

2. zu Deutsch: Stärken, Schwächen, Chancen, Risiken

den sollen und wie die erwarteten Risiken und die bestehenden Schwächen beherrscht werden sollen. Sie definiert die Stoßrichtung und die Soll-Lösungen mit einem Planungshorizont von drei bis fünf Jahren.

1.5 Architekturen

Die Architekturen liefern für alle relevanten Planungsbereiche der Informatik konkrete, gegenseitig abgestimmte Konzepte bzw. »Bebauungspläne« fachlicher und technischer Art, die zeigen, wie die Strategie realisiert werden soll.

Die *Organisation* beschreibt das organisatorische Konzept und den Ressourcenbedarf für die Nutzung der Informatikmittel im gesamten Unternehmen. Betrachtet werden sämtliche Prozesse für Planung, Führung und Nutzung der Informatik, unabhängig von ihrer aufbauorganisatorischen Zuordnung.

Die *Applikationsarchitektur* stellt die Konzeption der fachlichen Lösungen dar. Die *Funktionalität* beschreibt die Soll-Applikationslandschaft aus zwei Sichten. Die Anwendersicht dient der Darstellung der Soll-Funktionalität der Anwendungen bezogen auf die Unternehmensprozesse. Die technische Sicht präsentiert die Systeme aus Informatiksicht mit ihren Bausteinen, ihrem Zusammenwirken sowie der datenmäßigen Integration. Das *Systemdesign* zeigt die Designprinzipien und die genutzten Standards beim Aufbau der Applikationen, inklusive der Positionierung und der Integration von eingekauften Komponenten.

Die *Technologiearchitektur* zeigt die Elemente der technischen Basissysteme, die technischen Konzepte, Standards und Produktevorgaben.

Die *Sicherheitsarchitektur* beschreibt die Sicherheitskonzepte über alle Ebenen des Informatikeinsatzes hinweg. Sie wird iterativ mit den übrigen Architekturen abgestimmt.

1.6 Vorhabenplanung

Ein Vorhaben ergibt sich aus dem Veränderungsbedarf zwischen dem aktuellen Zustand und dem angestrebten Soll-Zustand. Ein Vorhaben verfügt über eine sachliche Zielsetzung, einen groben Terminplan, eine Abschätzung der benötigten Ressourcen (finanziell und personell) und über die Definition der Abhängigkeit zu den übrigen Vorhaben. Die Vorhabenplanung erlaubt es, den Mittel- und Ressourcenbedarf für das Erreichen des Soll-Zustandes abzuschätzen.

Der *Katalog der konzeptionellen Vorhaben* zeigt die benötigten Vorhaben, um die Soll-Architektur erreichen zu können.

Mittels der *Vorhabenbewertung* wird ein »planbares« und »machbares« *Vorhabenportfolio* entwickelt. Es beschreibt die konzeptionell relevanten Vorhaben bezüglich ihrer strategischen und wirtschaftlichen Bedeutung. Die Übersicht über die *kritischen Ressourcen* zeigt über den Planungszeitraum hinweg die Belastung von Schlüsselressourcen. Dies erlaubt die Planung bezüglich ihrer Machbarkeit zu beurteilen.

Der *Vorhaben-Mittelfristplan* zeigt das bereinigte Vorhabenportfolio als Basis für die periodische, mit den Budgetprozessen des Unternehmens harmonisierte Umsetzungsplanung.

Entscheidend für die erfolgreiche Nutzung der Informatik ist und bleibt die konkrete Umsetzung. Sie bedingt klar definierte Führungskreisläufe für die Planungs- und Umsetzungsprozesse [Oesterle et al. 1991], oft auch unter dem Stichwort »IT-Governance« thematisiert.

2 Praktische Durchführung einer strategischen Informatikplanung am Beispiel EJPD

Am Beispiel einer im Verlauf des Jahres 2000 durchgeführten SIP im Eidgenössischen Justiz- und Polizeidepartement (EJPD) wird der Ablauf eines konkreten Projektes sowie die Erfahrungen aus Sicht des Projektleiters dargestellt.

2.1 Das organisatorische Umfeld des Projektes

Das EJPD beschäftigt über 2000 Mitarbeitende an diversen Standorten. Es wird öfter auch als

«Juristisches Gewissen der Schweizerischen Bundesverwaltung« bezeichnet und deckt ein breitgefächertes Spektrum von Bereichen ab:

- Gesetzgebung, Gesetzesvollzug und Verwaltungsrechtsprechung auf verschiedenen Gebieten
- begleitende Rechtsetzung
- Polizeiwesen auf Bundesebene
- Asyl- und Ausländerfragen
- Metrologie und Akkreditierung
- Geistiges Eigentum
- Bundesanwaltschaft
- Rechtsvergleichung
- Rekurse gegen Entscheide in den Bereichen Asyl, geistiges Eigentum und Spielbanken

Auszugsweise werden nachstehend diejenigen Bereiche kurz charakterisiert, die in größerem Umfang Informationssysteme einsetzen:

- Begleitende Rechtsetzung: Das EJPD wirkt bei allen Rechtserlassen des Bundes mit. So wird sichergestellt, dass diese dem übergeordneten Recht entsprechen und von hoher Qualität sind.
- Polizeiwesen: Das EJPD unterstützt die Kantone u.a. bei der Bekämpfung der Schwerstkriminalität, des Terrorismus, der Proliferation, der Geldwäscherei, des Waffenhandels und bei Staatsschutzaufgaben. In einigen dieser Bereiche besteht alleinige Bundeskompetenz. Die Bundesanwaltschaft ist die Anklagebehörde der Eidgenossenschaft in Straffällen, die von den Bundesbehörden verfolgt werden.
- Asyl- und Ausländerfragen: In diesem Bereich nimmt das EJPD die Verantwortung des Bundes wahr. Dazu erlässt es die notwendigen Gesetze, die es zusammen mit den Kantonen vollzieht und überwacht.

2.2 Projektablauf des SIP-Projektes im EJPD

Projektauftrag

Im Rahmen einer Reorganisation der Informatik der gesamten Bundesverwaltung (unter dem Namen NOVE-IT) wurden die Departemente angehalten, eine strategische Informatikplanung nach der bundesweit vorgegebenen SIP-Methodik durchzuführen.

Anfang 2000 beschloss das EJPD, als erstes Departement in der Bundesverwaltung eine SIP nach der neuen Methodik durchzuführen. Dieses Projekt sollte zudem zur Verifikation der von NOVE-IT gewählten Vorgehensmethodik für die Durchführung strategischer Informatikplanungen in der Bundesverwaltung genutzt werden.

Nachfolgend sind die Ziele des EJPD beschrieben, die mit dem SIP-Projekt im EJPD erreicht werden sollten.

- Definieren der Informatik-Mittelfristplanung bezüglich Organisation, Informatik-Infrastruktur (IT), Vorhaben, Projekte und Anwendungen als Planungs-, Entscheidungs- und Arbeitsgrundlage für die Führung der Informatik.
- Liefern der notwendigen Grundlagen für die Konsolidierung, Priorisierung und Ressourcenzuteilung im Informatikbereich.
- Schaffen eines gemeinsamen Verständnisses über die Positionierung der Informatik und der wesentlichen Informatikbedürfnisse, dies sowohl aus Sicht der Entscheidungsträger in der Linie als auch der Informatikverantwortlichen des Leistungserbringers und der Leistungsbezüger.
- Schaffen der Voraussetzungen für eine rollende Planung.
- Identifizieren von Abweichungen gegenüber den Vorgaben und dem Leitfaden NOVE-IT, Festlegen der Korrekturmaßnahmen.
- Konzipieren des Zusammenwirkens mit externen Partnern auf der Ebene von Bund, Kantonen und Öffentlichkeit.

Projektorganisation

Entsprechend der SIP-Vorgehensmethodik wurde eine wie in Abbildung 3 dargestellte Projektorganisation zusammengestellt.

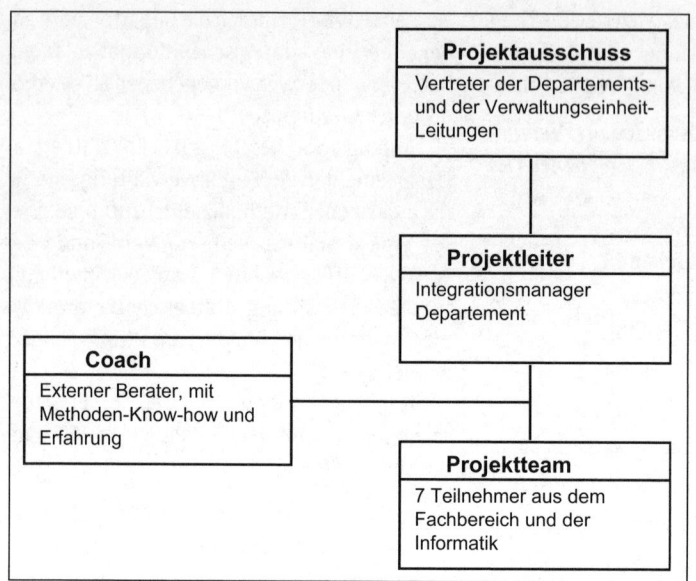

Abb. 3: Projektorganisation des SIP-Projektes des EJPD

Beim Projektausschuss wurde besonderen Wert darauf gelegt, dass die Ämter des Departements ausnahmslos durch Entscheidungsträger, also Mitglieder der jeweiligen Geschäftsleitungen, vertreten waren.

Das Projektteam wurde so zusammengesetzt, dass es in der Lage war, Lösungen aus der Gesamtsicht des Departements auszuarbeiten. Das Team arbeitete primär in der Form von konzentrierten Arbeitssitzungen und Workshops. Arbeitsgrundlagen (Erhebungen etc.) wurden durch die Teammitglieder unter Einbezug von Mitarbeitern ihrer »Heimatorganisation« oder durch von jeweils einem Teammitglied geleiteten Arbeitsgruppen erarbeitet. Dadurch konnte die Belastung für die einzelnen Teammitglieder so gering als möglich gehalten und trotzdem eine hohe Konsistenz der Resultate sichergestellt werden.

Vorgehen und Terminplan

Geplantes Ziel war es, das gesamte SIP-Projekt innerhalb von zehn bis elf Monaten im Verlauf des Jahres 2000 durchzuführen. Als erste Maßnahme wurden die für die Durchführung eines SIP-Projektes notwendigen Voraussetzungen und Vorgaben geschaffen. Der eigentliche Projektstart konnte im Februar 2000 erfolgen.

Die Informatikplanung setzte auf einer Situationsanalyse der aktuellen Informatiksituation aus technischer und aus fachlicher Sicht im EJPD auf. Die fachliche Sicht orientierte sich am Unternehmensmodell des Untersuchungsfeldes, die technische Sicht analysierte die Applikationslandschaft aus Sicht der Informatiker. Damit ergaben sich zwei Sichtweisen der aktuellen Situation. Die so gewonnene konsolidierte Sicht wurde zur Beurteilung der Situation und zur Lösungsfindung genutzt, so dass diese erste Phase etwa Mitte des Jahres abgeschlossen werden konnte.

Mittels einer Umfeld- und Technologieanalyse wurden die möglichen Entwicklungen innerhalb und außerhalb des Untersuchungsfeldes betrachtet. Aus der Unternehmensstrategie und den Analyseresultaten wurden Zielsetzungen auf strategischer und konzeptioneller Ebene gewonnen. Diese Elemente erlaubten eine systematische Strategiefindung. Die resultierende Informatikstrategie definiert umfassende Grundsätze für die Nutzung des Mittels Informatik über den Planungshorizont von drei bis fünf Jahren.

In der zweiten Projektphase ab Mitte 2000 ging es darum, die Soll-Architekturen und Standards im EJPD zu definieren und die Umsetzungsplanung zu erarbeiten.

Es wurden drei wesentliche Konzepte erstellt:

- Die Informatik-Organisation beschreibt die organisatorische Umsetzung der strategischen Ziele über sämtliche informatikbezogenen Aufbau- und Ablauforganisationselemente.
- Die Applikationsarchitektur zeigt die Applikationslandschaft, d.h. die funktionale Unterstützung der Firma mit Informatikanwendungen sowie die Konzepte zur technischen Gestaltung der Applikationen.
- Die IT-Architektur zeigt die Konzepte der Trägerplattformen, d.h. der technischen Infrastruktur.

Die Abstimmung der Soll-Architekturen mit den Ergebnissen der Situationsanalyse ergab das Portefeuille der notwendigen Vorhaben, um die Informatik auf strategisch/konzeptioneller Ebene zum Soll-Zustand zu entwickeln. Die Vorhaben wurden als Netzplan in ein Portefeuille überführt und terminiert.

Um sicherzustellen, dass die Erkenntnisse in die Projektplanung des Folgejahres eingearbeitet werden können, musste das Projekt zwingend auf Ende des Jahres 2000 abgeschlossen werden. Die Zwischenergebnisse wurden der Projektaufsicht jeweils beim Erreichen von Meilensteinen vorgelegt.

2.3 Auswahl praktischer Ergebnisse

Um einen Eindruck der Resultate des SIP-Projektes zu zeigen, werden konkrete Beispiele von Ergebnissen dargestellt.

Beispiel 1: Managementeinbezug in das SIP-Projekt

Ein wesentlicher Erfolgsfaktor kann dem frühzeitigen Einbezug der Führungsebene zugeschrieben werden. Die Aufsichtsstufe des SIP-Projektes wurde auf Geschäftsleitungsebene angesiedelt. Ihr kam nicht nur die formelle Aufsicht, sondern auch eine aktive Rolle im Projekt zu, indem sie an definierten Entscheidungspunkten des Projektes einerseits Zwischenergebnisse genehmigte, andererseits aktiv die Sicht des Managements in das Projekt einbrachte.

Abbildung 4 zeigt die wesentlichen Elemente der Aufsichtsstufe.

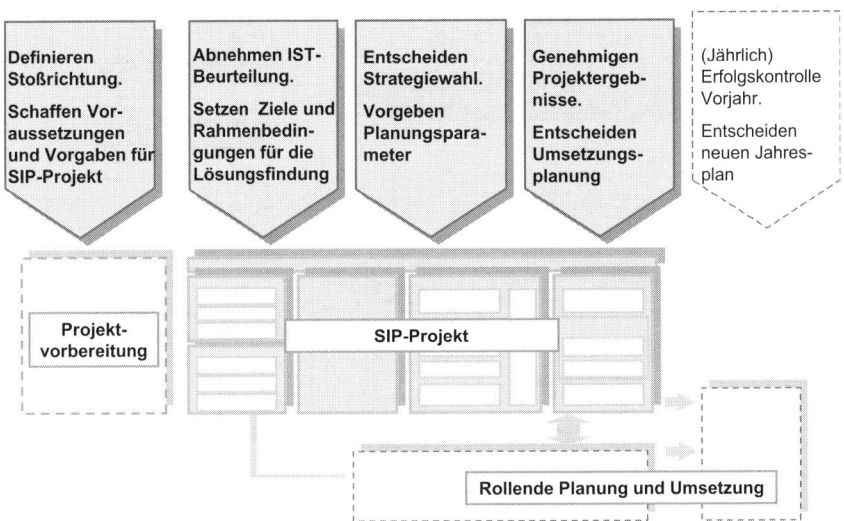

Abb. 4: Übersicht über den Managementeinbezug in das SIP-Projekt

Nachstehend sind die wichtigsten Meilensteine kurz charakterisiert:

- Die Zielsetzungen des Projektes wurden durch die Projektleitung in enger Abstimmung mit dem Auftraggeber in Form einer »Projektvereinbarung« festgehalten.
- Nach Abschluss der Situationsanalyse wurden die Resultate und Erkenntnisse aus Situations-, Umfeld- und Zielanalyse der Aufsichtsstufe vorgelegt und workshopartig durchgearbeitet.
- Der vorgeschlagene Strategieansatz oder allenfalls Szenarien wurden zum Entscheid vorgelegt. Die Aufsichtsstufe gab die Architekturphase frei und entschied die Planungsparameter, die für die Architekturgestaltung verwendet werden sollten.
- Als nächster Entscheidungspunkt wurden die Architekturen zur Genehmigung vorgelegt und über die erarbeitete Umsetzungsplanung entschieden.

Das Vorgehen war dadurch gekennzeichnet, dass die Aufsichtsstufe immer so weit vor dem Erreichen eines Projektmeilensteins einbezogen wurde, dass eine wirkliche Einflussnahme auf die Phasenergebnisse möglich war. Dadurch entstand ein echter Managementeinbezug.

Beispiel 2: Architekturen/Konzepte

Im Vordergrund standen die strategischen Fachanwendungen in den Bereichen Ausländer, Justiz und Polizei. Die Verwaltungseinheiten des EJPD betreiben anspruchsvolle Geschäftsprozesse mit teilweise sehr hohen Volumen, die stark mit Partnern in Bund und Kantonen vernetzt sind.

In den letzten Jahren sind verschiedene geschäftskritische Fachanwendungen entstanden, die sowohl in die Kernprozesse des EJPD als auch in diejenigen der Partner integriert sind. Aufgrund ihrer Bedeutung und ihrer Außenwirkungen sind diese Fachanwendungen nicht nur aus Sicht der einzelnen Verwaltungseinheiten, sondern auch des ganzen Departements von strategischer Bedeutung. Abbildung 5 gibt einen Überblick über die aus Sicht des Departements strategischen Fachanwendungen.

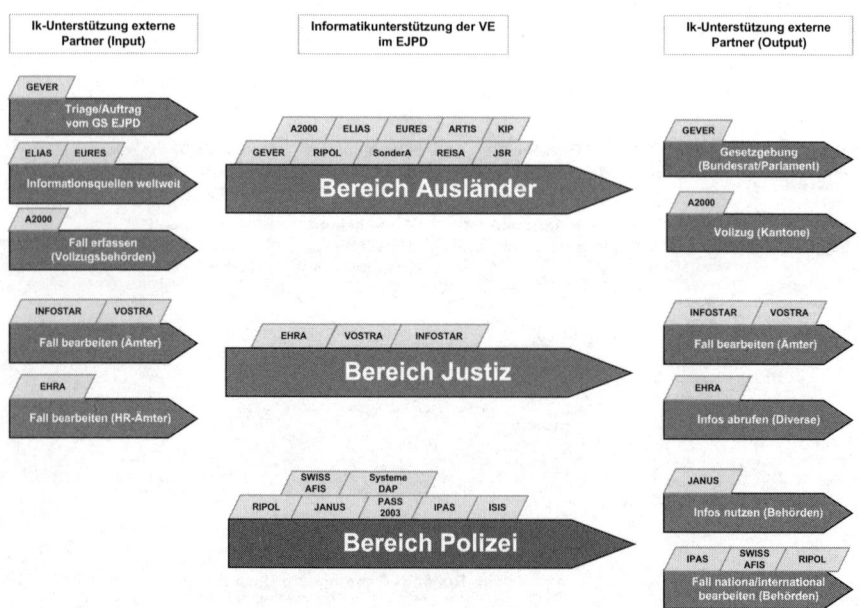

Abb. 5: Übersicht über die strategischen Fachanwendungen im EJPD

Abbildung 5 zeigt weiter den per 2005 geplanten Stand der strategischen Fachanwendungen zur Unterstützung der Kernprozesse des EJPD in den verschiedenen Bereichen sowie die starke informatikmäßige Vernetzung mit externen Partnern. Strategisch aus Sicht des Departements bedeutet, dass das EJPD als Ganzes Einfluss auf die Entscheidungen bezüglich Planung und Umsetzung einer Anwendung nehmen will, da ganzheitliche Interessen des Departements tangiert werden. Die Anwendungen wurden gruppiert nach den Bereichen Ausländer, Justiz und Polizei. Querschnittsanwendungen des EJPD, die primär die Supportprozesse unterstützen, werden über alle Verwaltungseinheiten gleichartig ausgestaltet. Sie werden im Sinne von »Templates« auf der Stufe Departement definiert und werden von den Verwaltungseinheiten individuell eingeführt.

Beispiel 3: Technische Gestaltung der Anwendungen

Das Systemdesign zeigt den technischen Aufbau des »Anwendungs-Gesamtsystems EJPD« als Ganzes, d.h. Einbezug aller relevanten Teilsysteme, deren Zusammenwirken, deren Außenbeziehungen (Mensch-Maschinen-Interfaces und Systemverbindungen) sowie die Konzeption der einzelnen Teilsysteme.

Aus Sicht der Anwender werden von den Informationssystemen des EJPD neben einer hohen Verfügbarkeit insbesondere eine weitgehende Einheitlichkeit der Bedienung und eine gut ausgeprägte Kooperation der einzelnen Anwendungen gefordert. Diese Forderungen gelten aus Sicht der EJPD-internen Anwender in Bezug auf alle im EJPD verwendeten Anwendungen. Aus Sicht der EJPD-externen Anwender gelten diese Forderungen für deren Informatikumgebung. Diese Umgebung wiederum setzt sich zusammen aus solchen Anwendungen, die den externen Anwendern vom EJPD (bzw. vom Bund) zur Verfügung gestellt werden, und gleichzeitig aus den Informationssystemen, die die externen Partner selbst betreiben oder verwenden.

Zur Erfüllung der Forderungen gemäß Abbildung 6 muss die Anwendungsarchitektur des EJPD in den nächsten Jahren systematisch weiterentwickelt werden. Zu den zentralen Aspekten gehören:

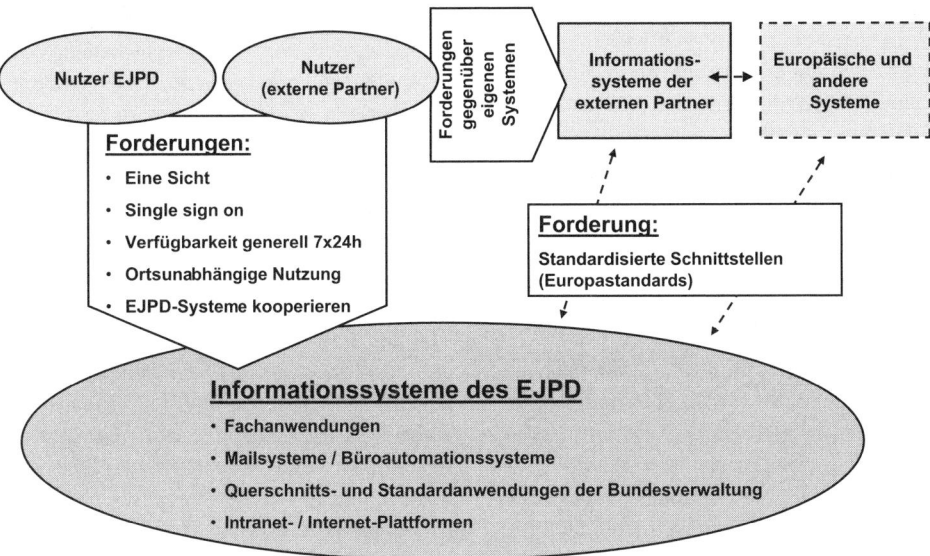

Abb. 6: Schematische Darstellung der Anwendungsarchitektur aus Sicht der Anwender

- Ausbau der Integrations- und Kooperationsfähigkeit der verschiedenen Anwendungstypen des EJPD mit eingekauften Anwendungen und Komponenten
- Herstellung und Erhaltung der »Interoperabilität«

Die Informationsplattformen und Fachanwendungen werden in Zukunft vermehrt den Standards und Richtlinien für einen offenen Datenaustausch zu entsprechen haben. Dies wurde in der Situationsanalyse mehrfach unter dem Stichwort EU-Kompatibilität angesprochen. Um diesen Anforderungen gerecht werden zu können, müssen zunächst die anzuwendenden Standards und Richtlinien identifiziert und ausgewertet werden. Es ist ferner zu vermuten, dass die Entstehung und Weiterentwicklung solcher Standards nicht abgeschlossen ist. Hieraus ergibt sich die Notwendigkeit der aktiven Mitarbeit in entsprechenden Gremien.

Beim Design der eigenen Anwendungen wird von vornherein ein interner Aufbau angestrebt, der zu servicebasierten Komponenten führt, die nach außen Informationen zur Verfügung stellen, ohne die Sicherheit der zugrunde liegenden Daten zu gefährden.

Die oben beschriebene Entwicklung der Architekturen zwingt auch zur Überarbeitung der Entwicklungswerkzeuge und Methoden. Die bisherigen, auf die proprietären Plattformen des EJPD ausgerichteten Entwicklungswerkzeuge müssen durch neue, auf den verschiedenen Plattformen einsatzfähige Entwicklungswerkzeuge abgelöst werden.

Beispiel 4: Organisation

Im Bereich Organisation wird die Aufbau- und Ablauforganisation für die informatikbezogenen Prozesse beschrieben. Die Informatikführung auf Stufe Departement soll durch die Schaffung eines Entscheidungsgremiums »Informatikrat Departement« mit Einbindung des Linienmanagements der Verwaltungseinheit und mit der Direktunterstellung der Informatikführung EJPD unter den Generalsekretär bereinigt werden. Damit werden die von NOVE-IT vorgegebenen Prozesse ergänzt und in die Linienführung des EJPD eingebettet.

Abbildung 7 zeigt schematisch die gewählte Informatik-Aufbauorganisation im EJPD.

Die in der Abbildung dargestellte Lösung geht davon aus, die bewährte Einbettung der Informatik des EJPD im Generalsekretariat beizubehalten. Durch die Schaffung der Funktion eines »Chief Information Officer EJPD« wird die gesamtheitliche Führung der Informatik im EJPD gestärkt und den Amtsdirektoren und der Departementsleitung ein direkter Ansprechpartner für alle Informatikbelange angeboten. Damit wird für eine gesamtheitliche, konsistente Informatikführung auf Departementebene sowohl gegenüber den Verwaltungseinheiten als auch dem Leistungserbringer, den Bundesgremien und externen Partnern gesorgt.

Die Informatikführung EJPD ist direkt dem Generalsekretär unterstellt. Der CIO wird durch ein Führungsteam unterstützt, das mit den Funktionen Integrationsmanager EJPD, Informatikcontrolling EJPD und Informatiksicherheit EJPD die Koordination des laufenden Geschäftes sicherstellt und den entsprechenden Verantwortlichen in den Verwaltungseinheiten einen direkten Ansprechpartner zu Verfügung stellt. Die notwendige Abstützung in den Verwaltungseinheiten wird durch die Schaffung eines Informatikrates Departement erreicht, der die departementsweiten Prioritäten bestimmt und das gesamtheitliche Controlling führt.

Die Prozesse der Informatikplanung und -führung werden in Form eines wiederkehrenden Terminplanes in die bestehenden Budgetabläufe der Informatik und der Verwaltungseinheiten eingebettet. Die Aufgaben des Informatikrats, des Departements und der Leistungsbezüger-Konferenz sind in diesem Führungsrhythmus eingebettet, die ordentlichen Geschäfte werden im Rahmen von vier jährlichen Sitzungen bearbeitet.

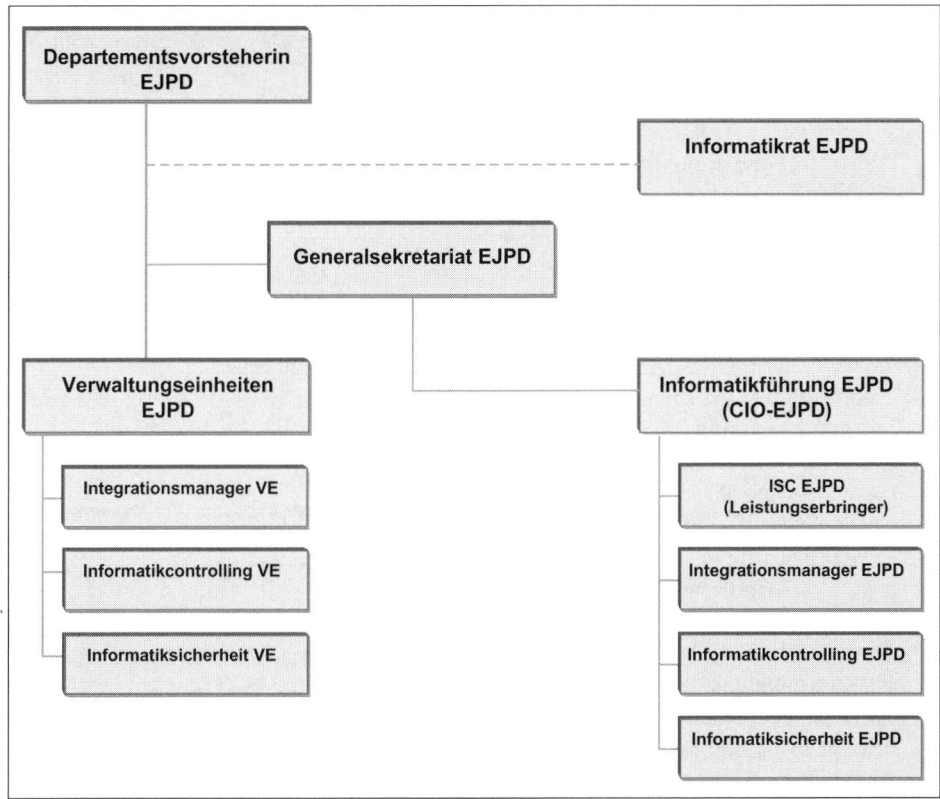

Abb. 7: Schematische Darstellung der Soll-Aufbauorganisation

3 Erkenntnisse aus Projektsicht

3.1 Nutzung der SIP-Methodik für die Bundesverwaltung

Die »SIP-Methodik Bund« soll in der ganzen Bundesverwaltung eingesetzt werden können. Die Verwendung soll stufengerecht erfolgen, die Methodik muss deshalb auf das Einsatzumfeld angepasst werden können und trotzdem die Vergleichbarkeit und Konsolidierbarkeit der Resultate gewährleisten.

Die Anpassbarkeit wird dank der modularen Gestaltung in Form von »Komponenten« und einer »ergebnisorientierten« Beschreibung erreicht. Damit ergibt sich im praktischen Einsatz die Möglichkeit, das Vorgehen situativ an vorhandene Voraussetzungen und Grundlagen anzupassen, ohne die Konsistenz des Gesamtmodells zu gefährden.

3.2 Zusammensetzung der Projektorganisation

Die Projektorganisation muss Gewähr bieten, dass die ganzheitlichen Aspekte im Vordergrund stehen. Bei der Auswahl der Teammitglieder auf allen Stufen stand deshalb im Vordergrund, Teammitglieder gewinnen zu können, die ausgewiesene Experten in ihrem Fachbereich sind, jedoch zugleich den Sinn für die ganzheitlichen Aspekte und eine hohe Akzeptanz in ihrer »Heimatorganisation« besitzen. Damit konnte vermieden werden, dass sich die Teammitglieder lediglich als Interessenvertreter ihrer Organisationseinheit verstehen, zudem wurde erreicht, dass für die weiteren Planungsschritte und für die Umsetzung »Opinion-Leaders« mit dem notwendigen Hintergrundwissen zu Verfügung stehen.

3.3 Teamansatz und professionelles Coaching

Einen wesentlichen Erfolgsfaktor bildete im SIP-Projekt des EJPD der Teamansatz, unterstützt durch ein professionelles Coaching. Die SIP-Methodik ist so aufgebaut, dass über die ganze Projektdauer hinweg mit einem stabilen Kernteam gearbeitet werden kann. Das Kernteam arbeitete in Untersuchungsphasen und bei der Erarbeitung der Architekturen mit Untergruppen. Die Auswertung der Situationsanalyse, die Strategiefindung und die Mittelfristplanung erfolgten workshopartig im Team, somit war sichergestellt, dass sämtliche Teammitglieder die Vernetzung der wesentlichen Elemente aktiv miterleben und damit nachvollziehen konnten.

Alle Kernteammitglieder kannten nach dem SIP-Projekt die Entstehung der Strategie und der Architekturen sowie die Zusammenhänge und die Hintergründe, die zur Konzeptwahl geführt haben. Dieses Hintergrundwissen steht nun während der Umsetzungsphase zur Verfügung, damit können die zwangsläufig auftretenden Unsicherheiten und Abweichungen gegenüber der Planung wesentlich vermindert werden.

4 Literatur

[Callaway 2000] *Callaway, Erin:* ERP – The Next Generation. Computer Technology Research Corporation, 2000.

[Cameron 2000] *Cameron, Debra:* Reengineering Business for Success in the Internet Age. Computer Technology Research Corporation, 2000.

[Cash et al. 1996] *Cash, James I Jr. et al.:* Corporate Information Systems Management. IRWIN, Inc., Boston, 1996.

[Frese 1998] *Frese, Erich:* Grundlagen der Organisation. Gabler, 1998.

[Hunter 1995] *Hunter, R.:* We Built the Architecture. Now How Do We Use It? Gartner Group Inc., 1995.

[Kempis et al. 1998] *Kempis, Rolf-Dieter et al. (Mc Kinsey & Company, Inc):* do IT smart. Überrreuter, 1998.

[Lehner 1993] *Lehner, Franz:* Informatik-Strategien: Entwicklung, Einsatz und Erfahrungen. Hanser, München, Wien, 1993.

[Martin 1989] *Martin, James:* Strategic information planning methodologies. Prentice Hall, New Jersey, 1989.

[Oesterle et al. 1991] *Oesterle, Hubert; Brenner, Walter; Hilbers, Konrad:* Unternehmensführung und Informationssystem: Der Ansatz des St. Galler Informationssystem-Managements. Teubner, Stuttgart, 1991.

[Porter 1992] *Porter, Michael E.:* Wettbewerbsvorteile (Competitive Advantage) Spitzenleistungen erreichen und behaupten. Campus, Frankfurt, 1992.

[SIP-Bund 2003] SIP-Methodik Bund – Übersicht über die Methodik der strategischen Informatikplanung, *http://www.nove-it.admin.ch/d/vorgaben/informatikstrategie.php* (abgerufen am 16.06.2003).

[Weihrich & Koontz 1993] *Weihrich, Heinz; Koontz, Harald:* Management: A Global Perspective. McGraw-Hill, 1993.

Hans Brunner
CIO
Karl Gasser
Integrationsmanager
Eidgenössisches Justiz-
und Polizeidepartement (EJPD)
Bundeshaus West
CH-3003 Bern
{hans.brunner, karl.gasser}@gs-ejpd.admin.ch
www.ejpd.admin.ch

Fritz Pörtig
Geschäftsführender Partner
ITMC AG
Seestraße 2
CH-8810 Horgen
poertig@itmc.ch
www.itmc.ch

Lutz J. Heinrich, Claudia Thonabauer

Strategische E-Business-Planung – Entwicklung von E-Business-Strategien

Das Vorhandensein einer E-Business-Strategie wird als wesentliche Voraussetzung für eine zielgerichtete und unternehmensweit koordinierte strategische Maßnahmenplanung angesehen. Eine wirksame und wirtschaftliche Strategieentwicklung erfordert ein Vorgehensmodell, das die Tatsache berücksichtigt, dass die IT nicht nur bestehende Geschäftsmodelle unterstützt, sondern auch wesentlich veränderte und sogar neue Geschäftsmodelle ermöglicht. In diesem Beitrag wird ein von den Autoren entwickeltes Vorgehensmodell gezeigt, dessen Phasen anhand von drei Praxisbeispielen erläutert werden.

Inhaltsübersicht

1 Problemstellung
2 Vorgehensmodell
3 Strategie-Entwicklungsprozess
4 Ergebnis und Interpretation
5 Literatur

1 Problemstellung

E-Business hat den Glanz des Neuen verloren und ist zum Unternehmensalltag geworden. Investitionen in E-Business werden nicht mehr mit Euphorie und ohne Planung getätigt, sondern kritisch untersucht. Einer E-Business-Strategie, in der die Rahmenbedingungen dieser Investitionen und die ihrer Umsetzung festgelegt werden, kommt daher erhebliche Bedeutung zu.

In der Fachliteratur (z.B. [Cohan 2000], [Köhler & Best 2000], [Kröger et al. 2001], [Modahl 2000], [Scheer 1999] und [Wirtz 2000]) wird zwar der Einfluss von E-Business auf die Schaffung und Sicherung von Unternehmenserfolg betont, auf strategische E-Business-Planung wird aber nur in wenigen Publikationen eingegangen (z.B. [Deise et al. 2000], [Eggers & Hoppen 2001] und [Haertsch 2000]). Die Autoren haben bereits im Jahr 2000 mit der Erarbeitung eines Vorgehensmodells zur Entwicklung von E-Business-Strategien begonnen; über die erste Anwendung wurde im HMD-Heft 221 berichtet (vgl. [Heinrich et al. 2001]).

2 Vorgehensmodell

Das Vorgehensmodell (im Folgenden kurz als eBS-VGM bezeichnet) wurde in den Jahren 2001 und 2002 in mehreren Fallstudien erprobt und auf Grundlage der Befunde der Erprobungen verbessert. Für drei KMU (ein Gewerbebetrieb der Branche Bauen und Wohnen, ein Dienstleistungsunternehmen der Branche Bildung und Unterricht und ein Handels- und Dienstleistungsunternehmen der Automobilbranche) wurden E-Business-Strategien entwickelt.

Abbildung 1 zeigt das eBS-VGM in dem Zustand, wie es nach Durchführung der drei Fallstudien vorliegt. Die Aktivitäten – in der Abbildung als Ellipsen dargestellt – werden nachfolgend erklärt. Die durch Aktivitäten erzeugten Produkte bzw. Zwischenprodukte – in der Abbildung durch Rechtecke repräsentiert – werden genannt und die Methoden zur Abarbeitung der Aktivitäten angegeben.

Die Entwicklung der E-Business-Strategie erfolgt in zwei Workshops mit dem Topmanagement, das damit seine strategische Verantwortung für die IT im Unternehmen wahrnimmt; die Einbindung des IT-Managements hat sich als zweckmäßig erwiesen. Dadurch wird auch signalisiert, dass die Bedeutung der E-Business-Strategie unternehmensweit erkannt wird und dass sie von den Mitarbeitern gelebt werden muss.

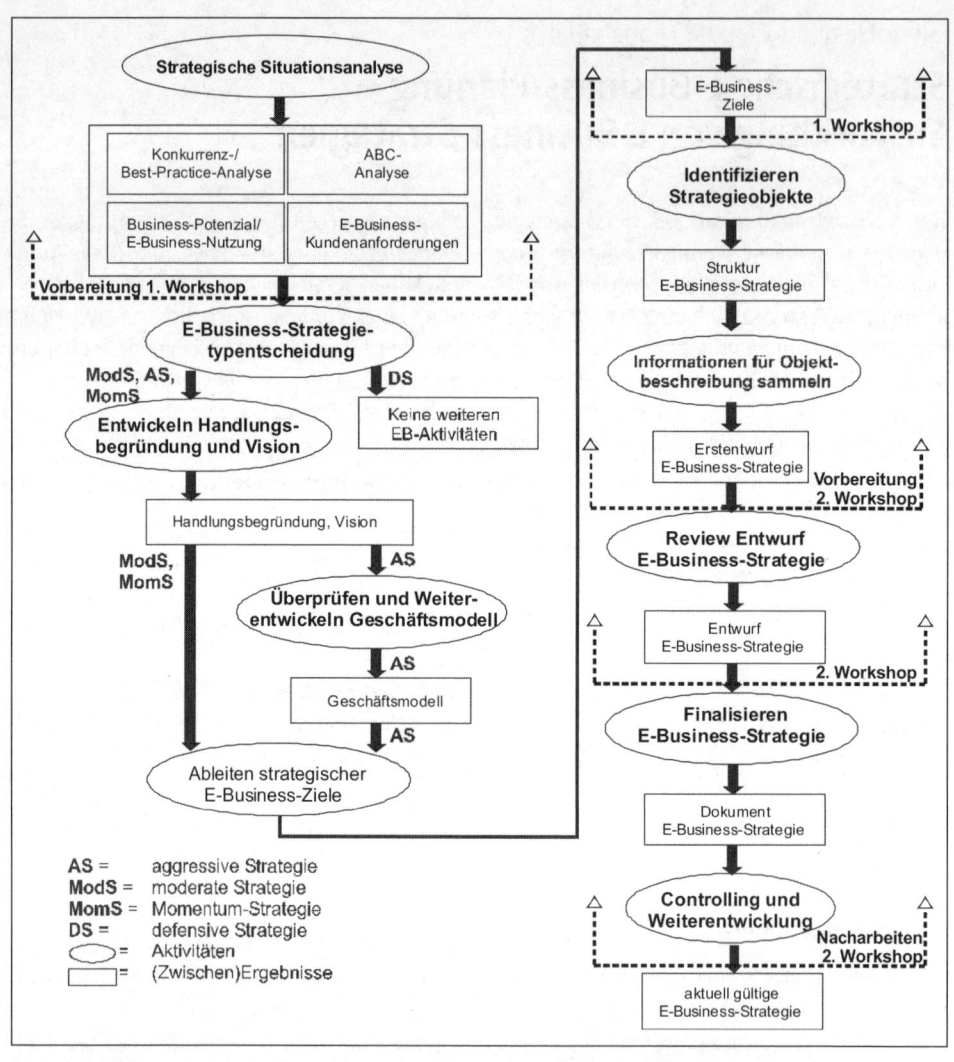

Abb. 1: Vorgehensmodell zur Entwicklung von E-Business-Strategien [Thonabauer 2002]

Eine externe Projektbegleitung ist empfehlenswert, um den Entwicklungsprozess fachlich zu unterstützen und zu moderieren; sie übernimmt auch bestimmte Aktivitäten im Entwicklungsprozess und soll Konflikte (z.B. zwischen Topmanagement und IT-Management) vermeiden bzw. lösen. Der Entwicklungsprozess kann mit externer Projektbegleitung erfahrungsgemäß sachlicher abgewickelt und das Ergebnis von allen Beteiligten besser akzeptiert werden.

3 Strategie-Entwicklungsprozess

Der Entwicklungsprozess beginnt mit einem Gespräch zwischen der externen Projektbegleitung und dem Topmanagement, um Interessen und Erwartungen zu ermitteln und abzugleichen. Davon ausgehend werden Vorstellungen über den Ablauf des Entwicklungsprozesses und dessen Ergebnis formuliert sowie die für die strategische Situationsanalyse erforderliche

Information angefordert bzw. erhoben. Es werden Kontaktpersonen, Termine und die weitere Vorgehensweise festgelegt.

Vorbereitung des ersten Workshops

Die externe Projektbegleitung führt die strategische Situationsanalyse durch. Dazu gehören Konkurrenz-/Best-Practice-Analyse, ABC-Analyse, Analyse des E-Business-Potenzials und der E-Business-Nutzung sowie Analyse der E-Business-Kundenanforderungen.

Zweck der Konkurrenz-/Best-Practice-Analyse ist es, E-Business-Aktivitäten der wichtigsten Mitbewerber zu identifizieren und anhand von Beispielen zu verdeutlichen, welches Innovationspotenzial E-Business für das Unternehmen hat. Zweck der ABC-Analyse ist es, jene Produkte und Dienstleistungen des Leistungsprogramms zu identifizieren, die sich für E-Business besonders eignen. Die Ermittlung von E-Business-Potenzial und E-Business-Nutzung dient dazu, die Information zu erarbeiten, die beim Setzen strategischer E-Business-Ziele und bei Entscheidungen über Investitionen in die E-Business-Infrastruktur erforderlich ist. Für die Ermittlung beider Größen wird ein von den Autoren entwickeltes Messsystem verwendet, über das im HMD-Heft 223 berichtet wurde (vgl. [Heinrich & Thonabauer 2002]).

Zweck der Erhebung der E-Business-Kundenanforderungen ist die Identifikation des Bedarfs an neuen oder wesentlich veränderten Produkten und Dienstleistungen, die für Aussagen der E-Business-Strategie von Bedeutung sein können. Dazu werden qualitative Interviews mit Schlüsselkunden und potenziellen Neukunden geführt. Diese Form der Befragung gibt die Möglichkeit, auf Ideen der Befragten individuell einzugehen. Aus zeitlichen und finanziellen Gründen kann die Erhebung der Kundenanforderungen nicht repräsentativ sein. Kundenanforderungen sind bei der Strategieentwicklung aber unbedingt zu beachten, um explizite Kundenorientierung zu verwirklichen.

Neben der Durchführung der strategischen Situationsanalyse entwirft die externe Projektbegleitung zur Vorbereitung auf den ersten Workshop Handlungsbegründung und Vision und erarbeitet Vorschläge zu den Zielinhalten strategischer E-Business-Ziele.

Erster Workshop

Über die Ziele des Workshops und die Rollenverteilung während des Workshops wird Konsens hergestellt. Die externe Projektbegleitung präsentiert dann die Ergebnisse der strategischen Situationsanalyse. Auf Grundlage dieser Ergebnisse entscheidet das Topmanagement über den Strategietyp. Abbildung 2 zeigt die zur Wahl des Strategietyps verwendeten Kriterien mit ihren Ausprägungen und deren Zuordnung zum Strategietyp. Im Fall der Wahl einer defensiven Strategie ist der Strategie-Entwicklungsprozess mit dieser Aktivität beendet.

Bei Wahl eines der anderen Strategietypen erfolgt das Entwickeln von Handlungsbegründung und Vision. Dazu moderiert die externe Projektbegleitung zunächst die Durchführung einer SWOT-Analyse, womit nach [Andrews 1987, S. 50 f.] die Analyse der Unternehmensumwelt bezüglich Stärken (Strengths), Schwächen (Weaknesses), Chancen (Opportunities) und Risiken (Threats) gemeint ist. Stärken und Schwächen sind primär auf die Gegenwart be-

Abb. 2: Kriterien für die Strategietypentscheidung und deren Ausprägung

	E-Business-Aktivität der Konkurrenz	E-Business-Kundenanforderungen	E-Business-Potenzial
aggressive Strategie	hoch	hoch	hoch
moderate Strategie	mittel	mittel	mittel
Momentum-Strategie	niedrig	niedrig	niedrig
defensive Strategie	keine	keine	keines

> **Vision**
> - Das Unternehmen setzt die neuesten Technologien ein und bietet seinen Kunden dadurch einen einzigartigen Bedienungskomfort beim Buchen und Verwalten ihrer Seminare.
> - Die Produkte und Dienstleistungen des Unternehmens sind im gesamten deutschsprachigen Raum verfügbar und bekannt.
> - Die Seminarveranstalter sind durch ein attraktives Partnerprogramm eng an das Unternehmen gebunden.
> - Die Kundenbindung ist durch den gezielten Einsatz von eCRM sehr hoch.
> - .....

Abb. 3: Beispiel Vision (auszugsweise)

zogen, Chancen und Risiken werden hauptsächlich in Hinblick auf die Zukunft gesehen. Die Ergebnisse der SWOT-Analyse werden für die Identifikation von Handlungsfeldern verwendet. Typische Themen sind Differenzierungsmöglichkeiten, Kundenbindung, neue Produkte und Dienstleistungen, Globalisierung, Innovationsgrad, Unternehmensimage und Ertragssituation. Handlungsbegründung ist die rationale und nachvollziehbare Wahl bestimmter Handlungsfelder.

Auf Basis der Handlungsbegründung wird vom Topmanagement eine Vision formuliert. Diese zeichnet ein mutiges Bild der Zukunft und bezieht sich auf eine Erwartung hinsichtlich der zukünftigen Geschäftsentwicklung in der Vorstellung von Managern und Mitarbeitern, die den geschäftlichen Wandel bewirken. Ziel der Vision ist es, das Unternehmen dazu zu befähigen, einen angestrebten Zustand zu erreichen und sich nicht auf die Beseitigung von Schwächen zu beschränken. Abbildung 3 zeigt eine Vision auszugsweise, die in einer der Fallstudien erarbeitet wurde (Dienstleistungsunternehmen der Branche Bildung und Unterricht, Umsatz 0,15 Mio. €; 12 Mitarbeiter; Tätigkeitsbereich Österreich, Deutschland und Schweiz).

Wurde eine aggressive Strategie als Strategietyp gewählt, ist als nächste Aktivität eine Überprüfung und ggf. die Weiterentwicklung des Geschäftsmodells durchzuführen. Wenn die Beibehaltung des bestehenden Geschäftsmodells im E-Business nicht Erfolg versprechend ist, muss ein neues Geschäftsmodell entwickelt werden.

Letzte Aktivität im ersten Workshop ist das Ableiten der strategischen E-Business-Ziele in allen Zieldimensionen, das heißt Festlegen des Zielinhalts, des Zielmaßstabs, des Ausmaßes der Zielerreichung und des zeitlichen Bezugs. Typische Zielinhalte sind: Gewinnung neuer Kunden, Gewinnung neuer Partner, Kostenreduzierung, Image-Verbesserung, Erhöhung der Kundenbindung, Verbesserung der Benutzbarkeit.

Nachdem die E-Business-Ziele vorliegen, ist zu überprüfen, ob sie die Handlungsbegründung erfüllen, die Erreichung der Vision ermöglichen sowie die mit der SWOT-Analyse identifizierten Chancen ausschöpfen und die Risiken vermeiden. Wenn dies nicht der Fall ist, muss die Vision überprüft und ggf. verändert werden; die Ziele sind entsprechend anzupassen. Abbildung 4 zeigt E-Business-Ziele, die in einer der Fallstudien gesetzt wurden (Handels- und Dienstleistungsunternehmen der Automobilbranche, Umsatz 3,9 Mio. €; 38 Mitarbeiter; Tätigkeitsbereich Oberösterreich).

Nach dem Setzen der strategischen E-Business-Ziele ist der erste Workshop abgeschlossen, für dessen Durchführung ein voller Arbeitstag erforderlich ist. Zwischen externer Projektbegleitung und Topmanagement wird vereinbart, Vision und E-Business-Ziele durch das Topmanagement zu überarbeiten und der ex-

> **Mitarbeiterqualifikation**
>
> *Zielinhalt:* Neue Mitarbeiter werden durch innovative Rekrutierungsideen beschafft. Mitarbeiter werden durch Schulung auf den neuesten Stand der Technik gebracht.
> *Zielmaßstab:* a) Anzahl Bewerbungen aufgrund der Online-Initiative
>   b) Anzahl der Schulungstage pro Mitarbeiter/Jahr
> *Ausmaß der Zielerreichung:* a) 30
>   b) 5
> *Zeitlicher Bezug der Zielerreichung:* 31.06.2003
>
> **Kundenbestellprozess**
>
> *Zielinhalt:* Durch Online-Bestellung wird eine 24-Stunden-Bestellmöglichkeit geboten. Verkäufer werden von der Aufnahme zeitraubender telefonischer Bestellungen entlastet.
> *Zielmaßstab:* Prozentsatz Online-Bestellungen
> *Ausmaß der Zielerreichung:* 60
> *Zeitlicher Bezug der Zielerreichung:* 31.12.2003

Abb. 4: Beispiel E-Business-Ziele (auszugsweise)

ternen Projektbegleitung ein Feedback mit Verbesserungsvorschlägen zu geben.

Vorbereitung des zweiten Workshops

Die externe Projektbegleitung überarbeitet aufgrund des Feedbacks die Vision und die E-Business-Ziele, leitet aus den E-Business-Zielen die Strategieobjekte ab und beschafft Information für die Objektbeschreibung. Strategieobjekte sind Phänomene, deren Gestaltung für die Erreichung der strategischen E-Business-Ziele von nachhaltiger Bedeutung ist. Je nach Strategietyp und E-Business-Zielen sind andere Strategieobjekte relevant. Beispiele sind: Projektmanagement, Technologiemanagement, Investitionsmanagement, strategische Partnerschaften, Bestands- und Lebenszyklusmanagement, Datenmanagement, Content Management, Integrationsmanagement, Qualitätsmanagement, Controlling.

Aus der Handlungsbegründung (einschließlich Ergebnisse der SWOT-Analyse), der Vision und den E-Business-Zielen wird für jedes identifizierte Strategieobjekt eine strukturierte Beschreibung erarbeitet, wofür die Attribute Erklärung, Aussagen, Zuständigkeit und Realisierungszeitraum verwendet werden (vgl. [Heinrich & Pomberger 1999, S. 120]). Abbildung 5 zeigt die Beschreibung eines Strategieobjekts aus einer der Fallstudien (Gewerbebetrieb der Branche Bauen und Wohnen, Umsatz 9,1 Mio. €; 70 Mitarbeiter; Tätigkeitsbereich Oberösterreich).

Der nun vorliegende Erstentwurf der E-Business-Strategie wird dem Topmanagement mit der Aufforderung übergeben, sich auf ein gemeinsam mit der externen Projektbegleitung durchzuführendes Review vorzubereiten.

Zweiter Workshop

Dieser findet etwa vier Wochen nach dem ersten Workshop statt; ein halber Tag ist dafür erfahrungsgemäß ausreichend. Auch zu Beginn dieses Workshops wird über Ziele und Rollenverteilung Konsens hergestellt. Das Review wird von der externen Projektbegleitung moderiert; Reviewer sind die Mitglieder des Topmanagements. Änderungsvorschläge werden möglichst sofort in den Erstentwurf der E-Business-Strategie eingearbeitet; ggf. werden nicht nur Änderungen an bestehenden Strategieobjekten und ihrer Beschreibung durchgeführt, sondern auch weitere Strategieobjekte festgelegt und beschrieben.

> **Strategische Partnerschaften**
>
> *Erklärung*
> Strategische Partnerschaften sind Kooperationen mit anderen Unternehmen derselben Branche oder mit Partnerfirmen des Unternehmens zur Erzielung von Synergieeffekten im Bereich E-Business.
>
> *Aussagen*
> - Da es um Nutzung von Synergieeffekten geht, muss geklärt werden, welchen Nutzen bzw. welche Nachteile eine Partnerschaft hat. Ein Stärken-/Schwächenprofil der potenziellen Partner für die Online-Überwachung von Großbaustellen und Heizanlagen, die automatisierten Direktlieferungen und den Internetauftritt ist zu erstellen.
> - Vor der Kontaktaufnahme mit einem potenziellen Partner ist ein Entwurf für die Partnerschaft zu erstellen. Dieser enthält mindestens die rechtlichen und finanziellen Rahmenbedingungen, die von beiden Seiten zu erwartenden Leistungen und die zu vereinbarenden Schnittstellen. Der Entwurf ist dem potenziellen Partner bei der ersten Kontaktaufnahme vorzulegen.
> - Sollte es zu einer strategischen Partnerschaft kommen, muss die Rechtsbeziehung zwischen beiden Partnern durch einen Vertrag geregelt werden (Dauer, Termine etc.). Um die Vollständigkeit der Verträge zu gewährleisten, sollen Modellverträge verwendet werden.
> - Es wird periodisch überprüft, ob eine Partnerschaft die geforderten Vorteile bringt bzw. dem geplanten Kosten/Nutzen-Verhältnis entspricht.
>
> *Zuständigkeit*
> Die Geschäftsführung; Vertragsentwürfe für geplante strategische Partnerschaften sind von ihr zu genehmigen.
>
> *Realisierungszeitraum*
> Nach Abschluss der strategischen Maßnahmenplanung ist unverzüglich mit der Suche nach strategischen Partnern zu beginnen. Die Prüfung des Marktes auf mögliche neue Partnerschaften und die existierender Verträge erfolgt laufend.

Abb. 5: Beispiel Strategieobjekt (auszugsweise)

Nacharbeiten zum zweiten Workshop

Die externe Projektbegleitung überarbeitet den Entwurf redaktionell, das Topmanagement setzt dann die E-Business-Strategie in Kraft. Die Erreichung der strategischen E-Business-Ziele ist in den im Strategieobjekt Controlling festgelegten Abständen zu überprüfen. Neben der Feststellung der Zielerreichung stellt das Controlling die Information zur Verfügung, die für die Aktualisierung der Strategie erforderlich ist und einmal jährlich erfolgen sollte. Dabei sind entweder einzelne Teile der Strategie anzupassen oder es ist ein Neuentwurf nach dem eBS-VGM erforderlich.

4. Ergebnis und Interpretation

Die E-Business-Strategie unterstützt die Verfolgung von Marktzielen und die Erzielung nachhaltiger Wettbewerbsvorteile durch Fokussierung auf kritische Wettbewerbsfaktoren. Nach Vorliegen der E-Business-Strategie kann mit der zielgerichteten, koordinierten und unternehmensweit einheitlichen E-Business-Maßnahmenplanung begonnen werden.

In den drei Fallstudien wurden für den Strategie-Entwicklungsprozess durchschnittlich je 259 Stunden verbraucht, wobei das Topmanagement einschließlich IT-Management 49 Stunden, die externe Projektbegleitung folglich 210 Stunden verbrauchte. Besonders für das Topmanagement wird der Zeitbedarf von der Anzahl der an den Workshops teilnehmenden Personen bestimmt.

Im Anschluss an die drei Fallstudien erfolgte eine Erprobung des eBS-VGMs in einer Laborstudie. 50 Studierende der Wirtschaftsinformatik erarbeiteten in zehn Gruppen unter unterschiedlichen Bedingungen (insbesondere mit und ohne eBS-VGM als unabhängige Variable) die E-Business-Strategie für ein Unternehmen. Als abhängige Variable wurden Zeitbedarf (als Maß für Wirtschaftlichkeit) und Ergebnisqualität (als Maß für Wirksamkeit) verwendet. Die Befunde zeigen, dass der Zeitbedarf für den Strategie-Entwicklungsprozess mit eBS-VGM nicht wesentlich reduziert wird (rd. 14%), die Qualität der E-Business-Strategie jedoch nachhaltig verbessert werden kann. Die Beurteilung der Qualität erfolgte mit einer Expertenbefragung.

5 Literatur

[Andrews 1987] *Andrews, K. R.*: The Concept of Corporate Strategy. Richard D. Irwin, Washington, 1987.

[Cohan 2000]*Cohan, P.*: e-Profit – High Payoff Strategies for Capturing the E-Commerce Edge. Adakom, New York, 2000.

[Deise et al. 2000] *Deise, M. V.; Nowikow, C.; King, P.; Wright, A.*: Executive's Guide to E-Business – from Tactics to Strategy. John Wiley & Sons, New York et al., 2000.

[Eggers & Hoppen 2001] *Eggers, B.; Hoppen, G. (Hrsg.)*: Strategisches E-Commerce-Management. Gabler, Wiesbaden, 2001.

[Haertsch 2000] *Haertsch, P.*: Wettbewerbsstrategien für Electronic Commerce. Eul, Köln, 2000.

[Heinrich & Pomberger 1999] *Heinrich, L. J.; Pomberger, G.*: Entwickeln von Informatik-Strategien – Vorgehensmodell und Fallstudien. In: Lausen, G. et al. (Hrsg.): Angewandte Informatik und Formale Beschreibungsverfahren. Teubner, Stuttgart, 1999, S. 108–127.

[Heinrich & Thonabauer 2002] *Heinrich, L. J.; Thonabauer, C.*: Messung des EB-Potenzials und der EB-Nutzung. In: HMD – Praxis der Wirtschaftsinformatik 223 (2002), S. 58-62.

[Heinrich et al. 2001]*Heinrich, L. J.; Pomberger, G.; Thonabauer, C.*: Entwickeln von EC/EB-Strategien. In: HMD – Praxis der Wirtschaftsinformatik 221 (2001), S. 87-93.

[Köhler & Best 2000]*Köhler, T.; Best, R.*: Electronic Commerce. 2. Aufl., Addison-Wesley, München, 2000.

[Kröger et al. 2001]*Kröger, F.; Sonnenschein, M.; Neumann, D.; Schmitt, K.*: Ne(x)t Economy. Gabler, Wiesbaden, 2001.

[Modahl 2000] *Modahl, M.*: Now or Never – How Companies must change today to win the Battle for Internet Customers. Harper Collins, New York, 2000.

[Scheer 1999]*Scheer, A.-W. (Hrsg.)*: Electronic Business und Knowledge Management – Neue Dimensionen für den Unternehmenserfolg. Physica, Heidelberg, 1999.

[Thonabauer 2002] *Thonabauer, C.*: Strategische eBusiness-Planung. Entwicklung eines Vorgehensmodells. Dissertation, Linz, 2002.

[Wirtz 2000] *Wirtz, B. W.*: Electronic Business. Gabler, Wiesbaden, 2000.

o. Univ.-Prof. Dipl.-Ing. Dr. Lutz J. Heinrich
Mag. Dr. Claudia Thonabauer
Universität Linz
Institut für Wirtschaftsinformatik /
Information Engineering
Altenberger Str. 69
A-4040 Linz
{heinrich, thonabauer}@winie.jku.at
www.ie.jku.at

Helmut Kernler
Logistiknetze
Mit Supply Chain Management erfolgreich kooperieren

Die innerbetriebliche Integration des Güterflusses ist in den letzten Jahren gelungen. Jetzt bahnt sich die Integration des Güterflusses zwischen den Unternehmen an. Noch sind Logistiknetze in Deutschland in zahlreichen Branchen unterrepräsentiert, aber erfolgreiche Unternehmen arbeiten zielstrebig daran, Beziehungsnetze aufzubauen. Die einzelnen Firmen auf der Supply Chain schotten sich nicht mehr voneinander ab, sondern bilden Partnerschaften, wie in der Automobil-/Zulieferer-Industrie.

Das Buch erklärt die logistischen Grundbegriffe, schildert die Entwicklung von Logistiknetzen, leitet die grundlegenden Strukturen her und modelliert eine allgemeine Systematik. Die abstrakte Systemarchitektur wird danach auf einer konkreten IT-Welt abgebildet. Das Buch bietet dabei eine systematische, herstellerunabhängige Einführung in IT-gestützte Tools für Logistiknetze. Es erklärt die Algorithmen verständlich und beurteilt deren Anwendbarkeit. Bedeutsame Planungsfunktionen von Bedarfsvorhersage über Sicherheitsbestand und Controlling bis Optimierung werden ausführlich behandelt. Alle Kapitel beginnen mit einem Überblick über Grundsätze, Funktionen und Strukturen; anschließend folgen Dateistrukturen, durchgerechnete Beispiele und Algorithmen. Die Algorithmen und Funktionen werden bis zur Realisierungsebene an einem einfachen SCM-System verdeutlicht.

Damit erschließt dieses Grundlagenwerk über den Aufbau und die Architektur von Logistiknetzen die zahlreichen sich bietenden Möglichkeiten und hilft schlanke Unternehmensverbünde aufzustellen.

Von Helmut Kernler.
2003. X, 205 Seiten. Kartoniert. € 39,– sFr 65,50 ISBN 3-7785-2892-0

BESTELLCOUPON
Fax 0 62 21 / 4 89-6 23

Name _____

Straße/Postfach _____

PLZ/Ort _____

Ich habe das Recht, diese Bestellung innerhalb von 14 Tagen nach Lieferung ohne Angaben von Gründen zu widerrufen. Der Widerruf erfolgt schriftlich oder durch fristgerechte Rücksendung der Ware an den Verlag Hüthig GmbH & Co. KG, Im Weiher 10, 69121 Heidelberg oder an meine Buchhandlung. Zur Fristwahrung genügt die rechtzeitige Absendung des Widerrufs oder der Ware (Datum des Poststempels). Bei einem Warenwert unter 40 Euro liegen die Kosten der Rücksendung beim Rücksender. Meine Daten werden gemäß Bundesdatenschutzgesetz elektronisch gespeichert und können für Werbezwecke verwendet werden.

Datum/Unterschrift _____

Ja, bitte senden Sie mir:

☐ Expl. Kernler
Logistiknetze
€ 39,– sFr 65,50
zzgl. Versandkosten
ISBN 3-7785-2892-0

Hüthig Fachverlage
Im Weiher 10, D-69121 Heidelberg
Tel. 0 62 21/4 89-3 67, Internet http://www.huethig.de

Hüthig

Axel Hochstein, Andreas Hunziker

Serviceorientierte Referenzmodelle des IT-Managements

Im Rahmen des strategischen IT-Managements stellt die Kundenorientierung als eine der wichtigsten strategischen Stoßrichtungen einen zentralen Bestandteil dar. Die Transformation von einer technologieorientierten IT-Abteilung zu einem kundenorientierten IT-Dienstleister mit einer methodischen Gestaltung der internen IT-Prozesse kann nur durch ein serviceorientiertes IT-Management gewährleistet werden. In den letzten zwei bis drei Jahren zeigt sich ein zunehmendes Interesse an Referenzmodellen zur Umsetzung und Erreichung eines serviceorientierten IT-Managements. Dementsprechend wurden von den unterschiedlichsten Organisationen eine Fülle von Modellen entwickelt, die dabei helfen sollen, ein serviceorientiertes IT-Management zu gewährleisten. Eine Betrachtung, inwiefern die Modelle tatsächlich die Erwartungen und Anforderungen erfüllen, ist Gegenstand dieses Artikels. Dabei werden zunächst die Ziele und anschließend die an die Referenzmodelle gestellten Anforderungen erläutert. Den Hauptteil des Artikels bilden die Vorstellung und Bewertung gängiger Referenzmodelle anhand der identifizierten Anforderungen. Abschließend werden Beispiele für die Anwendung von Referenzmodellen in der Praxis gegeben, es wird ein Fazit gezogen und im Rahmen eines Ausblickes auf zukünftige Potenziale und Forschungsfelder eingegangen.

Inhaltsübersicht

1 Anforderungen an serviceorientierte Referenzmodelle des IT-Managements
   1.1 Formale Anforderungen
   1.2 Pragmatische Anforderungen
2 Vorstellung und Bewertung gängiger Modelle
   2.1 IT Infrastructure Library (ITIL)
   2.2 CobiT
   2.3 IBM IT Process Model (ITPM)
   2.4 HP IT Service Management Reference Model (HP ITSM)
3 Beispiele für die Anwendung von serviceorientierten Referenzmodellen
4 Fazit und Ausblick
5 Literatur

1 Anforderungen an serviceorientierte Referenzmodelle des IT-Managements

Referenzmodelle dienen Organisationen im Allgemeinen zur Analyse und Verbesserung der bestehenden Situation, im betrachteten Fall also zur Analyse und Verbesserung des IT-Managements [Schütte 1998, S. 309]. Eine transparente und dokumentierte Übersicht der IT-Managementprozesse und ihrer Beziehungen zueinander kann die Basis für eine Reorganisation darstellen und so eine gezielte, strukturierte Anpassungsfähigkeit an neue Bedingungen sicherstellen [Becker et al. 2002, S. 10]. [van Bon 2002, S. 226] sieht den Nutzen von serviceorientierten IT-Referenzmodellen in der Bereitstellung einer Richtlinie – einer Guideline –, wie ein technologieorientiertes Rechenzentrum zu einem serviceorientierten IT-Dienstleister umgestaltet werden kann. Zudem wird die Grundlage für eine durch einen hohen Gemeinkostenanteil im Bereich des IT-Managements sinnvoll erscheinende Prozesskostenrechnung geschaffen. Darauf aufbauend können die Prozesse kontinuierlich gesteuert werden.

Aus den oben dargestellten Zielen und Erwartungen, die an die Nutzung eines serviceorientierten Referenzmodells des IT-Managements gestellt werden, lassen sich in einem nächsten Schritt Anforderungen ableiten. Dies sind zum einen formale Anforderungen, welche die Komponenten und die Struktur des Referenzmodells betreffen. Zum anderen gibt es Anforderungen, die vor allem für die Anwendung in der Praxis relevant sind – so genannte pragmatische Anforderungen.

1.1 Formale Anforderungen

- *Zieldefinition der Prozesse:* Um Transparenz und ein klares Verständnis über den Sinn und Zweck der einzelnen Prozesse und Prozessabläufe zu erlangen, müssen die Prozessziele klar definiert sein.
- *Detaillierungsgrad:* Das Kriterium eines ausreichenden Detaillierungsgrades stellt sicher, dass verstanden wird, welche Aktivitäten innerhalb der einzelnen Prozesse ablaufen, um somit z.B. im Rahmen einer Prozessanalyse eine detaillierte Übersicht über die wertschöpfenden und die nicht wertschöpfenden Aktivitäten zu erhalten.
- *End-to-End-Betrachtung:* Eine ganzheitliche Betrachtung des IT-Managements und der Managementprozesse kann nur erfolgen, wenn in dem Referenzmodell auch die Gesamtheit der Prozesse – also von Lieferanten- bis zu Kundenprozessen – betrachtet wird und die Integration der einzelnen Prozessbereiche (z.B. zwischen IT-Entwicklung und IT-Produktion) ausführlich dargestellt wird.
- *Konsistenz:* Eine konsistente Struktur von Referenzprozessmodellen erleichtert die Navigation durch die einzelnen Prozesse und stellt die Existenz eines widerspruchsfreien Gesamtmodells sicher.
- *Eindeutiges Input/Output-Schema:* Des Weiteren ist zur Darstellung der Beziehungen zwischen den einzelnen Prozessen ein eindeutiges Input/Output-Schema für jeden Prozess vonnöten. Aus diesem gehen die für die Ausführung des Prozesses benötigten und in dem Prozess erstellten Ressourcen bzw. Informationen hervor.
- *Definition von Rollen und Verantwortlichkeiten:* Aus Gründen der Klärung von Zuständigkeiten sind im Rahmen einer End-to-End-Betrachtung der Prozessabläufe die Rollen der Prozessverantwortlichen zu definieren.

1.2 Pragmatische Anforderungen

- *Erfolgsfaktoren:* Kritische Erfolgsfaktoren (KEF) dienen dem Management als Leitlinie zur Implementierung und Kontrolle von IT-Managementprozessen. Erfolgsfaktoren beschreiben Bedingungen bzw. Eigenschaften, die vorhanden sein müssen, um den optimalen Prozesserfolg zu erzielen. Den Verantwortlichen wird dadurch ermöglicht, bei der Umsetzung der Prozesse die wesentlichen Faktoren zu identifizieren und diese bei der Anpassung der generischen Prozesse an die spezifische Unternehmenssituation zu berücksichtigen.
- *Kennzahlen zur Messung der Effektivität der Prozesse:* Kennzahlen zur Messung der Effektivität repräsentieren die Erreichung des Prozesszieles. Durch Identifizierung und Messung der Kennzahlen lässt sich das Ergebnis (Outcome) der Prozesse bestimmen und managen.
- *Kennzahlen zur Messung der Effizienz der Prozesse:* Im Gegensatz zur Effektivität sollen die Kennzahlen zur Messung der Effizienz nicht das »Was« messen, sondern das »Wie«. Durch Identifizierung und Messung der Effizienzkennzahlen lassen sich die Performance und der Ressourceneinsatz bestimmen und managen.
- *Instrumente:* Zur Gestaltung der einzelnen Managementprozesse werden in der Regel spezielle Managementinstrumente benötigt, um bestimmte Aufgaben effektiv und effizient ausführen zu können. So kann z.B. das Ishikawa-Diagramm bei der Problemidentifikation sehr hilfreich sein. Die Instrumente stellen sozusagen den Werkzeugkasten des IT-Servicemanagements dar.
- *Implementierungshinweise (insb. Reife- bzw. Maturity-Modelle):* Für die Anwendung eines Referenzprozessmodells sollten Hinweise

vorhanden sein, wie eine Organisation die vorgeschlagenen Prozesse erreichen bzw. implementieren kann. Hierzu ist z.B. ein Reifemodell sehr hilfreich, da es den Unternehmen eine Einordnung des Ist-Zustandes erlaubt und Hinweise zur Erreichung einer höheren (professionelleren) Prozessebene gegeben werden.

- *Klarheit/Einfachheit:* Trotz einer genauen und vollständigen Abbildung der Referenzprozesse ist eine verständliche Darstellung und einfache Handhabung des Modells zu gewährleisten, um z.B. Akzeptanz beim Topmanagement und der beteiligten Mitarbeiter zu erreichen.
- *Flexibilität:* Das Referenzprozessmodell muss so flexibel gestaltet sein, dass eine problemlose Anpassung an unterschiedliche Ausgangslagen möglich ist.
- *Weiterentwicklung:* In einem derart dynamischen Bereich, wie dem IT-Management, ist es besonders wichtig, die Nachhaltigkeit des Referenzmodells zu sichern. Eine stetige Weiterentwicklung und Integration neuer Erkenntnisse und Rahmenbedingungen – in der Verantwortung von kompetenten Gremien und Organisationen – sollte gewährleistet sein.
- *Verbreitung und Nutzung der Modelle:* Weit verbreitete Referenzprozessmodelle stellen eine gewisse Vergleichbarkeit auf interorganisationaler Ebene sicher und verschaffen tendenziell Zuspruch der Anspruchsgruppen (Stakeholder).

2 Vorstellung und Bewertung gängiger Modelle

Im Folgenden werden die wichtigsten Referenzprozessmodelle vorgestellt, wobei zwei der dargestellten Frameworks (ITIL und CobiT) aus dem Public-Domain- und zwei aus dem Non-Public-Domain-Bereich (IBM ITPM und HP ITSM) ausgewählt wurden. Die Auswahl der Modelle erfolgte anhand der Verbreitung in der Praxis.

Eine kurze Darstellung der Gesamtheit der existierenden Public- und Non Public Domain Frameworks ist in Tabelle 1 zu finden.

2.1 IT Infrastructure Library (ITIL)

Framework

Ende der 80er Jahre entwickelte die Central Computer and Telecommunications Agency (CCTA) der britischen Regierung (mittlerweile Bestandteil des OGC – Office of Government Commerce) in Zusammenarbeit mit IT-Spezialisten, Rechenzentrumsbetreibern und Beratern aus England ein generisches Referenzmodell für die Planung, Überwachung und Steuerung von IT-Leistungen. Dieses Framework wurde bzw. wird durch Vertreter aus der Praxis, insbesondere durch Anwender (Deutsche Post, DaimlerChrysler, Bayer etc.), Hersteller (Microsoft, Hewlett-Packard, T-Systems etc.) und Berater (Siemens Business Services, exagon consulting, Kess DV-Beratung etc.), kontinuierlich weiterentwickelt und aktualisiert. Mittlerweile hat sich ITIL zum internationalen De-facto-Standard für IT-Dienstleister entwickelt und bildet als herstellerunabhängige Sammlung von »Best Practices« die Grundlage für das international tätige IT-Service-Management Forum (ITSMF) mit mittlerweile über 1.000 Partnerunternehmen.

ITIL besteht im Wesentlichen aus fünf in Abbildung 1 dargestellten Prozessbereichen. Zu jedem der fünf Prozessbereiche veröffentlichte die OGC einen Band [OGC 2000-2003]: Die »Business Perspective« umfasst die strategischen Prozesse des IT-Servicemanagements, wie IT-Alignment oder Relationship Management. »Service Delivery« beschäftigt sich mit der Planung, Überwachung und Steuerung von IT-Leistungen, während der Bereich des »Service Support« die Umsetzung der Serviceprozesse und den User-Support im Rahmen der Leistungslieferung sicherstellt. Das Management von Applikationen über den gesamten Lebenszyklus hinweg ist Betrachtungsgegen-

Modell	Entwickler	Kurzbeschreibung
Public-Domain		
ITIL	OGC	De-facto-Standard für serviceorientiertes IT-Management
CobiT	ISACA	Standard zur Prüfung und Kontrolle des IT-Managements
MNM Service Model	Universität München	Generisches Modell zur Definition von servicebezogenen Ausdrücken, Konzepten und Strukturierungsregelungen
IT Service CMM	Vrije Universiteit	Maturity Modell für IT-Service-Management
Managerial Step-by-Step Plan (MSP)	Delft University of Technology	Schrittweiser Plan zur Gestaltung von IS-Management
Non-Public-Domain		
ASL	Pink Roccade	Referenzmodell für Applikationsmanagement
BIOOlogic	HIT	Objektorientiertes Modell für IS-Management
HP IT Service Reference Model	HP	Auf ITIL basierendes Prozessmodell für IT-Management
IPW	Quint Wellington Redwood	Erstes ITIL-basiertes Prozessmodell für IT-Service-Management
Integrated Service Management (ISM)	KPN & BHVB	Ansatz zur Gestaltung des IT-Managements im Sinne eines Systemintegrators
IBMs IT Process Model	IBM	Auf ITIL basierendes Prozessmodell für IT-Management
Perform	Cap Gemini Ernst & Young	ITIL-basierter Management-Standard für die Lieferung von Geschäftsinformationen
Microsoft Operations Framework (MOF)	Microsoft	ITIL-basierendes und auf Microsoft-Umgebungen fokussiertes Prozessmodell für IT-Management
Standard Integrated Management Approach (SIMA)	Interprom	Ansatz zur Gestaltung von Management- und Sicherheitsaspekten für offene, multi-vendor IT-Infrastrukturen

Tab. 1: Referenzmodelle für serviceorientiertes IT-Management

stand des »Application Management«. Das »ICT Infrastructure Management« behandelt sämtliche Aspekte des Infrastruktur-Managements – von der Design- und Planungsphase über die Umsetzung bis hin zum Betrieb und technischen Support.

Bewertung

ITIL ist in der Praxis weit verbreitet. Es gibt ITIL-Schulungen für Mitarbeiter und ITIL-Zertifizierungen für Unternehmen. Die Ausschreibungen großer Konzerne wie Allianz oder BASF fordern heute die IT-Leistungserbringung nach ITIL. Durch »ITIL-Konformität« versuchen IT-Leistungsersteller und Berater ihre Prozessqualität zu belegen. »ITIL-Konformität« ist jedoch ein weiter Begriff und kann unterschiedlich aufgefasst werden. Die bloße Bezeichnung der IT-Prozesse mit den ITIL-Begriffen wird derzeit häufig als ITIL-konform ausgelegt. Die Interpretations-

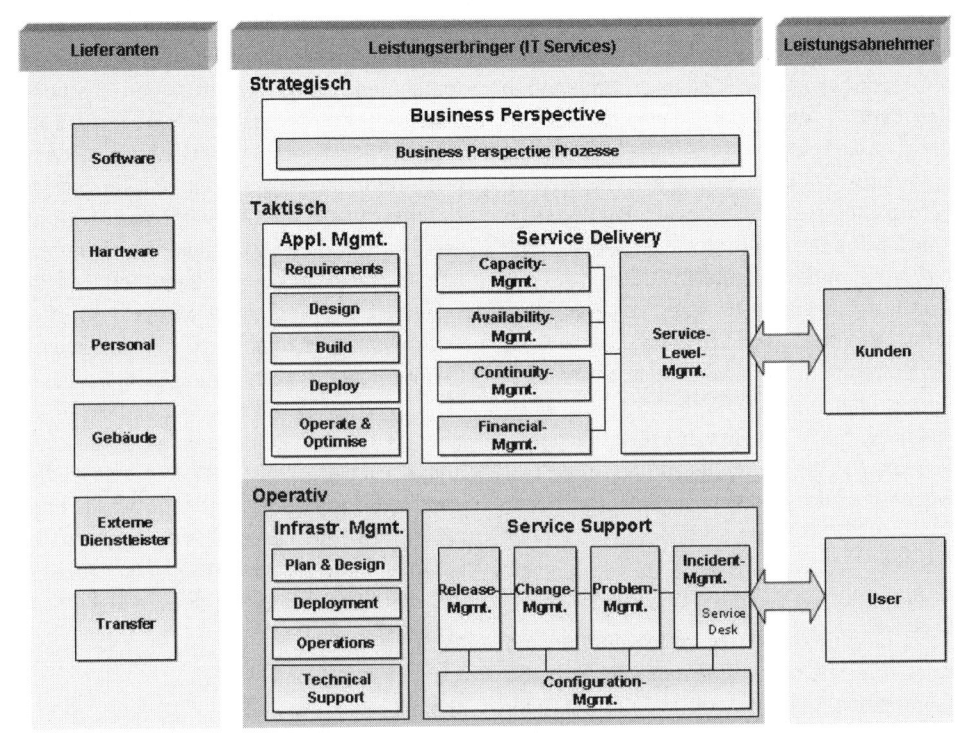

Abb. 1: ITIL-Framework

vielfalt der ITIL-Prozesse ist jedoch groß. Grund hierfür sind die formalen Schwächen des ITIL-Frameworks. Obwohl die Prozesse und Instrumente teilweise sehr detailliert beschrieben werden und im Rahmen einer End-to-End-Betrachtung sogar Rollen und Prozessziele definiert werden, fehlt ein eindeutiges und umfassendes Input/Output-Schema, so dass die Prozessbeziehungen unklar sind. Insbesondere diese spielen jedoch beim IT-Management eine wichtige Rolle und sollten Gegenstand von Verbesserungsbemühungen sein, da innerhalb der einzelnen Prozesse die Optimierungspotenziale weitestgehend ausgeschöpft sind.

Des Weiteren fördert ein Mangel an Konsistenz den Eindruck formaler Schwächen des ITIL-Referenzmodells. Sowohl in Bezug auf die Struktur als auch auf den Detaillierungsgrad herrschen zwischen den Prozessbereichen teilweise stark ausgeprägte Unterschiede. Außerdem lassen sich Inkonsistenzen bezüglich der Angabe von Erfolgsfaktoren und Kennzahlen feststellen und auch die Granularität, in welcher die einzelnen Prozesse bzw. Aktivitäten beschrieben werden, variiert stark. Diese Schwächen bezüglich der formalen Anforderungen an Referenzprozessmodelle erschweren die Anwendung und Übertragung der beschriebenen Referenzprozesse. Zur Implementierung der ITIL-Prozesse hat die OGC einen zusätzlichen Band in Form eines Vorgehensmodells veröffentlicht. Dies und die Tatsache, dass ITIL auf einem generischen Niveau entwickelt wurde, ermöglichen eine problemlose Anpassung des ITIL-Frameworks an unterschiedliche Ausgangslagen. Zudem stellt die stetige Weiterentwicklung durch eine große und internationale Gemeinschaft das Vorliegen eines aktuellen und nachhaltigen Referenzmodells sicher.

Als Fazit lässt sich festhalten, dass ITIL der sicherlich am weitesten verbreitete Standard ist und sich mittlerweile zu einem De-facto-Standard entwickelt hat. Dies ist allerdings eher darauf zurückzuführen, dass ITIL als erstes Referenzmodell den Service-Gedanken aufgegriffen und für das IT-Management verwendet hat. Dadurch ist die Relevanz in der Praxis hoch und die pragmatischen Anforderungen können zu einem großen Teil erfüllt werden. Bei der Erfüllung der formalen Anforderungen, die an Referenzprozessmodelle gestellt werden, weist ITIL jedoch signifikante Schwächen auf, was zu Interpretationsbedarf und zu Missverständnissen führen kann. ITIL kann daher mehr als umfangreiches und prozessbasiertes Set von »Best Practices« für IT-Management verstanden werden und weniger als Referenzprozessmodell im wissenschaftlichen Sinne.

2.2 CobiT
Framework

CobiT (Control Objectives for Information and Related Technology) wurde 1996 von der ISACA (Information Systems Audit and Control Association) entwickelt und seitdem stetig aktualisiert [ISACA 2001]. Leitbild der ISACA ist es, Unternehmen durch Bereitstellung von Forschung, Standards, Kompetenz und Praktiken bei der Organisation, Kontrolle und Qualitätssicherung von Informationen, Systemen und Technologie zu unterstützen. Aus dieser Intention entstand CobiT, wobei dieses 41 nationale und internationale Standards aus den Bereichen Qualität, Sicherheit und Ordnungsmäßigkeit integriert und miteinander kombiniert. Im Rahmen eines IT-Governance-Ansatzes wurden vier Domänen für IT-Prozesse identifiziert und in diese insgesamt 34 kritische Prozesse eingeordnet (siehe Abb. 2). Für die 34 kritischen IT-Prozesse werden jeweils 3 bis 30 verschiedene Kontrollziele angegeben, mit Hilfe derer die Erfüllung der Geschäftsanforderungen überwacht werden kann und die quasi »Best Practices« für IT-Prozesse darstellen.

Abb. 2: CobiT-Framework

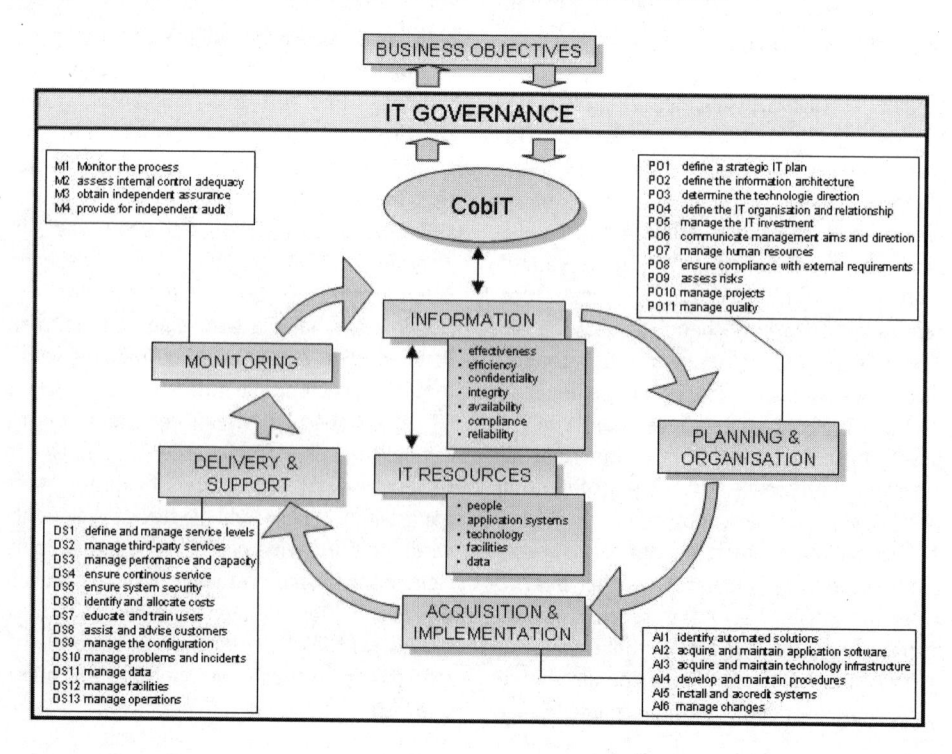

Bewertung

Das CobiT-Framework zeichnet sich durch eine hohe Konsistenz bezüglich der Darstellung der einzelnen Prozesse aus. Zieldefinitionen, Erfolgsfaktoren, Effizienz- und Effektivitätskriterien sind im Rahmen einer End-to-End-Betrachtung für jeden Prozess angegeben. Der Detaillierungsgrad bewegt sich bei der Prozessbetrachtung auf einem konstant hohen Niveau. Leider fehlen sowohl ein I/O-Schema als auch Managementinstrumente, so dass eine genaue Betrachtung der Prozessbeziehungen nicht möglich ist und innerhalb der einzelnen Prozesse unklar ist, wie die Aktivitäten umzusetzen sind. Auch die Verantwortlichkeiten und Zuständigkeiten bleiben weitestgehend unklar, da eine Rollendefinition nur ansatzweise vorhanden ist. Für die praktische Umsetzung des CobiT-Frameworks ist neben einem eigenen »Implementation-Toolset« ein Reifemodell vorhanden, welches Organisationen erlaubt, jeden Prozess einem Reifegrad zuzuordnen und geeignete Maßnahmen zur Erreichung eines höheren Reifegrads zu identifizieren. Trotz des hohen Detaillierungsgrades bleibt CobiT ein generisches Framework, so dass es problemlos unterschiedlichen Ausgangslagen angepasst werden kann.

Obwohl CobiT kein Standard im Bereich des IT-Managements darstellt, ist es in der Praxis relativ weit verbreitet. Die für die Weiterentwicklung zuständige ISACA achtet darauf, dass das Framework konform zu dem Standard ITIL ist. Dementsprechend wird CobiT in der Praxis häufig in Kombination mit ITIL umgesetzt. Konkret kann dies so aussehen, dass als Basis die ITIL-Referenzprozesse umgesetzt werden und CobiT als Kontroll- und Prüfungsmethode verwendet wird.

2.3 IBM IT Process Model (ITPM)

Framework

Das ITPM stellt eine Weiterentwicklung des 1979 veröffentlichten ISMA (Information System Management Architecture) dar, wobei im Wesentlichen eine veränderte Aufteilung der Prozesse in Unterprozesse und Aktivitäten erfolgte [IBM 2000]. Seit sechs Jahren wird dieses Modell gemäß IBM erfolgreich verwendet. Ausgangspunkt für die Entwicklung des ITPM war die Überzeugung, dass kontrollierte Managementprozesse wesentlich zur Effizienz eines IT-Managementsystems beitragen und flexibler sind als traditionelle, hierarchische »command-and-control«-Modelle. Zweck des ITPM ist demnach die Bereitstellung eines soliden Fundamentes zur Gestaltung des prozessorientierten IT-Managements. Hierzu wurden acht Komponenten zum effektiven IT-Management identifiziert und mit 41 Prozessen bzw. 176 Subprozessen hinterlegt. Abbildung 3 zeigt das Framework mit den einzelnen Komponenten.

Bewertung

Das ITPM zeichnet sich durch ein sehr detailliertes und konsistentes Prozessschema aus. Sowohl die einzelnen Prozessbeziehungen, dargestellt mit Hilfe eines eindeutigen und umfassenden I/O-Schemas, als auch die Rollen und Verantwortlichkeiten sind im Rahmen einer End-to-End-Betrachtung berücksichtigt. Auch die Prozessziele und zu deren Erreichung notwendige Managementtools sind Bestandteil des ITPM. Das Fehlen von generellen Erfolgsfaktoren sowie generischen Kennzahlen zur Messung der Effektivität und Effizienz erschwert allerdings dem Verantwortlichen die Bestimmung der Prozessfähigkeit und somit eine Steuerung des Prozessergebnisses bzw. der Prozessressourcen. Zur Umsetzung wurden von IBM Global Services eine Vielzahl an Tools und Techniken entwickelt, die es ermöglichen, das ITPM problemlos an unterschiedliche Ausgangssituationen anzupassen. Die kontinuierliche Weiterentwicklung des ITPM durch IBM stellt die Aktualität des Modells sicher. Dies geschieht allerdings aus einer relativ subjektiven Sicht im Vergleich zu den Public-Domain-Modellen wie ITIL, bei denen ein allgemein gültiges

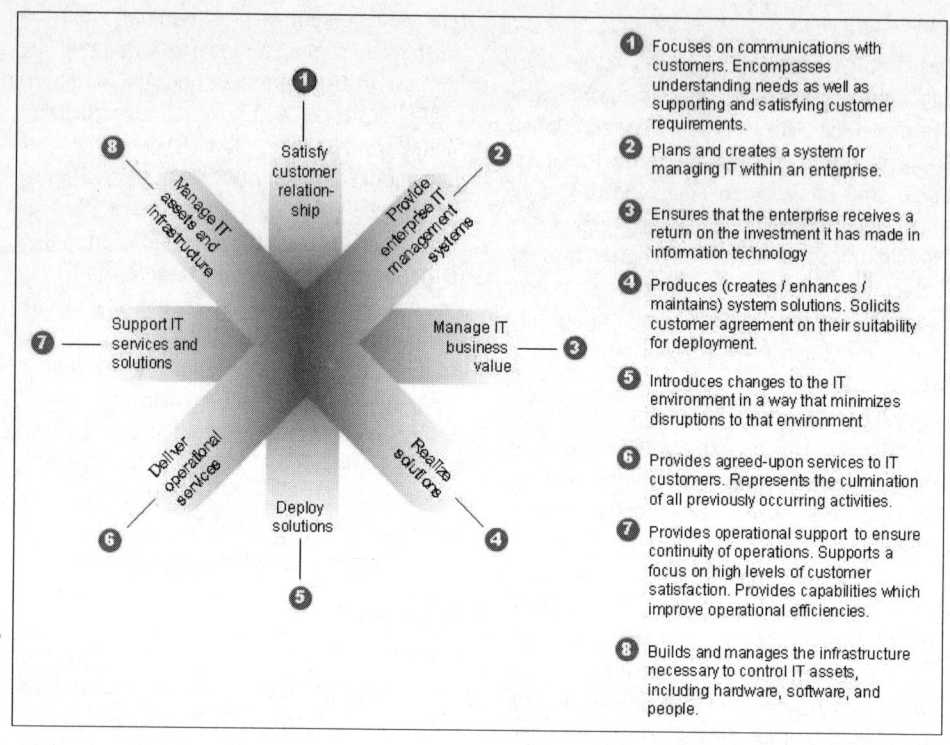

Abb. 3: IBM ITPM-Framework

Modellverständnis durch Weiterentwicklung von einer großen Gemeinschaft sichergestellt wird.

Es verwundert nicht, dass auch IBMs ITPM konform zu ITIL ist, da u.a. auch IBM an der Weiterentwicklung von ITIL beteiligt war und ist. Aus diesem Grund kann das ITPM eher als Ergänzung zu ITIL verstanden werden. Während ITIL die einzelnen Prozesse im Sinne eines Best-Practice-Frameworks beschreibt, trägt das ITPM zum Verständnis der Prozessbeziehungen und Informationsflüsse zwischen den einzelnen Prozessen bei.

2.4 HP IT Service Management Reference Model (HP ITSM)

Framework

Aufgrund von Schwierigkeiten bei der Identifizierung von benötigten IT-Prozessen und organisatorischen Anforderungen an das Servicemanagement entwickelte HP im Jahre 1996 ein Referenzmodell zur Darstellung der IT-Prozessbeziehungen [HP 2000]. Zusätzlich soll das Modell den IT-Organisationen dazu dienen, die Voraussetzungen, die zum Erreichen von Kundenorientierung und Serviceorientierung vorhanden sein müssen, zu identifizieren und Probleme bzw. deren mögliche Lösungen zu verstehen. Wie in Abbildung 4 dargestellt, ist das HP ITSM in fünf Prozessbereiche aufgeteilt.

Bewertung

Ähnlich dem IBM ITPM stellt das HP ITSM ein sehr detailliertes und konsistentes Referenzmodell dar, welches sich im Wesentlichen als »IT process relationship map« versteht. Die Prozessbeziehungen sind im Rahmen einer End-to-End-Betrachtung durch ein umfassendes und eindeutiges I/O-Schema dargestellt. Auch Definitionen von Rollen bzw. Verantwortlichkeiten zur Ableitung von Stellenbeschreibungen sind

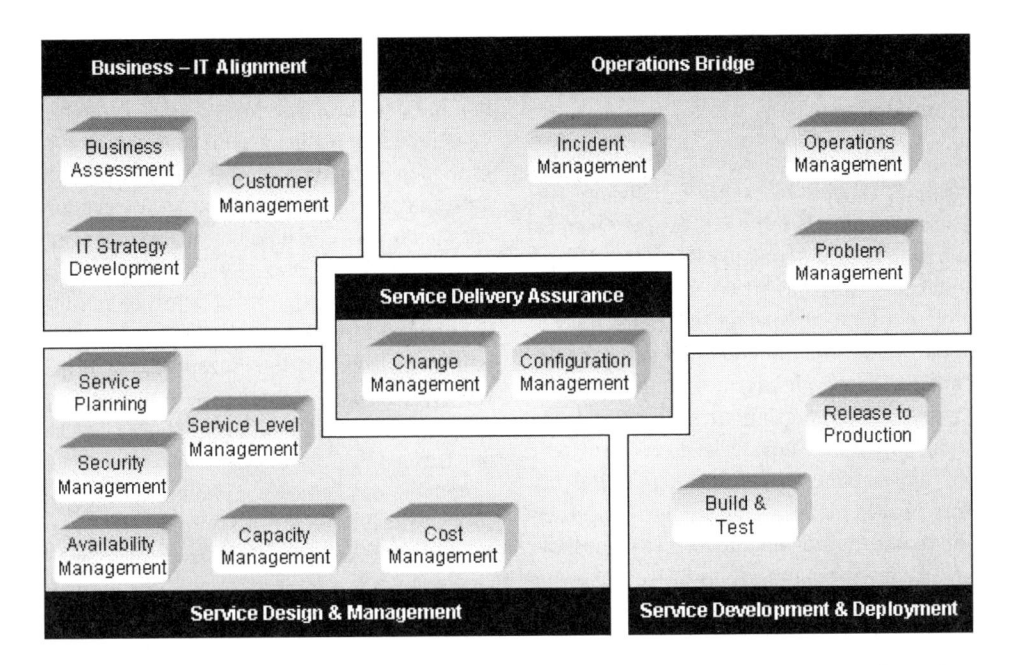

Abb. 4: HP IT Service Management Reference Model

vorhanden. Die Schilderung von Technologien bzw. Instrumenten zur Unterstützung des Servicemanagements komplettieren das Framework, so dass die formalen Anforderungen an Referenzmodelle erfüllt sind. Ähnlich wie bei dem IBM ITPM ist jedoch auch beim HP ITSM eine Schwäche bei der Erfüllung der pragmatischen Anforderungen festzustellen. Generische Kennzahlen werden weder zur Bestimmung der Effizienz noch zur Bestimmung der Effektivität der Prozesse angegeben, wodurch ein Managen der Prozesse erschwert wird. Des Weiteren fehlt eine Beschreibung der allgemeinen Bedingungen und Eigenschaften, die einen optimalen Prozesserfolg sicherstellen. Die von HP angebotenen »Design Guides« enthalten zwar u.a. relevante Dokumente zur Unterstützung der Implementierung der Servicemanagement-Prozesse, kritische Erfolgsfaktoren würden jedoch bei der dauerhaften Gestaltung und Umsetzung der referenzierten Prozesse helfen. Das HP ITPM kann unabhängig von der Art der Organisation den relevanten Prozessen angepasst werden. HP erwähnt explizit die Möglichkeit der Anwendung des ITSM Reference Models sowohl auf externe als auch auf interne IT-Dienstleister. Hierdurch versuchte HP, dessen Referenzmodell stark an den ITIL-Prozessen orientiert ist, sich von diesem abzugrenzen: »...the team also designed the model to reflect the need to run IT ›as a business‹ rather than merely running IT ›within a business‹.« Ursprünglich war diese Abgrenzung auch gerechtfertigt, da ITIL für das interne IT-Servicemanagement der britischen Regierung entwickelt wurde. Mittlerweile ist ITIL jedoch zu einem umfassenden und allgemein gültigen Framework weiterentwickelt worden, so dass die Abgrenzung HPs bezüglich der zusätzlichen Betrachtung der externen IT-Leistungserbringung hinfällig ist. Die Weiterentwicklung des ITSM Reference Models wird durch global tätige Berater der HP Consulting gesichert.

3 Beispiele für die Anwendung von serviceorientierten Referenzmodellen

Der amerikanische Konsumgüterhersteller Procter & Gamble realisierte signifikante Einsparungen, nachdem die Prozesse vor viereinhalb Jahren nach dem ITIL-Referenzmodell gestaltet und reorganisiert wurden. Nach ersten erfolgreichen Pilotprojekten für Help Desks in China wurde ITIL unternehmensweit implementiert. Dies wurde zusammen mit einer Tool-Kit-Standardisierungsinitiative umgesetzt, die darauf abzielte, die Anzahl der zu unterstützenden Applikationen zu kontrollieren und beherrschbar zu machen. Eine Studie der internen Finanz- und Controllingabteilung zeigt, dass die Produktionskosten um 6% bis 8% gesenkt wurden und IT-Personal um 15%-20% reduziert werden konnte. Verantwortlich hierfür sind standardisierte und automatisierte Abläufe, so dass Ineffizienzen vermieden und Personal eingespart werden konnte. Als Nächstes führte Procter & Gamble eine Initiative im Bereich des Problemmanagements zur Analyse der Ursachen und Trends von Help-Desk-Anfragen durch. Diese resultierte in einer 10%igen Reduktion der Help Desk Calls.

Auch Caterpillar berichtet ähnliche Ergebnisse bei der Einführung von ITIL. Der amerikanische Baumaschinen-Hersteller hat bereits nach 18 Monaten signifikante Verbesserungen berichten können. Bei Untersuchungen im Bereich des Incident Management für webbasierte Leistungen fand Caterpillar heraus, dass die internen Service Provider in 60% bis 70% der Fälle innerhalb der ersten 30 Minuten die gewünschte Antwort lieferten. Nach der Einführung von ITIL-Prinzipien übertraf dieser Anteil die 90%-Marke. Durch die Einführung standardisierter, rationaler Prozesse konnten unnötige Arbeit verhindert und schnellere Abläufe geschaffen werden [Shaw 2001].

Cox Communication Inc. startete in den letzten Jahren mehrere Projekte zur Umsetzung von IT-Servicemanagement-Prozessen, wobei für diese insbesondere ITIL in Kombination mit dem MOF von Microsoft als Referenzmodell diente. Ausgangspunkt für den amerikanischen Anbieter von Diensten im Bereich Kabelfernsehen war ein enormes Wachstum der Kundenbasis, so dass innerhalb kurzer Zeit ca. 15.000 statt 5.000 User betreut werden mussten. Diesem enormen Wachstum war die IT-Sparte, aufgrund eines Mangels an formalen und vorher vereinbarten Prozeduren, nicht gewachsen, so dass operationale Probleme vorprogrammiert waren. Problemfelder, welche durch eine ITIL-Gap-Analyse entdeckt wurden, waren z.B. das Fehlen von definierten Service Levels bzw. Prozessen zur Kontrolle und Überwachung der selbigen. Weitere Problembereiche waren ein unprofessionelles Change Management und fehlende Incident-Tracking-Prozeduren. Die erwarteten Einsparungen durch die Einführung von MOF bzw. ITIL-Prozessen wurden mit Hilfe eines Total-Cost-of-Ownership-Analyse-Tools der Gartner Group konservativ auf 24 Millionen Dollar geschätzt. 6 Millionen sollten durch direkte Kosten der Hardware, Software, Operations und Verwaltung eingespart werden und indirekte Kosten der End-User-Operations und Downtime in Höhe von 18 Millionen Dollar [Microsoft 2001].

4 Fazit und Ausblick

Bei einer abschließenden Betrachtung der Bewertung der Referenzmodelle (siehe Tab. 2) fällt auf, dass im Bereich der formalen Kriterien die Non-Public-Domain-Frameworks besser abschneiden als die Public-Domain-Frameworks. Im Bereich der pragmatischen Kriterien sieht dieses Verhältnis umgekehrt aus. Die Public-Domain-Frameworks erfüllen insbesondere die pragmatischen Anforderungen, die zur Handhabbarkeit der Prozesse notwendig sind, wobei die Non-Public-Domain-Modelle hier Schwächen aufweisen.

	Public-Domain		Non-Public-Domain	
	ITIL	CobiT	IBM ITPM	HP ITSM Reference Model
Formale Kriterien				
Ziele	Ja	Ja	Ja	Ja
Detaillierungsgrad	Hoch	Hoch	Hoch	Hoch
End-to-End	Ja	Ja	Ja	Ja
Konsistenz	Nein	Ja	Ja	Ja
I/O-Schema	Hinweise	Nein	Ja	Ja
Rollen/Verantwortlichkeiten	Ja	Hinweise	Ja	Ja
Instrumente	Ja	Nein	Ja	Ja
Pragmatische Kriterien				
Erfolgsfaktoren	Hinweise	Ja	Nein	Nein
Effektivitätskennzahlen	Hinweise	Ja	Nein	Nein
Effizienzkennzahlen	Nein	Ja	Nein	Nein
Implementierungshinweise	Ja	Ja	Ja	Ja
Klarheit/Einfachheit	Nein	Ja	Ja	Ja
Flexibilität	Ja	Ja	Ja	Ja
Weiterentwicklung	Ja	Ja	Ja	Ja
Verbreitung und Nutzung	Hoch	Mittel	Mittel	Mittel

Tab. 2: Bewertung der Referenzmodelle

Bisherige Erfahrungen bei der Umsetzung verschiedener serviceorientierter Referenzmodelle wurden insbesondere im Bereich Service Support gemacht. Im Bereich Help Desk, Incident Management und Problemmanagement werden signifikante Einsparungen berichtet. Im Bereich des Service Delivery, insbesondere Service Level Management können vereinzelt Implementierungen beobachtet werden, wobei über Erfolgsgeschichten bisher nicht berichtet wurde. Studien über gesamthafte Implementierungen im Sinne einer End-to-End-Umsetzung eines Referenz-Frameworks sind nicht bekannt. Obwohl die betrachteten Modelle, wie z.B. der Standard ITIL, weit mehr Prozessbereiche als nur den Service Support berücksichtigen, wird von einer gesamthaften Einführung abgeraten. Schnelle Erfolge (Quick Wins) in kleinen, schnell umsetzbaren Implementierungsprojekten zu erzielen, wird empfohlen.

ITIL entwickelt sich zunehmend zum Standard für serviceorientiertes IT-Management. Die Verbreitung innerhalb des letzten Jahres ist rasant angestiegen und das Interesse der IT-Verantwortlichen in den Unternehmen nimmt kontinuierlich zu. Allerdings ist auch eine gewisse Ratlosigkeit in Bezug auf ITIL zu verspüren. Die Frage nach dem konkreten Nutzen von ITIL bleibt in den meisten Prozessbereichen unbeantwortet und die unstrukturierte Beschreibung der Best Practices bereitet Probleme bei der Umsetzung.

5 Literatur

[Becker et al. 2002] *Becker, J.; Kugeler, M.; Rosemann, M.:* Prozessmanagement. 3. Aufl., Springer-Verlag, Berlin, Heidelberg, 2002.

[HP 2000] *Hewlett-Packard:* The HP IT Service Management Reference Model, HP, 2000, http://www.hp.com/hps/itsm/index.htm (abgerufen am 06.03.2003).

[IBM 2000] *IBM*: IBM IT Process Model White Paper: Managing information technology in a new age, IBM, 2000, http://www.ibm.com/services/whitepapers/ (abgerufen am 06.03.2003).

[ISACA 2001] *Information Systems Audit and Control Association:* Control Objectives for Information and Related Technology (CobiT), 3rd Ed., http://www.isaca.org/cobit.htm (abgerufen am 06.03.2003).

[Microsoft 2001] *Microsoft Corporation:* Microsoft Operations Framework (MOF) Boosts Cox Communication Inc.'s Efficiency, http://www.microsoft.com/resources/casestudies/ShowFile.asp?FileResourceID=462 (abgerufen am 30.04.2003).

[OGC 2000-2003] *Office of Government Commerce:* IT Infrastructure Library. The Stationary Office, London.

[Schütte 1998] *Schütte, R.:* Grundsätze ordnungsmäßiger Referenzmodellierung. Gabler, Wiesbaden, 1998.

[Shaw 2001] *Shaw, M.:* IT best practices. Network World Management Strategies Newsletter, 11/07/01.

[van Bon 2002] *van Bon, J.:* The guide to IT Service Management, Volume 1. Addison-Wesley, Great Britain, 2002.

Dipl.-Kfm. Axel Hochstein
Universität St. Gallen
Institut für Wirtschaftsinformatik
Müller-Friedberg-Straße 8
CH-9000 St. Gallen
axel.hochstein@unisg.ch
www.unisg.ch

Dr. jur. Andreas Hunziker
Leiter Information Technology
Danzas Management AG
Oberholzstraße 33
CH-8966 Oberwil – Lieli
Andreas.Hunziker@ch.danzas.com
www.ch.danzas.com

Bernd Oestereich, Christian Weiss, Tim Weilkiens, Claudia Schröder, Alexander Lenhard

Objektorientierte Geschäftsprozessmodellierung mit der UML

dpunkt.verlag

2003, 244 Seiten, Festeinband
€ 39,00 (D) · ISBN 3-89864-237-2

Ringstraße 19 B · D-69115 Heidelberg
fon: 0 62 21 / 14 83 40
fax: 0 62 21 / 14 83 99
e-mail: hallo@dpunkt.de
www.dpunkt.de

Malte Foegen

Architektur und Architekturmanagement
Modellierung von Architekturen und Architekturmanagement in der Softwareorganisation

Eine Architektur definiert die Grundstruktur eines DV-Systems. Sie ist damit einer der Schlüsselfaktoren für eine stabile, wartbare und funktionierende DV. Dieser Artikel umreißt den Begriff der »Architektur« und stellt deren Bedeutung in der Softwareentwicklung dar. Außerdem werden IT-Architektur und Unternehmensarchitektur gegeneinander abgegrenzt. Der Beitrag gibt eine Übersicht über die konkreten Arbeitsprodukte, mit denen eine Architektur definiert werden kann, und er zeigt die Aufgabe des Architekturmanagements in einer Organisation auf.

Inhaltsübersicht

1 Sinn und Zweck von Architektur
  1.1 Begriff der Architektur
  1.2 Ziele einer Architektur
  1.3 Einfluss der Architektur auf das System
  1.4 Bedeutung der Architektur
2 Arten von Architekturen
  2.1 Geschäftsarchitektur und DV-Architektur
  2.2 Architektur eines Systems und einer Systemfamilie
3 Arbeitsprodukte zur Beschreibung einer DV-Architektur
  3.1 Funktionale und operationale Sicht
  3.2 Arbeitsprodukte im Überblick
4 Architekturmanagement
  4.1 Ziel und Definition des Architekturmanagements
  4.2 Aufgaben des Architekturmanagements
5 Literatur

1 Sinn und Zweck von Architektur

1.1 Begriff der Architektur

In diesem Beitrag werden unter Architektur die Dinge verstanden, welche die (Grund-)Struktur eines Systems definieren. Mit Struktur sind dabei nicht nur die statischen Aspekte eines Systems wie z.B. Komponenten, ihre Schnittstellen und Beziehungen untereinander gemeint, sondern auch dynamische Aspekte wie etwa die Kommunikation zwischen den Komponenten. Eine Architektur wird aus einer Reihe von Sichten – d.h. einzelnen Arbeitsprodukten – beschrieben, die zusammen die Architektur definieren (zu Architekturen siehe [Bass et al. 1998], [Bass & Kazman 1999] und [Clements & Northrop 1999]).

Eine DV-Architektur, wie wir sie in diesem Artikel näher betrachten, beschreibt sowohl Hardware- wie auch Softwarestrukturen. Eine Architektur kann sowohl für nur ein System entworfen werden wie auch für eine ganze Systemfamilie (vgl. Abschnitt 2.2).

1.2 Ziele einer Architektur

Das Ziel einer Architektur ist es, sicherzustellen, dass das spätere System die Anforderungen erfüllt (utilitas), robust gegenüber Änderungen ist (firmitas) und eine gewisse »Schönheit« besitzt (venustas). Mit Schönheit ist dabei gemeint, dass ein System »seine Funktion durch seine Form kommuniziert«. Diese allgemeine Definition von »Architektur« in der Encyclopaedia Britannica [Britannica 1978, S. 1088 ff.] ist auch für die Softwaretechnik unverändert gültig. Die Begriffe utilitas, firmitas und venustas fassen die drei wichtigsten Fragen zusammen, der sich eine Architektur täglich stellen muss: Wird das System damit die Anforderungen erfüllen? Wird es robust gegenüber möglichen Änderungen sein? Werden die Anwendungsentwickler die Architektur und die Anwender das System intuitiv nutzen können?

1.3 Einfluss der Architektur auf das System

Eine Architektur bestimmt die Struktur eines Systems auf zwei Ebenen. Zum einen legt die Architektur das Modell des späteren Systems in einem gewissen Umfang fest und definiert damit die Gegenstandsebene, u.a. durch die Strukturierung des Systems in bestimmte Subsysteme und durch die Entwicklung von Basiskomponenten wie z.B. einer standardisierten Datenhaltungs-Zugriffschnittstelle (Persistenzframework). Zum anderen definiert sie Regeln, die bei der Entwicklung des Systems einzuhalten sind. Damit definiert sie die Metaebene der Entwicklung, z.B. durch Programmierrichtlinien oder Muster. Diesen Sachverhalt stellt Abbildung 1 näher dar.

Abb. 1: Einfluss der Architektur auf die Anwendungsentwicklung
(die Pfeile lehnen sich an die UML-Notation an)

1.4 Bedeutung der Architektur

Die Architektur eines Systems ist einer der zentralen Erfolgsfaktoren für den Projekterfolg. Die Architektur definiert die Basis eines Systems: Mit ihr steht und fällt seine Qualität. Darüber hinaus wird mit einer Architektur erreicht, dass bewährte Lösungen nicht wiederholt erfunden werden müssen, dass Komponenten gewissen Strukturregeln folgen und sich in ein gemeinsames größeres Ganzes einfügen und in ihre IT-Umgebung passen (Interoperabilität, Integrierbarkeit, Austauschbarkeit). Schließlich spiegelt sich die Struktur des Systems bei größeren Entwicklungsteams in der Projektorganisation wider. Die Architektur kann gezielt das Projektmanagement unterstützen. Nicht zuletzt definiert die Architektur die technische »Sprache« des Projekts und sichert ein gemeinsames technisches Grundverständnis.

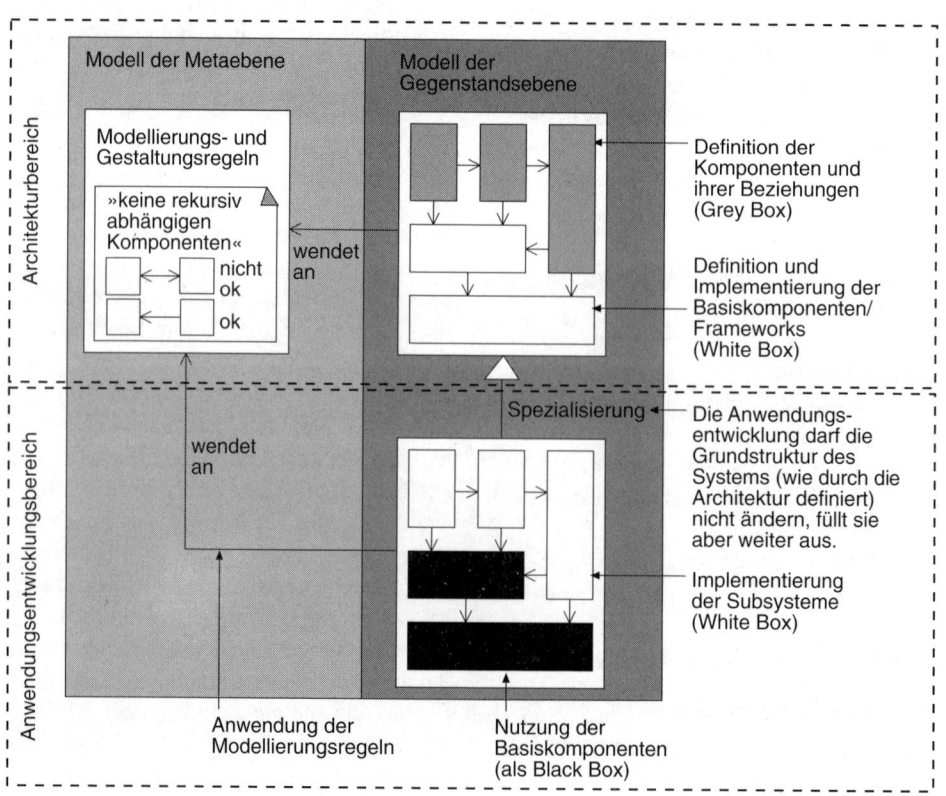

Die bewusste Erstellung einer Architektur für eine ganze Familie von DV-Systemen ist für Unternehmen sinnvoll, die eine Reihe von Anwendungen miteinander interagieren lassen müssen bzw. die auf einer Plattform eine Reihe von Anwendungen entwickeln. Eine Architektur für eine Systemfamilie ist nicht nur aus Synergiegründen sinnvoll, sondern auch für eine Wartbarkeit des Systems notwendig. Ohne eine einheitliche DV-Architektur entsteht ein System-Wildwuchs, der nicht nur teuer zu betreiben ist, sondern auch nur unter großem Aufwand weiterentwickelt werden kann. Eine Wiederverwendung von Lösungen und Ressourcen wird damit fast unmöglich. Dadurch werden Unternehmen DV-technisch die Hände gebunden, und für das Geschäft benötigte Erweiterungen oder Änderungen können nicht oder nicht in einem akzeptablen Zeitraum durchgeführt werden.

2 Arten von Architekturen

2.1 Geschäftsarchitektur und DV-Architektur

Der Begriff Architektur wird für eine Vielzahl von Systemen verwendet. Grundsätzlich können wir zwischen der Architektur von DV-Systemen (mit Hard- und Software) und sozialen Systemen (mit Organisationen, Prozessen und Ressourcen) unterscheiden – zur Definition von DV-Architektur und Unternehmensarchitektur siehe auch [Hildebrand 2001, S. 180 ff.]. Im Kontext der Entwicklung von DV-Systemen sind vier Architekturen von Bedeutung (Abb. 2):

- Die Geschäftsarchitektur (auch Unternehmensarchitektur genannt) legt die Grundstrukturen des Geschäfts durch die Definition von Geschäftszielen, Prozessen, Organisationsstrukturen und Ressourcen fest. Für die Erstellung von betrieblichen Informations- und Unterstützungssystemen ist sie eine zentrale Informationsquelle.
- Die Projektarchitektur definiert die Prozesse, Organisation und Ressourcen des Projekts. Sie ist Voraussetzung für das reibungslose Funktionieren des Projekts.
- Die Systemarchitektur definiert die Hard- und Software des zukünftigen technischen Systems (das zur Unterstützung der Abläufe im Geschäft – beschrieben durch die Geschäftsarchitektur – verwendet wird).
- Die Entwicklungsarchitektur definiert die Hard- und Software der Entwicklungsumgebung, also des Systems, mit dem das Zielsystem erstellt wird. Gegebenenfalls tritt hierzu noch die Architektur für das Testsystem.

Die im Folgenden vorgestellten Arbeitsprodukte dienen der Beschreibung der Architektur eines DV-Systems, d.h., sie können zur Definition der

Abb. 2: Geschäfts-, Projekt-, System- und Entwicklungsarchitektur

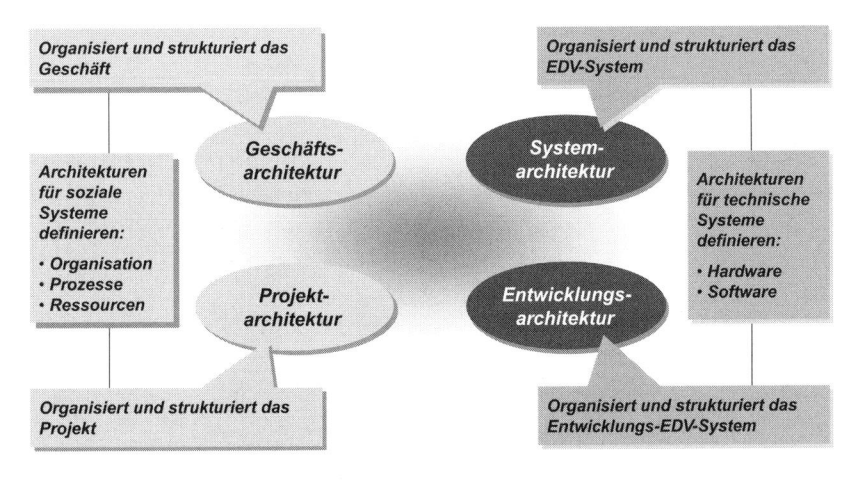

System- und Entwicklungsarchitektur verwendet werden (zur Modellierung der Architektur von sozialen Systemen siehe z.B. [McDavid 1999]).

2.2 Architektur eines Systems und einer Systemfamilie

Eine Architektur kann für ein System, aber auch für eine Systemfamilie entworfen werden. Während die Architektur eines Systems die Grundstrukturen für ein spezielles DV-System definiert, spezifiziert die Architektur einer Systemfamilie die Grundstrukturen für eine Familie von DV-Systemen und stellt sicher, dass die Systeme ein gemeinsames Ganzes ergeben. Die Architekturen der einzelnen Systeme bauen auf der Architektur der Systemfamilie auf. Die Architektur für ein System liegt in der Verantwortung des für das System verantwortlichen Projektteams. Die Architektur der Systemfamilie ist hingegen eine projektübergreifende Aufgabe.

Architekturen für Systemfamilien können in mehreren aufeinander aufbauenden »Schichten« erstellt werden. So kann sich z.B. eine Architektur für Internetanwendungen auf die allgemeine DV-Architektur im Unternehmen stützen, die wiederum auf allgemeine Architekturmuster bzw. Architekturprinzipien aufbaut (Abb. 3).

Die im Folgenden vorgestellten Arten von Arbeitsprodukte zur Definition einer DV-Architektur werden sowohl für die Architektur eines Systems als auch für die Architektur einer Systemfamilie verwendet. Je nach Verwendung unterscheiden sich die Arbeitsprodukte jedoch in der Breite und Tiefe.

3 Arbeitsprodukte zur Beschreibung einer DV-Architektur

3.1 Funktionale und operationale Sicht

Die beiden zentralen Teile einer Architektur eines DV-Systems sind die softwaretechnische Architektur und die Infrastrukturarchitektur.

Die Infrastrukturarchitektur erfasst die holistische, operationale Sicht auf das System. Hierzu zählen unter anderem das technische System (mit Hardware, Plattformen, Lokationen, Verbindungen), die Platzierung der Softwarekomponenten im Rahmen des technischen Systems, die Konfiguration und das Management des Systems (Kapazitätsplanung, Softwareverteilung, Datensicherung und Wiederanlauf).

Die softwaretechnische Architektur erfasst die Softwarekomponenten, die auf den Hardwarekomponenten ausgeführt werden, d.h. die funktionale Sicht auf das System. Hierzu gehören unter anderem die Struktur und Aufteilung der Softwarekomponenten, die Schnittstellen der Komponenten, die Beziehungen zwischen den Komponenten und die Zusammenarbeit der Komponenten miteinander.

Abb. 3: Beispiel für aufeinander aufbauende »Schichten« von Architekturen

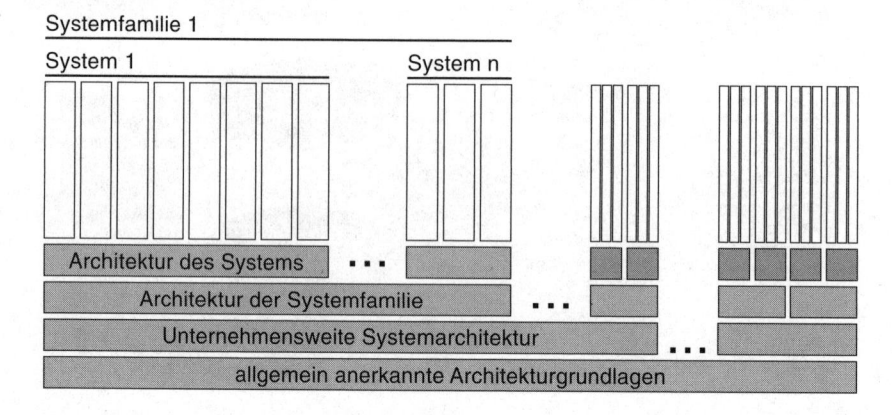

3.2 Arbeitsprodukte im Überblick

Abbildung 4 stellt die Arbeitsprodukte im Überblick dar, die in den Bereich der Systemarchitektur fallen. Arbeitsprodukte definieren die fassbaren (Zwischen-)Ergebnisse, d.h. »was« für eine Architektur getan werden muss – unabhängig vom zeitlichen »wann«. Die Auswahl dieser Arbeitsprodukte zur Definition einer Architektur beruht auf den praktischen Erfahrungen vieler Projekte (siehe z.B. die Entwicklungsmethoden der IBM in [IBM 1997], [IBM 2000] und [Youngs et al. 1999]). Eine ausführliche Darstellung der Arbeitsprodukte findet sich in [Foegen et al. 2002] und [Foegen & Battenfeld 2001].

Das in Abbildung 4 mit »Architektur DV-System (Gegenstandsebene)« bezeichnete Paket enthält die Elemente der Architektur, welche die Gegenstandsebene betreffen (zur Gegenstandsebene siehe Abb. 1). Im Wesentlichen sind dies das Komponentenmodell (component model) der softwaretechnischen Architektur und das operationale Modell (operational model) der Infrastrukturarchitektur. Zum Komponentenmodell gehören auch Architekturkom-

Abb. 4: Arbeitsprodukte zur Definition einer DV-Architektur. Die Pfeile zwischen den Arbeitsprodukten (oder Paketen von Arbeitsprodukten) skizzieren die wichtigsten gegenseitigen Einflüsse

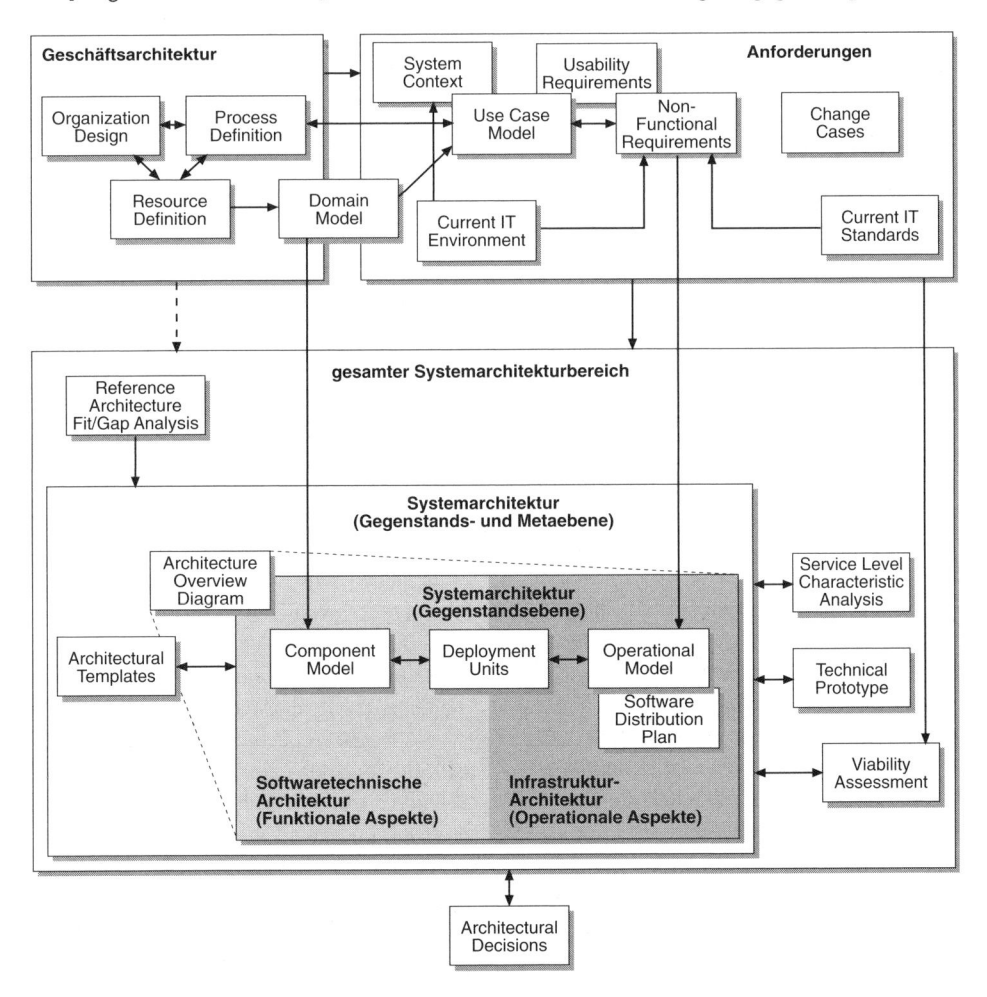

ponenten, die der Anwendungsentwicklung zur Verfügung gestellt werden – z.B. gekaufte Komponenten oder von der Architekturgruppe entwickelte (Framework-)Komponenten. Installationseinheiten (deployment units) sind Komponentenpakete, die auf den Knoten des operationalen Modells platziert werden. Die zeitliche und organisatorische Lösung der Verteilung dieser Installationseinheiten zeigt der Verteilungs-Managementplan (software distribution plan). Die Architekturskizze (architecture overview diagram) entspricht dem mit »Gegenstandsebene« bezeichneten Paket in einem frühen Stadium. Architekturmuster (architectural templates) stellen die Modellierungs- und Gestaltungsregeln auf der Metaebene dar, also Entwicklungsanleitungen zur Entwicklung der Architektur selbst sowie der einzelnen Anwendungssysteme; sie bilden zusammen mit dem inneren Paket »Gegenstandsebene« die Architektur des DV-Systems.

Eine Architektur muss insgesamt die Anforderungen erfüllen, die durch eine Reihe von Arbeitsprodukten im Paket »Anforderungen« festgehalten werden (utilitas). Die Anforderungen werden wiederum durch die Geschäftsarchitektur bestimmt, deren Prozesse durch die DV-Systeme unterstützt werden.

Bei der Definition einer Architektur ist es sinnvoll, auf bewährte Konzepte zurückzugreifen – die gezielte Auswahl von Referenzarchitekturen ist daher ein eigenes Arbeitsprodukt (reference architecture fit/gap analysis). Schließlich muss eine Architektur überprüft werden. Einzelne Fragestellungen können ggf. durch Prototypen beantwortet werden. Darüber hinaus ist eine Überprüfung der Architektur notwendig hinsichtlich der Erfüllung der qualitativen und quantitativen nicht funktionalen Anforderungen (service level characteristic analysis) wie auch gegenüber den Anforderungen insgesamt (viability assessment).

Nicht alle hier kurz dargestellten Arbeitsprodukte sind immer notwendig und nicht jedes Arbeitsprodukt muss ein eigenes Dokument darstellen. Die Auswahl der für ein bestimmtes Projekt notwendigen Arbeitsprodukte, die Bestimmung der adäquaten Breite und Tiefe der Bearbeitung und ggf. die Zusammenfassung von Arbeitsprodukten zu einem Dokument gehören zu den wichtigsten Aufgaben des Architekten bei der Projektplanung. Dies gilt gleichermaßen für die Auswahl der notwendigen Arbeitsprodukte für die Architektur einer Systemfamilie.

4 Architekturmanagement

4.1 Ziel und Definition des Architekturmanagements

Unternehmen müssen ihre DV-Strukturen langfristig beherrschen, warten und weiterentwickeln, damit die Systeme die jeweils aktuellen Wertschöpfungsketten unterstützen. Viele Unternehmen haben in der Vergangenheit festgestellt, dass Sie miteinander verknüpfte Projekte nur unzureichend kontrollieren können und dass fachliche und technische Abhängigkeiten unklar sind. Letzteres kann bis zu dem Punkt gehen, dass geschäftliche Anforderungen und die durch die DV-Systeme gegebenen Möglichkeiten so weit auseinander klaffen, dass Marktchancen nicht realisiert werden können. Dies verursacht Kosten für unzureichend unterstützte Geschäftsabläufe und Opportunitätskosten für nicht realisierte Produkte oder Marktchancen. Ein weiteres Problem ist, dass in Projekten Technologien oder Softwarekomponenten doppelt entwickelt werden und dass für Anpassungen oder Schnittstellen ein hoher Entwicklungsaufwand notwendig ist – beides verursacht ebenfalls erhebliche Kosten.

Um dieses Problem zu lösen, ist ein Architekturmanagement notwendig. Dieses entwickelt und pflegt die Architektur, so dass die strategischen und fachlichen Anforderungen kosten- und zeiteffizient erfüllt werden. Außerdem ist das Architekturmanagement dafür verantwortlich, dass die Architektur im Unternehmen gelebt wird. Während Projekte – und die Erstellung der systemspezifischen Architekturen – zeitlich begrenzte Vorhaben sind, ist Architekturmanagement eine dauerhafte Aufgabe.

4.2 Aufgaben des Architekturmanagements

Die obige Definition des Architekturmanagements zeigt die beiden zentralen Aufgaben auf (siehe Abb. 5):

- Die DV-Architektur für die DV-Systeme des Unternehmens (Architektur für eine Systemfamilie, siehe Abschnitt 2.2) muss erstellt, gepflegt und weiterentwickelt werden. Diese DV-Architektur definiert eine einheitliche Basis für die DV-Systeme des Unternehmens. Die Definition der DV-Architektur erfolgt mit Hilfe der in Abschnitt 3 dargestellten Arbeitsprodukte.
- Um die Entwicklung der DV-Systeme und des Unternehmens zu verknüpfen und Klarheit über fachliche und technische Zusammenhänge zu gewinnen, muss eine Geschäftsarchitektur des Unternehmens (siehe Abschnitt 2.1) erstellt, gepflegt und weiterentwickelt werden. Diese Geschäftsarchitektur definiert eine einheitliche Basis für die Art und Weise, wie das Unternehmen »funktioniert«.

Theoretisch könnte die Entwicklung der Unternehmensarchitektur bei der Unternehmensführung angesiedelt werden. Die enge Verknüpfung der DV-Systeme und der Geschäftsarchitektur legt aber nahe, beide Aufgaben miteinander zu verbinden. Das Team muss interdisziplinär besetzt sein und Personen mit hohem fachlichen und Personen mit hohem technischen Know-how umfassen. Eine solche Bündelung der Aufgaben trägt der strategischen Bedeutung der DV-Systeme für den Unternehmenserfolg Rechnung.

Abb. 5: Aufgaben und Umfeld des Architekturmanagements (siehe hierzu auch [Werres 2002])

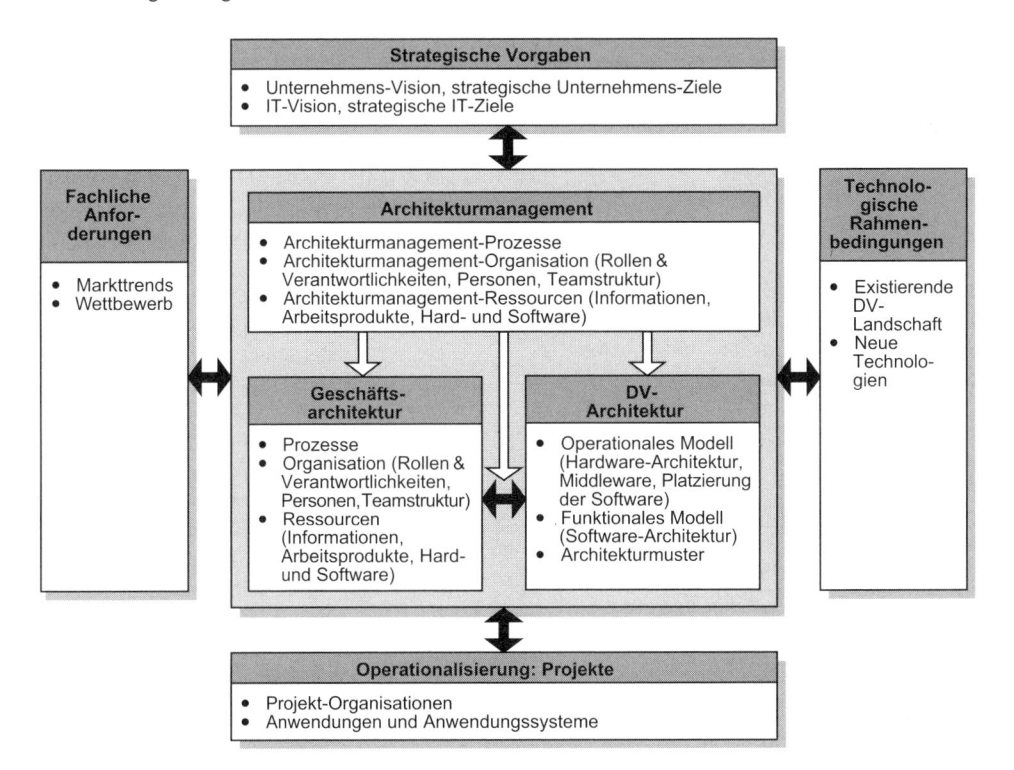

Die dauerhafte Aufgabe des Architekturmanagements sollte klar definiert sein, d.h., dessen Organisation, Prozesse und Ressourcen sollten festgelegt sein. Erstellung, Weiterentwicklung und Kommunikation der Architektur im Unternehmen wird durch die Prozesse beschrieben. Hierzu gehören auch Prozesse zum Testen der Architektur und Ausnahmeregelungen (z.B. Fehlerbehebung, Änderung von Anforderungen). Die Organisation mit Rollen und Verantwortlichkeiten macht die Zuständigkeiten und Kompetenzen im Architekturmanagement klar und stellt dar, welche Organisationseinheiten eingebunden werden. Die Definition der Ressourcen legt fest, welche Arbeitsprodukte bzw. Ergebnisse vom Architekturmanagement erstellt bzw. benötigt werden.

Das Architekturmanagement steht mit seiner Arbeit im täglichen Spannungsfeld zwischen den strategischen Zielen, den fachlichen Anforderungen, den technologischen Rahmenbedingungen und der in Form von Projekten realisierten Weiterentwicklung der DV-Systeme und Unternehmensstrukturen. Die dokumentierte DV- und Geschäftsarchitektur ist hierbei die Basis, um im täglichen Geschäft eine langfristige Ausrichtung und eine Grundlage für fachliche und technologische Entscheidungen zu haben.

Für den Erfolg des Architekturmanagements ist eine langfristige Ausrichtung und eine Management-Unterstützung unabdingbare Voraussetzung. Darüber hinaus sind das Know-how und die Akzeptanz der im Architekturteam beteiligten Personen und die enge Verzahnung von Projekten und dem Architekturmanagementteam von hoher Bedeutung. Ebenso ist eine pragmatische und an den Notwendigkeiten der Projekte orientierte Herangehensweise erforderlich. So kann z.B. für ein kleines Unternehmen schon eine bewusste Gestaltung einer systemübergreifenden Architektur durch personelle Kontinuität und eine explizite Formulierung von Architekturgrundsätzen und -entscheidungen erreicht werden. Für ein konkretes Projekt ist es meist nicht erforderlich, alle vorgestellten Arbeitsprodukte als jeweils einzelne Dokumente zu erstellen, aber das Komponentenmodell, das operationale Modell und die Architekturmuster sollten auf keinen Fall fehlen.

5 Literatur

[Bass & Kazman 1999] *Bass, L.; Kazman, R.*: Architecture-Based Development. Carnegie Mellon University, Software Engineering Institute, Technical Report CMU/SEI-99-TR-007/ESC-TR-99-007, Pittsburgh, 1999.

[Bass et al. 1998] *Bass, L.; Clements, P.; Kazman, R.*: Software Architecture in Practice. Addison-Wesley Publishing Company, Reading, 1998.

[Britannica 1978] *Encyclopaedia Britannica Inc. (Hrsg.):* The New Encyclopaedia Britannica, Macropaedia, Volume 1, Stichwort Architecture, S. 1088-1115, Encyclopaedia Britannica Inc, Chicago, 1978.

[Clements & Northrop 1999] *Clements, P. C.; Northrop, L. M.*: Software Architecture: An Executive Overview. Carnegie Mellon University, Software Engineering Institute, Technical Report CMU/SEI-96-TR-003/ESC-TR-96-003, Pittsburgh, 1999.

[Foegen & Battenfeld 2001] *Foegen, M.; Battenfeld, J.*: Die Rolle der Architektur in der Anwendungsentwicklung. Informatik Spektrum, Band 24, S. 290-301, Springer-Verlag, Heidelberg, 2001. Download unter www.wibas.de

[Foegen et al. 2002] *Foegen, M.; Battenfeld, J.; Atamaniuk, P.*: Modellierung von Architekturen. In: Spitta, T.; Borchers, J.; Sneed, H. M. (Hrsg.): Software Management 2002, Progress through Constancy, S. 119-130, Gesellschaft für Informatik, Bonn, 2002. Download unter www.wibas.de

[Hildebrand 2001] *Hildebrand, K.*: Informationsmanagement – Wettbewerbsorientierte Informationsverarbeitung mit Standard-Software und Internet. R. Oldenbourg Verlag, München, 2001.

[IBM 1997] *IBM*: Developing Object Oriented Software, An Experience-Based Approach. Prentice Hall, Upper Saddle River, 1997.

[IBM 2000] *IBM*: IBM Global Services Method 3.0, Familie von Vorgehensweisen für Serviceprojekte. IBM internes Dokument, Dokument-Nummer ZZ81-0045-00, 2000.

[McDavid 1999] *McDavid, D. W.:* A standard for business architecture description. In: IBM Systems Journal, Vol. 38, No. 1, 1999, S. 12 ff.

[Youngs et al. 1999] *Youngs, R.; Redmond-Pyle, D.; Spaas, P.; Kahan, E.:* A standard for architecture description. In: IBM Systems Journal, Vol. 38, No. 1, 1999, S. 32 ff.

[Werres 2002] *Werres, M.:* Enterprise Architecture Management – The IBM Approach. Vortrag für den GI Arbeitskreis »Enterprise Architecture«, akea.iwi.unisg.ch, 2002.

Dipl.-Wirtsch.-Inform. Malte Foegen
Certified Senior Consultant, CMMI Assessor
wibas GmbH
Otto-Hesse-Str. 19 / T5
64293 Darmstadt
mfoegen@wibas.de
www.wibas.de

Björn Wolle, Volker Müller
Prozessorientiertes IT-Qualitätsmanagement

Im vorliegenden Beitrag werden zunächst die wichtigsten Ansätze zum Qualitätsbegriff und die daraus resultierenden Anforderungen für ein prozessorientiertes Qualitätsmanagement in der dienstleistungsorientierten Informationstechnologiebranche dargelegt. Pauschalisierte oder zu starre Umsetzungen mindern die Flexibilität und damit auch die Innovationskraft. Um dies zu vermeiden, müssen Erfolgsfaktoren korrekt identifiziert sowie das unternehmensspezifische Umfeld und die Unternehmensziele angemessen berücksichtigt werden. Einzelne Ansätze können dies nicht leisten. In der Praxis hat sich eine Kombination verschiedener Modelle und Konzepte bewährt, die in ein Rahmenwerk eingebunden je nach Art und Umfang der Aufgaben und Projekte zum Einsatz kommen. Es wird aufgezeigt, wie derartige Gesamtmodelle im Sinne eines prozessorientierten Qualitätsmanagements als Instrument für eine effektive Zusammenarbeit von Mitarbeitern unterschiedlicher Standorte und die unternehmensübergreifende Kooperation mit Partnern genutzt werden können.

Inhaltsübersicht

1. Ausgangslage und Problemstellung
2. Der Qualitätsbegriff aus Unternehmenssicht
3. IT-Qualitätsmanagement – Erfolgsfaktoren und Strategien
   3.1 Anforderungen in der IT
   3.2 Aktuelle Ansätze und Konzepte
4. Praxisbeispiele
   4.1 IT-Mittelstandserfahrung mit einer Software-Factory
   4.2 Rahmenwerk für Qualitätssicherung im Großkonzern
5. Fazit
6. Literatur

1 Ausgangslage und Problemstellung

Vor dem Hintergrund der wachsenden Bedeutung der Informationstechnologie im Zuge von E-Commerce, Globalisierung und Outsourcing steigt für viele Unternehmen die Bedeutung von bereichsübergreifenden IT-Dienstleistungen und IT-Projekten. Bei einer kosten- und terminorientierten Abwicklung solcher Aufgaben sind Zusammenarbeit, Kommunikation und eine sachgerechte Übergabe der Informationen und Ergebnisse von entscheidender Bedeutung. In der Praxis fehlt es oft an einer durchgängigen Anwendung von Qualitätsmanagement- (QM-) und Projektmethoden, was zu Problemen und Reibungsverlusten in den Planungs- und/oder Umsetzungsphasen führen kann. Es erscheint daher sinnvoll, das IT-Qualitätsmanagement in wesentlichen Aspekten an den Geschäftsprozessen eines Unternehmens auszurichten.

Aufgrund der zentralen Annahme, dass sich eine prozessorientierte Gestaltung der Softwareentwicklung nachhaltig und positiv auf den wirtschaftlichen Erfolg von Unternehmen der IT-Branche auswirkt (siehe z.B. [Wallmüller 2001]), fand der Ansatz des prozessorientierten Qualitätsmanagements zunächst große Beachtung und breite Zustimmung. Gestützt von dieser Akzeptanz wurden daher in der Vergangenheit verschiedene Modelle entworfen, die konkrete Richtlinien zur Definition von Prozessen beinhalten. Hierzu zählen u.a. die ISO-9001:2000-Norm, das Capability Maturity Model für Software (CMM) [Paulk et al. 1995], Bootstrap [Kuvaja 1994] und der als SPICE-Modell bekannte Standard ISO 15504 [Thaller 1998], aber auch Managementkonzepte wie EFQM und TQM [Malorny 1996] oder Lean Thinking [Womak & Jones 1996]. Einen Überblick vermittelt Tabelle 1.

Managementkonzept	Jahr	Ziele / Inhalte
ISO 9001	1987/ 2000	Modelle zur Qualitätssicherung in Design, Entwicklung, Lieferung, Wartung und Kundendienst
TQM (Total Quality Management)	Ende der 1970er	Auf der Mitwirkung aller Mitarbeiter basierende Führungsmethode einer Organisation, die Qualität in den Mittelpunkt stellt und durch Kundenzufriedenheit auf langfristigen Geschäftserfolg sowie auf Nutzen für die Mitarbeiter und die Gesellschaft zielt
CMM (Capability Maturity Model)	1991	Bewertung der Qualität des Softwareentwicklungsprozesses eines Unternehmens mittels aufeinander aufbauender Qualitätsstufen und zugehöriger Reifegrade
SPICE (Software Process Improvement and Capability Determination)	1993	Umfassender, ordnender Rahmen zur Bewertung und Verbesserung von Softwareprozessen unter Einbeziehung vorhandener Ansätze wie ISO 9001 und CMM
GQM (Goal Question Metric)	1984	Dynamisches, systematisches Vorgehensmodell zur Erstellung eines entwicklungsspezifischen Qualitätsmodells für Softwareprozesse, wobei in sechs Schritten Auswertungsziele, abgeleitete Fragestellungen und primitive Maße festgelegt werden
Bootstrap	1994	Weiterentwicklung des CMM unter Berücksichtigung von Ansätzen der ISO 9001, wobei nur externe Audits zugelassen sind und viertelstufige Reifegrade ermittelt werden
Business (Process) Reengineering	1993	Ansatz für fundamentales Überdenken und radikales Redesign von Unternehmen oder Unternehmensprozessen mit dem Ziel, in messbaren Leistungsgrößen der Bereiche Kosten, Qualität, Service und Zeit Verbesserungen um Größenordnungen zu erreichen
Lean Thinking	1996	Umfassender Managementansatz für fundamentales Umdenken innerhalb von Unternehmen und Neuausrichtung von Produktprozessen über die Unternehmensgrenzen hinaus, der auf den fünf schlanken Prinzipien Wert, Wertschöpfungsstrom, Flow, Pull und Perfektion basiert

Tab. 1: Zusammenstellung einiger Modelle und Managementansätze zur Verbesserung und Optimierung von Prozessen und Prozessqualität

Inzwischen haben weltweit viele Unternehmen zum Teil beträchtliche Anstrengungen unternommen, um ihre Prozesse in den Bereichen Softwareentwicklung und IT entsprechend der aufgeführten oder anderer, vergleichbarer Modelle auszurichten. Nach einer vom Bundesministerium für Bildung und Forschung (BMBF) in Auftrag gegebenen Studie zur Lage der Softwareentwicklung in Deutschland sind über die Hälfte der Unternehmen nach ISO 9001 zertifiziert [BMFB 2000, S. 135]. Allerdings weist diese Studie auch darauf hin, dass die Zertifizierung nach ISO 9001 mittlerweile zugunsten anderer Modelle und Verfahren stark an Bedeutung verloren hat. Im Rahmen von Experteninterviews stellte sich heraus, dass eine Zertifizierung nach ISO 9001 für die meisten Unternehmen keine nachhaltige Verbesserung der Produkte mit sich bringt. Stattdessen hat sich bei vielen Unternehmen inzwischen die Erkenntnis durchgesetzt, dass die gezielte Erfassung von rein internen Motivationsfaktoren und Verbesserungsvorschlägen im Rahmen von speziellen Verbesserungsprogrammen eher geeignet ist, qualitativ hochwertigere Software- und IT-Produkte herstellen zu können.

Tatsächlich belegen auch andere Studien, dass erfolgreiche Unternehmen nicht häufiger nach ISO 9001 zertifiziert sind als weniger erfolgreiche [Mellis & Stelzer 1999]. Aus diesen Untersuchungsergebnissen können daher Rückschlüsse auf tatsächlich relevante Erfolgsfaktoren gezogen werden. So ist vor allem aufgrund der großen Homogenität des Marktes eine Differenzierung von konkurrierenden Unternehmen über die Qualität der Produkte und Dienstleistungen nur noch sehr eingeschränkt möglich. Die »klassische« Produktqualität ist damit für den Unternehmenserfolg kein ausschlaggebender Hauptfaktor mehr. Stattdessen steht heute Mitarbeiterorientierung, gefolgt von Führungskompetenz und Unternehmensstrategie im Vordergrund. Es gilt, diese Erkenntnisse in modernen QM-Systemen zu berücksichtigen. Notwendigerweise führt dies aber zu teilweise weitreichenden Modifikationen bei den derzeit eingesetzten Konzepten und Modellen des Qualitätsmanagements, die durchaus kontrovers diskutiert werden.

2 Der Qualitätsbegriff aus Unternehmenssicht

Nach DIN 55350/ISO 8402 ist Qualität definiert als »die Gesamtheit der Merkmale und Merkmalswerte eines Produktes oder einer Dienstleistung bezüglich ihrer Eignung, festgelegte und vorausgesetzte Erfordernisse zu erfüllen«. Dies ist eine bewusst allgemein gehaltene Definition. Allerdings führt sie zu einem grundlegenden Problem bei der praktischen Anwendung des Qualitätsbegriffs, denn die geforderten Qualitätsmerkmale eines Produkts oder einer Dienstleistung sind in der Regel je nach Betrachtungsweise, Funktion, Branche oder Zielrichtung sehr unterschiedlich. Der Qualitätsbegriff erhält dadurch mehrere Dimensionen bzw. Aspekte, welche oft genug widersprüchlich sein können und daher nicht gleichzeitig erfüllbar sind.

Dieses Verhalten trifft insbesondere für Softwareprodukte zu und wird in der Norm DIN 66272/ISO 9126 berücksichtigt. Dadurch ist diese Norm keine Anwendungsnorm in dem Sinne, dass die in ihr festgelegten Qualitätseigenschaften

- Funktionalität,
- Zuverlässigkeit,
- Benutzbarkeit,
- Effizienz,
- Wartbarkeit,
- Portabilität

erfüllt werden müssen. Vielmehr wird die Qualität eines Softwareproduktes als gut bezeichnet, wenn die beschriebenen Eigenschaften mindestens insoweit vorhanden sind, dass sie den Anwendungsanforderungen genügen. Die Beurteilung und Bewertung einzelner Eigenschaften muss dabei nicht unbedingt auf quantitativen Methoden beruhen, sie kann auch anhand qualitativer Beschreibungen erfolgen. Des Weiteren unterscheidet die Norm zwischen den drei Interessengruppen Anwendern, Entwicklern und Managern, wobei der Fokus darauf liegt, Qualität unter vorgegebenen Grenzen bezüglich Arbeitsaufwand, Kosten und Zeit zu optimieren.

Dies macht deutlich, dass rein auf Produktqualität ausgerichtete Qualitätsziele in der Praxis nicht präzise genug für verschiedene Funktionsbereiche einer Organisation oder eines Unternehmens festgelegt werden können. Einen Ausweg aus diesem Dilemma bietet die prozessorientierte Sicht auf den Qualitätsbegriff. Eine prozessorientierte Qualitätssicht fordert, dass alle Anforderungen, welche an die betrachteten Prozesse einer Organisation gestellt werden, erfüllt sein müssen. Diesem Gedanken liegt die Annahme zugrunde, dass ein Endprodukt den gestellten Anforderungen auf jeden Fall entsprechen muss, wenn alle an seiner Entstehung beteiligten Prozesse korrekt ausgeführt wurden.

Allerdings ist auch dieser pauschale Ansatz für die praktische Verwertbarkeit problematisch. Ungeachtet dessen wurde diese These vielfach meist vorbehaltlos akzeptiert, da sich hieraus unmittelbar Modelle wie z.B. die ISO 9001 zur Definition bzw. Beschreibung von Prozessen ableiten lassen, die systematisiert und auf Abweichungen hin überprüft werden können und somit den Aufbau formaler QM-Systeme in einfacher Weise unterstützen. Allerdings können die gängigen Modelle und Normen nur rudimentäre Antworten auf die Frage liefern, wie eine prozessorientierte Qualitätssicht unter Berücksichtigung ökonomischer Kriterien abzuleiten und umzusetzen ist. Die oft geübte Praxis, aus den Qualitätsmodellen Prozesse abzuleiten oder etwa die in der ISO 12207 aufgeführten Lebenszyklusprozesse entsprechend den eigenen Bedürfnissen normgerecht oder modellkonform umzusetzen, kann einer real gewünschten bzw. erwarteten Wertschöpfungs- oder Geschäftsprozessorientierung im Grunde nicht gerecht werden. Betrachtet man beispielsweise die ISO 9001, die den Begriff Prozess als einen »Satz von in Wechselbeziehung oder Wechselwirkung stehenden Tätigkeiten, der Eingaben in Ergebnisse umwandelt« definiert, wird deutlich, dass die zu erfassende Anzahl derart definierbarer Prozesse in praktisch jedem Unternehmen die Grenze des Machbaren in Bezug auf Dokumentation und Überprüfbarkeit übersteigt. In der Praxis muss daher stets eine sinnvolle Auswahl bzw. Beschränkung vorgenommen werden.

3 IT-Qualitätsmanagement – Erfolgsfaktoren und Strategien

3.1 Anforderungen in der IT

Sowohl Großunternehmen als auch junge Start-ups unterliegen in einem in Bewegung geratenen, globalisierten Markt neuen Marktgesetzen, die u.a. hohe Flexibilität und kurze Reaktionszeiten fordern. Nach [Hammer & Champy 1993] können drei wesentliche Faktoren identifiziert werden, die neue Anforderungen an ein Unternehmen auslösen:

- Kunden
- Wettbewerb
- Wandel

Um wettbewerbsfähig zu bleiben, müssen sich die Unternehmen auf die sich ändernden Faktoren einstellen können. Ein praxisgerechtes QM-System mit hoher Nutzenwirkung sollte daher an den Erfordernissen der Unternehmen ausgerichtet sein und dabei gleichzeitig das Umfeld der Märkte berücksichtigen. Durch eine geeignete Typisierung der Unternehmen sowie ihrer jeweiligen Märkte können daher einige Mindestanforderungen für QM-Konzepte abgeleitet werden.

Bei den Märkten kann, wie in Tabelle 2 dargestellt, grob zwischen traditionellen Märkten mit relativ stabilem Umfeld und High-Tech-Märkten mit turbulentem Unternehmensumfeld unterschieden werden. Tendenziell gilt für die in traditionellen Märkten agierenden Unternehmen:

- Veränderungen an ihren Unternehmensstrategien, der Produktpalette, den Entwicklungsverfahren und Absatzwegen müssen seltener vorgenommen werden, als dies in turbulenten Märkten der Fall ist.
- Der Druck, strategische Allianzen oder Partnerschaften einzugehen oder Fusionen durchzuführen, ist relativ gering.

In turbulenten Märkten müssen

- die Unternehmen in der Lage sein, trotz vieler Unwägbarkeiten bezüglich zukünftiger Technologien und Trends innovativ und flexibel zu reagieren, und
- die angebotenen Produkte müssen einem vom Markt definierten und dadurch veränderlichen Qualitätsanspruch genügen.

Bei den Unternehmen kann zwischen der Primärbranche, in der Software als eigenständiges Produkt hergestellt wird, und der Sekundärbranche – hier ist die Software meist in Produkte und Dienstleistungen eingebettet – unterschieden werden [BMBF 2000, S. 5]. Des Weite-

Merkmale	Traditioneller Markt	High-Tech-Markt
Unternehmensumfeld	relativ stabil	turbulent
Anbieter	überschaubare Zahl etablierter Anbieter	wechselnde Zahl neuer und etablierter Anbieter
Käufergruppen	moderate Änderungen bei Käufergruppen	häufig wechselnde Käuferschichten
Kaufgewohnheiten	berechenbares Kaufverhalten	wechselndes Kaufverhalten
Produktionsverfahren	eingespielt und beherrscht	unterliegt teilweise noch Änderungen
Technologien	bekannt	werden teilweise erst entwickelt
Standards	gewachsene Standards vorhanden	nur wenige Standards etabliert
Produktinnovation	inkrementell	schubweise in schnellen Wellen
Unternehmensrisiko	normal	schwer kalkulierbar
Standards	gewachsene Standards vorhanden	nur wenige etablierte Standards

Tab. 2 Ausgewählte Merkmale zum Vergleich traditioneller Märkte mit High-Tech-Märkten

ren ist eine Differenzierung nach kleinen und mittleren Unternehmen (KMU) sowie Großunternehmen zweckmäßig. Dabei zeigt sich:

- In der Primärbranche beschäftigt nur etwa ein Viertel der Unternehmen mehr als zehn Mitarbeiter.
- Insgesamt entwickeln etwa drei Viertel der Unternehmen der Primärbranche Software neu oder führen Weiterentwicklungen durch.
- Der Anteil von Unternehmen mit eigener Softwareentwicklung wächst mit zunehmender Unternehmensgröße. Im Bereich kleiner Unternehmen liegt dieser Anteil daher nur bei etwa einem Viertel.
- Bei der Sekundärbranche beträgt der Anteil der Unternehmen mit eigener Neuentwicklung nur etwa 25%. Dafür erhält die Weiterentwicklung externer Software bzw. die Individualisierung einen höheren Stellenwert.

Die Unternehmensgröße hat einen wesentlichen Einfluss auf die Rollenverteilung bzw. Funktionen und damit die Anzahl möglicher Kommunikationsschnittstellen im Bereich der Softwareentwicklung. Mit zunehmender Unternehmensgröße

- werden auch die Rollen mehr und mehr diversifiziert, und es bilden sich etwa 4 bis 5 Spezialgebiete wie z.B. Projektleiter, Entwickler oder Qualitätssicherer heraus,
- der Trend hin zu verteilten Projektgruppen und Entwicklungsstandorten nimmt zu,
- der Anteil an Unternehmen, der Softwareentwicklung ganz oder teilweise im Ausland betreibt, wächst und liegt insgesamt bei etwa 20%,
- und es werden meist mehrere Vorgehensmodelle für die Softwareentwicklung implementiert, die je nach Projektart und Umfang zum Einsatz kommen.

Aufgrund der Erfahrungen aus der Praxis und vorliegenden Untersuchungsergebnissen können die folgenden Problembereiche und Anforderungskriterien für den Aufbau praxisgerechter QM-Systeme in der IT identifiziert werden:

1. Berücksichtigung des Unternehmensumfelds: Einerseits erfordern turbulente Marktbedingungen, dass wirtschaftlich effiziente Lösungen immer wieder neu bereitgestellt werden müssen und auf sich ändernde technologische Rahmenbedingungen möglichst schnell und innovativ reagiert werden muss. Andererseits erfordert ein stabiles Umfeld oder der wachsende Anteil eingebetteter oder produktionsbegleitender Software gut geplante, wohldefinierte steuerbare und kontrollierbare Prozesse.
2. Einfluss der Unternehmensgröße: Die verwendeten Modelle und Methoden müssen skalierbar sein, um mit der Größe der Organisation, der IT-Systeme und der Projekte mitwachsen zu können.
3. Umgang mit verteilten Standorten: Zur Vermeidung von Schwierigkeiten oder Missverständnissen, bedingt durch verteilte Standorte des Entwicklungsteams oder Kunden aus anderen Kulturkreisen, müssen kulturelle und kommunikative Aspekte ausreichend berücksichtigt werden.
4. Integrationsfähigkeit in bestehende Geschäftsprozesse: Die Integration in bestehende Geschäftsprozesse senkt die schnittstellenbezogene Fehlerquote. Die sich ergebende Gruppierung von Aufgaben und Aktivitäten wirkt kostensenkend und führt durch eine resultierende Förderung der Kompetenz und Arbeitsmotivation der Mitarbeiter gleichzeitig zu Verbesserungen bei internen Arbeitsprozessen.
5. Wirtschaftlichkeit der Konzepte und Modelle: Damit die eingesetzten Modelle und Konzepte möglichst wenig Ressourcen binden und der Aufwand für die Pflege wirtschaftlich vertretbar bleibt, müssen QM-Modelle hinsichtlich der Unternehmensgröße angemessen interpretiert werden und sollten sich nicht detailgetreu an der Gliederung einer bestimmten Norm orientieren.

In diesen Punkten spiegelt sich die gewandelte Rolle wider, welche die IT heute im betriebswirtschaftlichen Gefüge eines Unternehmens spielt.

3.2 Aktuelle Ansätze und Konzepte

In Bezug auf die praktische Gestaltung der Softwareentwicklung werden beim Einsatz traditioneller prozessorientierter QM-Modelle im Wesentlichen klassische Vorgehensmodelle wie das V-Modell oder der Rational Unified Process (RUP) verwendet. Bei genauerer Betrachtung weisen allerdings viele der verwendeten klassischen Modelle unternehmenseigene Zusätze auf, beispielsweise um besser in umfassendere Geschäftsprozesse integriert werden zu können. Dabei sind vor allem iterative Modelle verbreitet, die auf der Annahme basieren, dass Kosten- und Termintreue durch inkrementelle Entwicklungsprozesse erreicht werden kann [BMFB 2000, S. 129]. Verfahrensanweisungen, d.h. QM-Dokumente, welche die Art und Weise der Ausführung einer Tätigkeit oder eines Prozesses festlegen, existieren im Allgemeinen nicht. Die technische Softwareentwicklung wird dadurch weitgehend der Kreativität der Entwickler überlassen.

Es scheinen auf der technischen Ebene also eher geregelte Verfahren statt gesteuerter Prozesse implementiert zu werden. Teams werden damit nicht mehr als hierarchisch steuerbare Organisationseinheiten interpretiert, deren Arbeitsabläufe durch detaillierte Prozessbeschreibungen gesteuert werden, sondern als organisatorische Systeme, in denen die Teammitglieder die Softwareprojekte kooperativ durchführen. Insgesamt weisen also die tatsächlich gelebten Prozesse in der IT häufig die wesentlichsten Merkmale agiler Verfahren auf. Es scheint sich also ein Trend hin zu agilen Verfahren herauszubilden, die teilweise im Rahmen bestehender QM-Systeme implementiert sind. Ähnlich wie die QM-Systeme und Managementkonzepte unterscheiden sich auch die agilen Verfahren im Detaillierungsgrad der aufgestellten Regeln sowie bezüglich der Ebe-

Agiles Verfahren	Beschreibungsebene	Anmerkung
Scrum	organisatorisch-deskriptive Metaprozesse	Sehr hohe Flexibilität durch iteratives Umsetzen priorisierter Anforderungen in kurzen Zyklen; Beschreibungen weisen sehr niedrigen Detaillierungsgrad auf
Adaptive Software Development	organisatorisch-deskriptive Metaprozesse	Sehr hohe Flexibilität durch iteratives Durchlaufen der Schrittfolge »Speculate, Collaborate, and Learn«; Software wird im Timebox-Verfahren fertig gestellt; Beschreibungen sind wenig detailliert
Chrystal	organisatorisch-optimierte Prozessregeln	Hohe Flexibilität durch Rahmenwerk bestehend aus Forderungen bez. Prozessprüfung und Lieferzeit sowie sieben Projektprinzipien; geringer Detaillierungsgrad
Extreme Programming	randwert-geregelte Prozessverfahren	Ausreichende Flexibilität durch Startvorschläge; Projektzyklus, Entwicklungszyklus und unterstützende Maßnahmen werden durch 13 Praktiken abgedeckt

Tab. 3: Zusammenstellung einiger agiler Verfahren

ne, welcher diese Regeln zuzuordnen sind (siehe Tab. 3).

Zur obersten Beschreibungsebene gehören Verfahren, die detaillierte Angaben zu den Grenzbedingungen eines Prozesses (d.h. zu Start und/oder Ende) machen und damit eine gewisse Ähnlichkeit zu den traditionellen Methoden aufweisen, aber wesentlich flexibler sind. Stellvertretend sei hier das Extreme Programming (XP) genannt [Beck 2000], das auf den fünf Grundprinzipien

- direkte Rückkopplung,
- Streben nach Einfachheit,
- inkrementelle Entwicklung,
- Änderungen willkommen heißen und
- Qualitätsarbeit leisten

basiert. Aus diesen Grundprinzipien werden 13 Praktiken abgeleitet, welche verschiedene Bereiche der Entwicklung abdecken. Wichtig ist, dass dieses Verfahren nicht aufgrund einzelner isolierter Praktiken funktioniert, sondern durch das Zusammenwirken verschiedener Mechanismen wie »Planning Game«, »Simple Design« oder »Common Ownership«. Je nach Aufgabe und Teamzusammensetzung können die Praktiken unterschiedlich priorisiert sein. Im Vergleich zu den traditionellen Verfahren räumt XP dem Team gewisse Freiräume beim Dokumentationszeitpunkt ein. Geschickt eingesetzt, lassen sich die teils beträchtlichen Aufwände für Änderungen und Überarbeitungen gegenüber traditionellen Verfahren stark reduzieren.

Der mittleren Beschreibungsebene können Verfahren zugeordnet werden, die Hinweise liefern, wie die Prozesse effizient organisiert werden können. Es geht dabei nicht darum, organisationsweite Prozesse zu definieren oder umzugestalten, sondern es soll vielmehr ein Rahmenwerk für Methoden geschaffen werden, wodurch Teams projektspezifische Prozesse definieren können. Der Ausgangspunkt ist hierbei, dass Prozesse im Wesentlichen von den Rahmenbedingungen eines Projekts bestimmt werden [Cockburn 2002]. Hauptansatzpunkte hierbei sind u.a. direkte Kommunikation, Feedback, skalierbare Regeln zur Koordination und Stabilität beigesteuerter Resultate für kritische Aufgaben. Mit Hilfe dieser und einiger weiterer Prinzipien kann ein erfahrenes Team Prozesse festlegen, die einen Kompromiss zwischen Formalismus und Dokumentation auf der einen Seite und Termintreue und Qualität auf der anderen Seite bieten. Allerdings ist die Methodenfamilie nicht für räumlich verteilte Teams geeignet [Cockburn 2002, S. 200], was wohl vor allem auf den recht hohen, direkten Kommunikations- und Feedback-Anteil zurückzuführen ist.

Auf der untersten Beschreibungsstufe stehen schließlich solche Verfahren, die lediglich organisatorisch-deskriptiv die Voraussetzungen schaffen, um ein sich selbst organisierendes Team einsetzen zu können. Hierzu zählen z.B. Scrum und Adaptive Software Development. Diese Verfahren sind vor allem für professionelle Teams mit umfangreicher Erfahrung geeignet, bieten aber ein Maximum an Flexibilität.

Agile Verfahren basieren auf Erkenntnissen über lernende Organisationen und der Komplexitätstheorie und gehen damit weit über den Umfang und die Ansätze herkömmlicher Verfahren hinaus. Auf der Verfahrensebene kommt ihnen damit eine ähnliche Bedeutung zu wie z.B. den umfassenderen Konzepten des TQM bei der unternehmensweiten Anwendung von QM-Konzepten.

4 Praxisbeispiele

4.1 IT-Mittelstandserfahrung mit einer Software-Factory

Wie viele andere Unternehmen der Softwarebranche hat sich auch die Wiesbadener CC GmbH [CC 2003] für die Einführung eines normgerechten QM-Systems nach ISO 9001 entschieden. Die Zertifizierung erfolgte für den Unternehmensbereich »Beratung und Projekte«. Die Aufgaben dieses Leistungsbereichs mit zum Teil unternehmensweiten, kritischen Geschäftsprozessen umfassen vor allem Software-Reengineering-Projekte betriebswirtschaftlicher Kernsoftware im Host- und Client/Server-Umfeld [Borchers 1997]. Das Besondere an diesem Unternehmen ist, dass es bereits 1995 eine eigene als Software-Factory fungierende Niederlassung in Indien aufgebaut hat. Das Tochterunternehmen in Indien wird von speziell geschulten und international erfahrenen indischen Führungskräften geleitet und ist ebenfalls nach ISO 9001 zertifiziert. Teile großer Reengineering- und Entwicklungsprojekte werden nach Indien ausgelagert und dort von lokalen Projektteams bearbeitet. Die indischen Projektteams sind dabei direkt mit der Rechnerinfrastruktur in der deutschen Niederlassung verbunden, so dass die eigentliche Bearbeitung der Software auf Rechnern in Deutschland stattfinden kann. Die Kundenkommunikation, die strategische Projektplanung und die Projektüberwachung werden von einem deutschen, ebenfalls dezentralen Projektteam vorgenommen. Die interne Projektsprache ist grundsätzlich Englisch.

Der für ein KMU durchaus beträchtliche ISO-konforme Dokumentationsaufwand kann hier geschickt genutzt werden, um wertvolle Zeit und Ressourcen zu sparen. Durch die ISO-Zertifizierung beider Unternehmen können die englischsprachigen Projektdokumente direkt an definierten Schnittstellen ausgetauscht und unmittelbar weiterverwendet werden. Des Weiteren können bei Reengineering-Projekten meist parallelisierbare Aufgabenpakete definiert werden, deren Bearbeitung im Rahmen von wiederholbaren Prozessen durchgeführt werden kann. Ein ISO-konformes QM-System ist in diesem Fall nicht nur ein geeignetes Instrument, sondern wirkt sich nachhaltig positiv auf den wirtschaftlichen Erfolg aus. Gleichzeitig ist das QM-System an den Geschäftsprozessen im Kernbereich Software-Engineering ausgerichtet. Einer der wesentlichen Erfolgsfaktoren für diesen Geschäftsbereich ist eine zeitnahe Modellierung und Steuerung von Projektdokumenten an die jeweils zuständigen Projektmitarbeiter über kulturelle Grenzen und Unternehmensgrenzen hinweg. Dies kann ein ISO-konformes QM-System nur bedingt erfüllen. Derzeit existieren aber auch keine gängigen Werkzeuge, die eine Softwareentwicklung oder Softwareprojekte mit verteilten Standorten ausreichend unterstützen. Die CC GmbH hat daher ein eigenes CSCW-System (Computer Supported Cooperative Work) entwickelt, welches durch ein Workflow-Management-System

Koordinationsunterstützung für typische Projektphasen und Teilaufgaben wie Testen, Konfigurationsmanagement oder Problemmanagement sowie ausreichende Kommunikationsunterstützung durch asynchronen Austausch von Nachrichten und Mitteilungen bietet.

Der andere große Geschäftsbereich – die Produktentwicklung im Bereich Testwerkzeuge und Qualitätssicherungswerkzeuge für Software – arbeitet nach einem hybriden Modell. Bestimmte Entwicklungsaufgaben und Weiterentwicklungen der Produkte werden ebenfalls in der indischen Niederlassung nach ISO-zertifizierten Prozessen vorgenommen. Die Steuerung dieser Prozesse erfolgt genauso wie für den Bereich »Beratung und Projekte« durch den Austausch englischsprachiger QM-Dokumente über die gemeinsame Kommunikationsschnittstelle. Allerdings ist der deutsche Geschäftsbereich nicht nach ISO 9001 zertifiziert, sondern arbeitet nach einem eigenen an ISO 9001 angelehnten QM-Rahmenwerk. Die Dokumentenpyramide für dieses Rahmenwerk enthält (siehe Abb. 1):

- Verfahrensanweisungen für ISO-konforme Prozesse zur Bearbeitung von gemeldeten Kundenproblemen, Wartungsaufgaben an im Einsatz befindlichen Produktversionen sowie für individuelle Softwareanpassungen im Kundenauftrag,

- Verfahrens- und Arbeitsanweisungen zu agilen Verfahren und Methoden für die Entwicklung neuer Produkte oder Teilprodukte hoher Qualität und kurzen Time-to-Market-Zeiten.

Bei den agilen Methoden handelt es sich im Wesentlichen um Konzepte, die an Scrum und XP angelehnt sind. Wichtig ist, dass praktisch die gesamte Kommunikation direkt über E-Mail erfolgt und allen Teammitarbeitern als Informations- und Dokumentationsquelle zugänglich ist. Die Arbeitsanweisungen für die agilen Methoden sowie die Ergebnisse direkter Absprachen werden ebenfalls kurz in E-Mails dokumentiert. Ein in Verfahrensanweisungen festgelegter Aufbau der Betreffzeile kennzeichnet diese E-Mails als Arbeitsanweisung im Sinne des QM-Systems. Der Austausch sonstiger Projektdokumentation erfolgt zu Beginn eines Projekts sowie zu vereinbarten Zielzeitpunkten (Quality Gates). Deutsche und indische Projektteams organisieren sich innerhalb des Gesamtrahmens weitgehend selbst.

4.2 Rahmenwerk für Qualitätssicherung im Großkonzern

Bei der DaimlerChrysler AG ist das IT-Qualitätsmanagement für die unternehmensweite Bereitstellung von Verfahren, Methoden und Konzepten zur Qualitätssicherung zuständig. In der

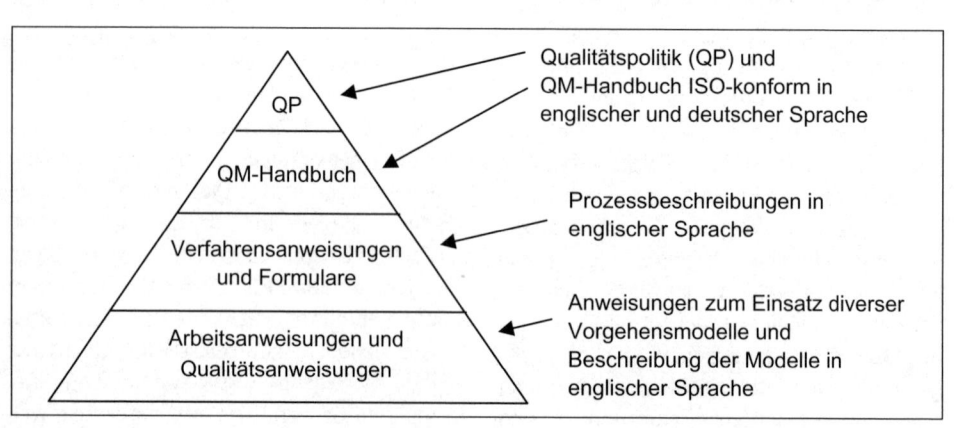

Abb. 1: Die Dokumentenpyramide des Bereichs Produktentwicklung und Support

Pyramide (von oben nach unten):
- QP — Qualitätspolitik (QP) und QM-Handbuch ISO-konform in englischer und deutscher Sprache
- QM-Handbuch
- Verfahrensanweisungen und Formulare — Prozessbeschreibungen in englischer Sprache
- Arbeitsanweisungen und Qualitätsanweisungen — Anweisungen zum Einsatz diverser Vorgehensmodelle und Beschreibung der Modelle in englischer Sprache

Praxis ist das IT-Qualitätsmanagement daher eng mit dem Projektmanagement verbunden und basiert auf Methoden und Verfahren des Vorgehensmodells von DaimlerChrysler Stuttgart.

Die Qualitätssicherung dient dazu, die Qualität der Prozesse und Dokumentationen – und damit auch der entwickelten IT-Systeme – positiv zu beeinflussen. Die Technologie, mit welcher die Ergebnisse realisiert werden, ist dabei zunächst sekundär. Allerdings muss gewährleistet sein, dass alle verfügbaren Instrumentarien der Qualitätssicherung für die verschiedenen Projekte und Standorte effektiv genutzt werden können. Es ist also sicherzustellen, dass projekt- und betriebsrelevante IT-Tätigkeiten durchgängig geplant, gesteuert und überwacht werden, um die Qualitätsanforderungen, welche der Konzern an eine funktionierende, effiziente Informationsverarbeitung stellt, zu erfüllen. Genau hier setzt die Informationstechnologie der DaimlerChrysler AG an. Sie ist damit von fundamentaler Unternehmensbedeutung, denn sie unterstützt dabei fast alle Prozesse der unterschiedlichen Business Units und Standorte und ist ein wachsender, integraler Bestandteil der DaimlerChrysler-Produkte. Folglich hat sie den gleichen Qualitätsansprüchen zu genügen.

Insgesamt ist die Qualitätssicherung in großen IT-Projekten bei DaimlerChrysler seit langem zur Selbstverständlichkeit geworden. Wichtige große IT-Projekte – so genannte Key-Projekte – haben frühzeitig die Notwendigkeit einer systematischen und geplanten Qualitätssicherung zur Absicherung des Projekterfolgs erkannt und die Funktion der Qualitätssicherung fest in der Projektorganisation eingerichtet. Dies zeigt sich einerseits an den Anforderungen zur konkreten QS-Unterstützung für IT-Projekte und andererseits an den Benennungen von Quality Information Officers (QIOs) innerhalb der jeweiligen Zuständigkeitsbereiche.

Eine besondere Herausforderung ergibt sich allerdings im Zuge der Integration der weltweit verteilt arbeitenden IT-Center. Dabei sind bereichsbezogene und praktikable Umsetzungen zu etablieren. Hierzu werden detaillierte Verfahrensvorschriften und Regelkreise definiert, die einerseits Hilfestellung liefern, andererseits aber auch eine organisatorisch verankerte Überprüfung der Prozessqualität von IT-Projekten ermöglichen.

Um dies sowohl aus organisatorischer als auch aus IT-Sicht zu unterstützen, wurde ein Rahmenwerk für das Projektmanagement etabliert, welches auf Methoden, Prozessen und Tools basiert, die sich am Projektlebenszyklus orientieren.

Im Vordergrund steht hierbei die Wiederverwendung erfolgreicher Lösungen der verschiedenen IT-Bereiche des Konzerns bezüglich Projektplanung, Finanzplanung und Reporting. Das Rahmenwerk für Projektmanagement ist in Abbildung 2 dargestellt und besteht aus den Ebenen:

- Governance, das die Organisationsstrukturen, Rollen, Verantwortungsbereiche und Führungsprinzipien festlegt,
- Planung und Berichtswesen mit den Teilen Projektinitiierung, Finanzplanung, Risikomanagement und Projektdokumentation sowie
- Methoden und Werkzeugen wie z.B. CMM, Quality Gates, Best Practices, Projektmanagement-Werkzeuge und Datenbanken.

Vertikal werden die Ebenen durch Training und Coaching verbunden. Das Rahmenwerk nutzt integrierte und unternehmensweit eingesetzte Lotus Notes-Datenbanken. Einfache und übersichtliche Methoden und Verfahren gewährleisten einen geringen Pflegeaufwand für die zentralen Plan- und Ist-Daten.

Aus diesem Rahmenwerk können standortbezogene Qualitätsmanagementsysteme abgeleitet werden. Dabei ist zu beachten, dass das QM-Handbuch der unteren Ebene »Methoden und Werkzeuge« des Rahmenwerks zugeordnet wird. Dadurch lassen sich die diversen nationalen und internationalen Nor-

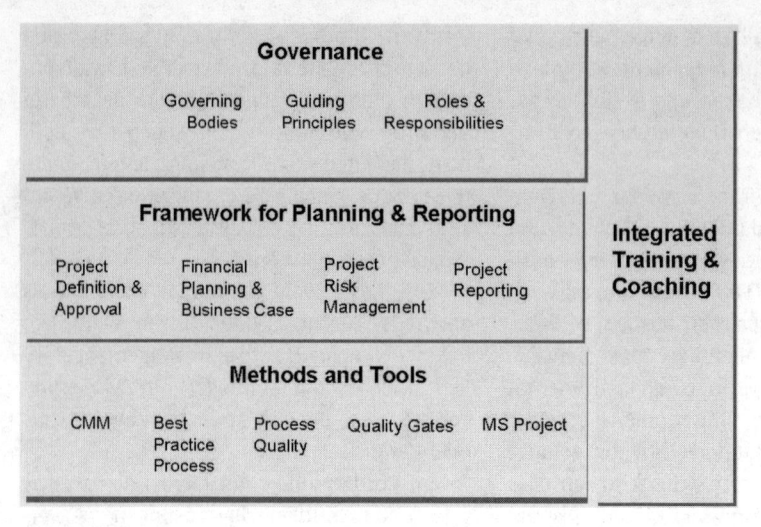

Abb. 2: Das DaimlerChrysler-Rahmenwerk für Projektmanagement

Governance
- Governing Bodies
- Guiding Principles
- Roles & Responsibilities

Framework for Planning & Reporting
- Project Definition & Approval
- Financial Planning & Business Case
- Project Risk Management
- Project Reporting

Methods and Tools
- CMM
- Best Practice Process
- Process Quality
- Quality Gates
- MS Project

Integrated Training & Coaching

---

mungskriterien erfüllen, und auch kulturelle Aspekte können ausreichend berücksichtigt werden.

Das für Deutschland gültige QM-Handbuch beschreibt das Qualitätsmanagementsystem der Informationsverarbeitung von DaimlerChrysler Stuttgart. Es sichert die Umsetzung der Qualitätspolitik des Unternehmens in diesem Bereich und ist so konzipiert, dass es sich für eine spätere Zertifizierung, z.B. nach ISO 9001, eignet. Als Basis für die Vorgehensweise in der Systementwicklung und des Systembetriebs dient das Handbuch der Systemgestaltung und dem Systembetrieb. Wie in Abbildung 3 dargestellt, umfasst es:

- das Projekthandbuch als Leitlinie für die Projektabwicklung,
- das Verfahrenshandbuch, welches das Vorgehensmodell für die zu erstellenden Endprodukte definiert,
- das Methodenhandbuch, das die einzusetzenden Methoden und Werkzeuge beschreibt,
- die Einzelrichtlinien, die spezifische Regelungen enthalten, sowie
- die Beschreibung der wesentlichen Prozesse der Systemgestaltung und des Systembetriebs sowie deren Zusammenhänge.

Zwischen den Handbüchern bestehen gewisse Abhängigkeiten und Verzahnungen. Zu beachten ist insbesondere, dass das Verfahrenshandbuch die zu erstellenden Endprodukte definiert und das QM-Handbuch sich mit der Qualitätssicherung dieser Endprodukte sowie der Prozesse in den Projekten und im Systembetrieb beschäftigt. Der besondere Ansatz ist hierbei: Die projektindividuelle Qualitätssicherung muss sich als elementarer Bestandteil in das Projektmanagement einordnen und besondere Akzente für die Qualität der Projektprozesse und der Projektergebnisse setzen.

5 Fazit

Sowohl bei transnationalen Großkonzernen als auch bei mittelständigen Unternehmen mit international verteilten Standorten muss das IT-Qualitätsmanagement unternehmensweit und damit international ausgerichtet sein. In der Praxis zeigt sich, dass einzelne Modelle und Verfahren in dieser Hinsicht teils erhebliche Schwächen und Lücken aufweisen. Tatsächlich besitzt jedes Modell und jedes Verfahren einen bestimmten Gültigkeitsbereich, der bei einem erfolgreichen Einsatz bekannt sein muss. So konnte bei der DaimlerChrysler AG durch die Einführung des Rahmenwerks für Qualitätssicherung und die in-

Handbuch der Systemgestaltung und des Systembetriebs

- IV-Verfahrenshandbuch
  Standard-Vorgehensmodell (für alle Projekt- und Betriebskategorien* gültig)
- IV-Projekthandbuch
- IV-Methodenhandbuch
- IV-Einzelrichtlinien

Prozesse der Systemgestaltung und des Systembetriebs

Qualitätsmanagement Handbuch

Qualitätsmanagement und Qualitätssicherung in der Informationsverarbeitung

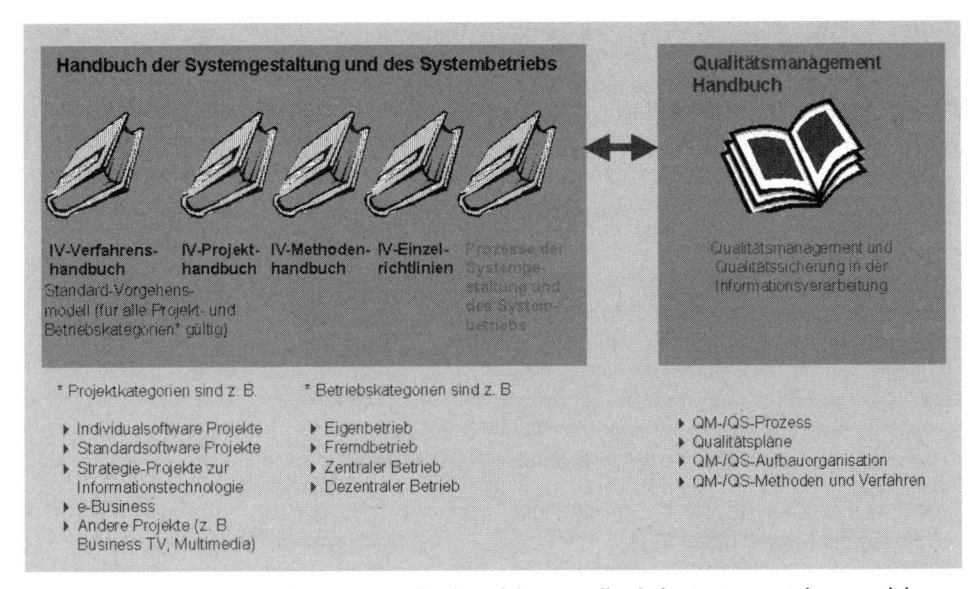

* Projektkategorien sind z. B.
- Individualsoftware Projekte
- Standardsoftware Projekte
- Strategie-Projekte zur Informationstechnologie
- e-Business
- Andere Projekte (z. B. Business TV, Multimedia)

* Betriebskategorien sind z. B.
- Eigenbetrieb
- Fremdbetrieb
- Zentraler Betrieb
- Dezentraler Betrieb

- QM-/QS-Prozess
- Qualitätspläne
- QM-/QS-Aufbauorganisation
- QM-/QS-Methoden und Verfahren

Abb. 3: Zusammenhang zwischen QM-Handbuch und dem Handbuch der Systemgestaltung und des Systembetriebs

tegrierten Werkzeuge sowie die Best-Practices-Datenbanken eine objektive Auswahl geeigneter Verfahren getroffen werden. Die schnittstellenbezogenen Qualitätsverluste konnten dadurch reduziert und die Gesamtproduktivität in den Referenzprojekten gesteigert werden.

Ähnliche Erfahrungen wurden bei der CC GmbH bei zeitkritischen Entwicklungsprojekten mit deutsch-indischen Projektteams gemacht. Hier stellt ein geeignetes Rahmenwerk ebenfalls praktikable Projektwerkzeuge und Vorgehensmodelle zur Verfügung. Dadurch konnte insbesondere der Dokumentationsaufwand reduziert und damit ebenfalls die Gesamtproduktivität erhöht werden.

Die Erfahrungen aus der Praxis machen deutlich, dass eine Kombination von Modellen und Verfahren in einem Rahmenwerk für Qualitätsmanagement flexibel und skalierbar implementiert werden kann. Bewährt haben sich einfache 3-Schichten-Modelle. Gemeinsam ist in den vorgestellten Modellen, dass ein methodisches Vorgehen und klar definierte Schnittstellenbeschreibungen die Grundlage für ein bedarfsgerechtes QM-System mit hoher Nutzenwirkung bilden. Die Prozessorientierung kann somit aus Unternehmenssicht beibehalten werden, auch wenn im Projektumfeld u.U. hiervon abgewichen werden muss. Die Vorteile derartiger Systeme zeigen sich vor allem bei räumlich und kulturell verteilten Projekten sowie Joint Ventures im europäischen und asiatischen Wirtschaftsraum.

6 Literatur

[Beck 2000] *Beck, K.:* Extreme Programming Explained – Embrace Changes. Addison-Wesley, Reading, 2000.

[BMFB 2000] *BMFB-Studie:* Analyse und Evaluation der Software-Entwicklung in Deutschland, BMFB, Dezember 2000, http://www.dlr.de/IT/IV/Studien/evasoft_abschlussbericht.pdf

[Borchers 1997] *Borchers, J.:* Erfahrungen mit dem Einsatz einer Reengineering Factory in einem großen Umstellungsprojekt. HMD – Praxis der Wirtschaftsinformatik 194 (1997) S. 77-94.

[CC 2003] *CC GmbH*, 2003, http://www.opaira.de

[Cockburn 2002] *Cockburn, A.:* Agile Software Development. Addison-Wesley, Reading, 2002.

[Hammer & Champy 1993] Hammer, M.; Champy, J.: Reengineering the Corporation: A Manifest for Business Revolution. Harper Business, New York, 1993.
[Kuvaja 1994] Kuvaja, P.: Software process assessment and improvement: the BOOTSTRAP approach. Blackwell Business, Oxford, 1994.
[Malorny 1996] Malorny, C.: TQM umsetzen: der Weg zur Business Excelence. Schäffer-Poeschel, Stuttgart, 1996.
[Mellis & Stelzer 1999] Mellis, W.; Stelzer, D.: Das Rätsel des prozessorientierten Softwarequalitätsmanagement. In: Wirtschaftsinformatik 41 (1999) 1, S. 31-39.
[Paulk et al. 1995] Paulk, M. C. et al.: The Capability Maturity Model: Guidelines for Improving the Software Process. Addison-Wesley, Reading, MA, 1995.
[Thaller 1998] Thaller, G. E.: SPICE – ISO 9001 und Software der Zukunft. Kaarst, 1998.
[Wallmüller 2001] Wallmüller, E.: Software-Qualitätsmanagement in der Praxis. Carl Hanser, München, 2001.
[Womak & Jones 1996] Womak, J. P.; Jones, D. T.: Lean Thinking. Simon and Schuster, New York, 1996.

PD Dr. habil. Björn Wolle
CC GmbH
Leiter Produktentwicklung und Marketing
Flachstraße 13
65197 Wiesbaden
bjoern.wolle@caseconsult.com
www.caseconsult.com

Volker Müller
DaimlerChrysler AG
ITC/PP, HPC B16
Hanns-Martin-Schleyer-Straße 21-57
68299 Mannheim
volker.mueller@daimlerchrysler.com
www.daimlerchrysler.com

Heidi Heilmann, Hans-Joachim Etzel, Reinhard Richter (Hrsg.)

IT-Projektmanagement – Fallstricke und Erfolgsfaktoren

Erfahrungsberichte aus der Praxis
2., akt. und erw. Auflage

dpunkt.verlag

Ringstraße 19 B · D-69115 Heidelberg
fon: 0 62 21 / 14 83 40
fax: 0 62 21 / 14 83 99
e-mail: hallo@dpunkt.de
www.dpunkt.de

2003, 384 Seiten, Festeinband
€ 42,00 (D)
ISBN 3-89864-215-1

Hans-Peter Nägeli

Management der Informationssicherheit – Erfahrungen eines Finanzdienstleisters

Die Vernetzung der Informationssysteme von Unternehmungen und von Kunden mit einer Vielzahl von Anbietern wächst laufend. Die damit einhergehende Zunahme von Pannen und Missbräuchen haben eine Sensibilisierung für das Thema Informationssicherheit in der Öffentlichkeit und in den Unternehmungen bewirkt. Die Herausforderungen an das Informationssicherheits-Management sind dadurch auch größer geworden. Die technischen Möglichkeiten für den sicheren Umgang mit Informationen entsprechen heute durchaus den Anforderungen und können mit den Entwicklungen der Technologie und deren Nutzung in den Unternehmen in etwa Schritt halten. Entscheidend für die Sicherheit von Informationen bleibt der Mensch bzw. die Fähigkeit einer Organisation mit den vorhandenen Mitteln und technischen Möglichkeiten richtig umzugehen, Informationssicherheitsrisiken rechtzeitig zu erkennen und die angemessenen Maßnahmen zur Gewährleistung von Informationsschutz konsequent umzusetzen. Die Sicherheit von Informationen (SI) ist immer in Beziehung zu Bedrohungen, Verletzlichkeiten und zur Bedeutung der jeweiligen Information zu bringen. Absolute Sicherheit soll und kann nicht das Ziel sein. Es geht »lediglich« darum, die Risiken zu erkennen und sie mit vertretbaren Kosten auf ein akzeptables Maß einzugrenzen. In der Unternehmung muss dies ein bewusster und transparenter Prozess sein, so dass die Sicherheit ihrer Informationen oder der von ihr bearbeiteten Informationen mit den Wertvorstellungen der Unternehmung in Einklang sind.

Inhaltsübersicht

1 Übersicht
   1.1 Management der Informationssicherheit
   1.2 Stellenwert der Informationssicherheit
   1.3 Kritische Erfolgfaktoren des Informationssicherheits-Managements
   1.4 Herausforderungen im Zusammenhang mit Informationssicherheit
2 Spannungsfelder für das Informationssicherheits-Management
   2.1 New Technologies – New Threats
   2.2 SI ist jedermanns Sache – aber ein Thema für Spezialisten
   2.3 Die Qual der Wahl: Risiken aufgrund komplexer Heterogenität oder Klumpenrisiken von Monokulturen
   2.4 Hohe Kosten – mit und ohne Sicherheit
3 Literatur

1 Übersicht

1.1 Management der Informationssicherheit

Die Sicherheit von Informationen (SI) in einer Unternehmung ist weder zufällig noch eine Kunst noch Glück. Umgekehrt sind Pannen infolge Schwachstellen der Informationssicherheit in der Regel nicht nur auf unglückliche Umstände oder Pech zurückzuführen – obwohl auch Glück und Pech oft eine Rolle spielen, denn nur der Tüchtige wird bekanntlich eher vom Glück belohnt.

SI in der Unternehmung wird primär durch folgende Erfolgsfaktoren bestimmt ([Gora & Krampert 2002], [Görtz & Stolp 1999]):

- Positionierung der SI durch die Unternehmensführung
- Zuweisung von Aufgaben und Verantwortungen im Umgang mit SI
- Sicherheitsbewusstsein der Mitarbeiter
- Existenz eines (SI-)Risikomanagement-Prozesses

- Allokation von Ressourcen zur Gewährleistung von SI

Unter SI wird gemäß ISO-IEC-Standard 17799-1 hier Folgendes verstanden [ISO/IEC 2000]:

a) Vertraulichkeit: Zugriff auf Informationen nur durch Autorisierte
b) Integrität: Richtigkeit und Vollständigkeit der Information und des Verarbeitungsprozesses
c) Verfügbarkeit: Zugriff auf Informationen ist den autorisierten Benutzern wann immer gefordert möglich.

SI ist ein vielschichtiges Thema. Im folgenden Beitrag werden ausgewählte Spannungsfelder der SI dargestellt. Eine vollständige Behandlung aller Aspekte der SI würde den Rahmen des Beitrags sprengen. So wird beispielsweise auf eine detaillierte Betrachtung der organisatorischen Aspekte der SI verzichtet und auch einzelne Themenschwerpunkte, wie etwa die Katastrophenvorsorge oder der Datenschutz, finden nur am Rande Berücksichtigung.

1.2 Stellenwert der Informationssicherheit

Der Stellenwert der SI ist in den einzelnen Unternehmungen bzw. Branchen unterschiedlich hoch und in erster Linie abhängig davon, in welchem Ausmaß eine Unternehmung ein »Informationsverarbeiter« ist. Banken und Versicherungen könnten überspitzt formuliert als reine Informationsmanager bezeichnet werden. Dieser Umstand und die Tatsache, dass die Banken mit Geld und Vermögenswerten von Kunden zu tun haben, machen bei ihnen die SI zu einem existenziellen Bereich [Vossbein 2003].[1]

Nicht zu unterschätzen ist das Thema SI allerdings auch in Branchen, die prima vista nicht zu den Informationsverarbeitern gehören, wie beispielsweise der Transportunternehmer, der für die Zuweisung von Fahrzeugen auf Bestellungen Informations- und Kommunikationssysteme einsetzt. Auch für diesen Unternehmer spielt die SI eine wichtige Rolle, und sie ist im Falle der Kommunikationseinrichtungen (z.B. Mobiltelefonie) auch größtenteils außerhalb seiner Einflussmöglichkeiten. Dieser letzte Aspekt der SI – die Abhängigkeit von externen Informationsdienstleistungen – hat in den letzten Jahren an Bedeutung und Beachtung gewonnen. Er ist im Informationssicherheits-Management der Unternehmung immer einzubeziehen.

1.3 Kritische Erfolgsfaktoren des Informationssicherheits-Managements

Für das gute Gelingen des Informationssicherheits-Managements im Unternehmen sind fünf Erfolgsfaktoren entscheidend:

1. Positionierung der SI durch die Unternehmensführung

Entsprechend ihrer Bedeutung für das Unternehmen muss die SI im Unternehmensleitbild verankert und in einer unternehmensweit gültigen Security-Policy festgehalten sein. Diese formale Voraussetzung allein genügt jedoch nicht; es braucht hinsichtlich Sicherheitszielsetzungen die sichtbare Unterstützung des Managements. Die Unternehmensführung muss sich im Prozess des Risikomanagements periodisch über die Informationssicherheitsrisiken und die Wirksamkeit von risikomindernden Maßnahmen orientieren lassen.

2. Zuweisung von Aufgaben und Verantwortungen im Umgang mit SI

Die Aufgabe der Spezialisten für SI ist es, die Sicherheitsarchitektur festzulegen, Standards der SI vorzugeben und die Umsetzung der erforderlichen Maßnahmen und Prozesse voranzutreiben. Sache jedes Mitarbeiters im Unternehmen ist es, die Sicherheitsrichtlinien einzuhalten oder Vorgaben in Systemlösungen oder Arbeitsprozessen umzusetzen.

---

1. Die Ausführungen im vorliegenden Artikel sind aufgrund der Herkunft des Autors stark von dieser Positionierung der IS bestimmt.

3. Sicherheitsbewusstsein bei allen Mitarbeitern
Kunden- und Geschäftsinformationen sind auf allen Stufen über das gesamte Unternehmen verteilt und somit ist SI Sache von allen Mitarbeitern. Sie müssen über den Stellenwert der SI orientiert und mit dem sicheren Umgang mit Informationen vertraut sein. Die SI ist Teil der Unternehmenskultur. Dieser Aspekt der SI kann nicht hoch genug bewertet werden – er ist der Grundpfeiler der SI. Dazu ist es notwendig, dass die Verantwortlichen für SI ein geeignetes Sicherheitsmarketing betreiben und für die notwendigen Ausbildungsmaßnahmen sorgen.

4. Existenz eines Risikomanagement-Prozesses
Die Innovation innerhalb und außerhalb der Unternehmung bewirkt eine ständige Veränderung der Informationssysteme und deren Einbindung in Informationsprozesse. Folge davon ist, dass die Informationssysteme periodisch bezüglich ihrer Verletzlichkeit und Bedrohungen neu zu beurteilen sind. Die Sicherheitsstandards und -maßnahmen sind periodisch zu überprüfen und nötigenfalls anzupassen. Dieser Prozess des Risikomanagements muss klar geregelt und in den übrigen Managementprozessen des Unternehmens integriert sein.

5. Allokation von Ressourcen zur Gewährleistung von SI
SI kann nicht nur auf das Mitarbeiterverhalten abgestützt bleiben. Informationssysteme müssen dedizierte Sicherheitsfunktionen beinhalten, und der sichere Betrieb von Informationssystemen setzt entsprechende Sicherheitssysteme voraus. Dies sind Vorkehrungen, die mit zum Teil erheblichen Kosten verbunden sind.

Wie groß der Aufwand für die Sicherheit der Informationssysteme tatsächlich ist und wie groß er sein darf, sind schwierige Fragen, denen nicht aus dem Weg gegangen werden kann. Wie ist beispielsweise der Imageschaden einzustufen, wenn sich das E-Banking einer Bank als unsicher erweisen sollte und Kunden tatsächlich zu Schaden kommen oder nur schon von dieser Schwachstelle Kenntnis erhalten? Trotzdem sind Maßnahmen zur Gewährleistung der SI immer auch unter Berücksichtigung von Kosten und Nutzen zu treffen. Dies erfordert einerseits auf der Kostenseite Transparenz und andererseits entsprechende Steuerungs- und Kontrollprozesse.

1.4 Herausforderungen im Zusammenhang mit Informationssicherheit

Um SI zu gewährleisten, sind immer wieder Zielkonflikte zu lösen und Interessen abzuwägen, beispielsweise:

- Innovation vs. Stabilität
- Time-to-Market vs. (Sicherheits-)Qualität
- dezentrale Verantwortung vs. zentrale Kompetenz
- Kosten senken vs. Schwachstellen in der SI beheben

Stabile Informationssysteme sind naturgemäß sicherer als solche, die einer hohen Änderungsrate ausgesetzt sind. Jeder Systemeingriff ist potenziell eine Fehlerquelle und somit eine potenzielle Gefährdung der SI. Gleichermaßen ist jede Innovation mit Unsicherheiten verbunden, sowohl in technischer Hinsicht als auch in Bezug auf die Betriebsabläufe.

Innovation lässt sich insbesondere dann in einen Wettbewerbsvorteil umwandeln, wenn es gelingt, als Erster damit auf dem Markt zu sein. Das heißt, Geschwindigkeit in der Umsetzung von technischer Innovation in neue Produkte und Dienstleistungen ist bedeutsam. Neue Produkte oder Technologien sind aber immer auch auf ihre Sicherheit hin zu untersuchen und allfällige Schwachstellen zu beheben bzw. zu umgehen. Das kann zeitaufwendig sein und oft auch zu Verzögerungen bei der Einführung neuer Produkte oder Dienstleistungen führen. Die Kosten solcher Verzögerungen sind denjenigen von überstürzter Einführung und damit möglicherweise unsicherer Produkte gegenüberzustellen.

SI hat dann die größten Chancen, wenn eine Architektur existiert, die umfassend ist und für

Konsistenz der Methoden, Standards sowie der eingesetzten Instrumente sorgt. Nur eine zentrale Kompetenz für Informations- (IT-)Sicherheit ist Garant dieser Zielsetzung. Die Umsetzung erfolgt in der Regel durch dezentralisierte Stellen. Damit ist das Risiko von Inkonsistenz und Unvollständigkeit verbunden – diejenigen, die umsetzen, sind ja in erster Linie für das Bereitstellen von Funktionalitäten und Dienstleistungen zuständig, und Sicherheit hat oft nicht höchste Priorität.

Sicherheitsfunktionen als Bestandteil von Informationssystemen – wie beispielsweise der Einbau von Redundanz zur Sicherstellung eines unterbrechungsfreien Betriebs oder dedizierte Sicherheitssysteme – können mit erheblichen Zusatzkosten für die eigentlichen Kernfunktionen verbunden sein. In einer Zeit, wo der Kostendruck hoch ist, gewinnt die Forderung nach Wirtschaftlichkeit auch für die Sicherheit an Gewicht. Allerdings gilt es gerade in solchen Diskussionen, Klarheit zu schaffen: Sicherheit ist nie ein Ziel für sich allein, sie ist Teil der Qualität einer Dienstleistung oder eines Produkts. Wenn diese Qualität wirtschaftlich nicht tragbar ist, heißt dies, dass das Produkt oder eben die Dienstleistung nicht vertretbar ist und *nicht*, dass die Sicherheit nicht tragbar ist.

2 Spannungsfelder für das Informationssicherheits-Management

2.1 New Technologies – New Threats

Die technische Innovation ist in vielen Fällen der Motor für neue Produkte, Dienstleistungen oder die Erschließung neuer Vertriebskanäle. E-Banking ist ein Beispiel für eine neue Dienstleistung und die gleichzeitige Nutzung neuer Vertriebskanäle: E-Banking via PC, mobile oder Smartphone.

Entscheidend für den Erfolg derartiger Produkte ist aus Kundensicht in erster Linie die Benutzerfreundlichkeit. Vermutlich weniger entscheidend für die erfolgreiche Einführung ist der Aspekt der Sicherheit. Sicherheit wird implizit erwartet und würde erst im Schadenfall, den es natürlich zu verhindern gilt, zu einem zentralen Aspekt.

Für das Management der SI heißt das Folgendes ([Rossbach & Locarek-Junge 2002], [Görtz & Stolp 1999]):

1. Sicherheit muss von der Produktidee bis zur Markteinführung die Lösungsentwicklung begleiten.
2. Die eingesetzten technischen Infrastrukturkomponenten müssen in Bezug auf ihre technische Sicherheit verstanden sein und den Anforderungen genügen können.
3. Die Sicherheitslösungen müssen einfach nutzbar sein bzw. sollen möglichst nicht behindern.
4. Die Produktverantwortlichen müssen die verbleibenden Restrisiken akzeptieren.
5. Die Risiken der Lösungen müssen während des gesamten Lifecycle laufend überwacht werden – mit neuen Erkenntnissen bezüglich Verletzlichkeit ist zu rechnen.
6. Gegebenenfalls muss auf neue Risiken sehr rasch und flächendeckend reagiert werden können.

Um diesen Forderungen genügen zu können, ist zum einen entsprechendes Know-how gefragt, zum anderen sind aber auch geeignete Prozesse erforderlich. Bei der Lösungsentwicklung ist dafür zu sorgen, dass die Spezialisten frühzeitig mitwirken, in der Betriebsphase die laufende Überwachung der technischen Risiken von eingesetzten Lösungen sicherstellen und vorbereitet sind, um auf allfällige Störungen rasch und wirkungsvoll reagieren zu können.

Gefordert sind also so genannte *New Threat Research* und *Incident Response Teams*, die Themen wie »Neu erkannte Sicherheitslücken in den eingesetzten Softwareprodukten«, »Denial of Service Attacks auf dem Internet«, »Hacker-Angriffe auf die eingesetzten Lösungen«, Viren etc. kompetent adressieren können.

2.2 SI ist jedermanns Sache – aber ein Thema für Spezialisten

Zwei Dinge sind im Kontext mit Informationssicherheits-Management von Bedeutung [Gora & Krampert 2002]:

1. Informations-(IT-)Sicherheit ist nur durch das Zusammenwirken aller im Informationsmanagement Beteiligter zu gewährleisten.
2. Informations-(IT-)Sicherheit ist eine Spezialdisziplin und somit ein Spezialistenthema.

Sinnvollerweise werden die Aufgaben zur Gewährleistung von SI in die Hauptphasen von Informationssystemen gruppiert:

- Bereitstellen,
- Betreiben und
- Nutzen

von Informationssystemen.

Bereitstellen von Informationssystemen

Zu Beginn steht in der Regel die Idee für ein neues Produkt oder eine neue Dienstleistung. Bevor es an die Umsetzung der Idee gehen kann, ist grob der Nutzen den Kosten und Risiken gegenüberzustellen. Als Best Practice empfiehlt sich in dieser Phase eine *First Cut Risk Analysis*. Mit ihrer Hilfe lassen sich Sicherheitsanforderungen frühzeitig erfassen und dokumentieren. Die Ergebnisse dieser Analyse erlauben es, die Entwicklung der Lösung nötigenfalls durch die Spezialisten für SI begleiten oder zumindest unterstützen zu lassen. Zu späte Berücksichtigung der Sicherheitsaspekte führt in aller Regel zu Verzögerungen und zu Mehrkosten bei der Entwicklung – neben Frustrationen und damit negativem Image der Sicherheit bei denjenigen, die für die Lösungsentwicklung verantwortlich sind.

Vor der eigentlichen Inbetriebnahme der Lösung garantiert ein Security Sign-off, dass die vom Auftraggeber und/oder den SI-Spezialisten eingebrachten Spezifikationen auch tatsächlich richtig implementiert worden sind.

Betreiben von Informationssystemen

Sicherheit für den Betrieb von Informationssystemen umfasst insbesondere die zwei Elemente:

- *Verfügbarkeit* der Systeme und
- Gewährleistung von Vertraulichkeit und Integrität der Informationen durch geeignete *Zugriffsschutz*mechanismen.

Die Verfügbarkeit der Systeme ist sehr früh im Design der Lösung festzulegen, denn sie ist wesentlich für die Betriebskosten verantwortlich. Es ist (u.a. betreffend Kosten) ein großer Unterschied, ob ein Informationssystem rund um die Uhr, 365 Tage pro Jahr mit höchster Verfügbarkeit und mit Real-Time-Informationen bereitzustellen und zu betreiben ist oder ob ein Auswertungssystem mit Tagesenddaten mit Zeitverzug auch akzeptabel wäre.

Unabhängig von solchen Einzelüberlegungen verlangt die Systemverfügbarkeit im Betriebsumfeld und Systemdesign nach Vorkehrungen, die hier nicht weiter vertieft werden sollen, die für das Informationssicherheits-Management aber vital und auch sehr kostenintensiv sind.

Weniger kostenintensiv, aber für die SI ebenso relevant sind die Maßnahmen zum Schutz der Produktionsdaten vor unerlaubten Zugriffen, sei es durch eigene Mitarbeiter und Prozesse oder durch Zugriffe von außen über Telekommunikationsinfrastrukturen. Dazu kommen nicht nur dedizierte Sicherheitssysteme wie Access-Control-Systeme, Firewalls und Verschlüsselungseinrichtungen zum Einsatz; es sind auch entsprechende Überwachungsvorkehrungen erforderlich. Stichworte hierzu sind Logging, Monitoring, Intrusion Detection Systems sowie Audits und Reviews.

Nutzen von Informationssystemen

Die Informationssysteme einer Unternehmung haben in der Regel immer einen »Besitzer« bzw. Auftraggeber, einen klaren Verwendungszweck und damit auch eine klar definierte Benutzergruppe.

Ein Prinzip der Sicherheit lautet »need to know/to do«. Um dieses Prinzip konsequent umzusetzen, ist Folgendes erforderlich:

- Der Informationsbesitzer muss die Daten klassifizieren.
- Der Informationsbesitzer muss festlegen, wer auf die Informationen in welcher Art zugreifen darf.
- Der Zugriff auf Informationssysteme durch Benutzer ist durch Zugriffsschutz und Rechteverwaltungssysteme abzusichern.
- Die erteilten Zugriffsrechte und Zugriffe sind kontinuierlich zu überwachen.

SI-Spezialisten

Alle diese Elemente für die Sicherheit von Informationssystemen sind nur dann Garanten eines insgesamt angestrebten Sicherheitsniveaus, wenn sie in einen konsistenten Rahmen der Informations- und IT-Sicherheit passen. Für diesen Rahmen, die dazugehörigen Standards, Methoden und Prozesse sind Spezialisten für die SI gefragt, die zuständig sind für

- die Architektur, Designvorgaben und Standards der SI,
- die Analyse der Sicherheitstechnologien und Methoden,
- die Bereitstellung von ausgewählten Sicherheitsfunktionen und -Services,
- die Beratung in Sicherheitsfragen,
- die Identifikation und Bewertung neuer Sicherheitsrisiken sowie für
- das Sicherheitsmarketing und die Sicherheitsausbildung.

Gelingt es nicht, diese Aufgaben effektiv und in Zusammenarbeit mit den jeweiligen Umsetzungs-Verantwortlichen wahrzunehmen, sind folgende Entwicklungen zu erwarten:

- Wenn die Vorgaben unzureichend kommuniziert oder durchgesetzt werden, entsteht Spielraum für Methodenstreit – in der Informatik ist bekanntlich jeder ein Spezialist – oder die Marschrichtung ist unklar, was zu Fehlinvestitionen führt.
- Wenn die Aufgaben der Spezialisten nicht wirkungsvoll in den Prozessen eingebaut sind, besteht die Gefahr, dass Sicherheit zum Flaschenhals und damit umgangen wird. Die Folge sind inkompatible und potenziell unsichere Lösungen.

2.3 Die Qual der Wahl: Risiken aufgrund komplexer Heterogenität oder Klumpenrisiken von Monokulturen

Natürlich sind die im Titel suggerierten Optionen in der Praxis keine Wahlmöglichkeiten, beide Situationen sind Realität:

- Eine Vielfalt von Infrastrukturelementen, die den Informationssystemen zugrunde liegen, ist durch deren Entwicklung über die Zeit hinweg gegeben. Zudem ist es unmöglich, die Vielfalt unterschiedlichster Anforderungen synchron in ein konsistentes Rahmenwerk zu integrieren.
- Monokulturen bzw. (Industrie-)Standardlösungen für große Funktionsbereiche sind in ausgewählten Bereichen erstrebenswert. Sie können mit tieferen Kosten verbunden sein oder setzen unternehmenseigene Ressourcen frei und sind relativ rasch verfügbar.

Es ist also mit beiden Situationen umzugehen.

Heterogene Systemumgebung

Eine Vielfalt von Systemen, Plattformen und Produkten prägen die Informationsinfrastrukturlandschaft. Trotzdem wird erwartet, dass für einzelne Informationssysteme die so genannte *End-to-End-Sicherheit* gewährleistet werden kann. Ein Geschäftsfall, durch einen dafür berechtigten Kunden via E-Banking oder durch Mitarbeiter initialisiert, muss demnach über alle involvierten Systeme hinweg sicher transportiert und abgewickelt sowie auch nachvollziehbar dokumentiert werden. Dies klingt einfach und einleuchtend. Die Umsetzung dieser Forderung ist jedoch bei einer gegebenen, historisch gewachsenen Systemumgebung eine große Herausforderung.

Die Sicherheit einer Transaktion über verschiedenste Kommunikationskanäle und Informationssysteme hängt vom abgestimmten Zusammenwirken folgender Sicherheitsfunktionen ab:

- Einwandfreie Identifikation und Authentisierung des Kunden oder Mitarbeiters durch Authentisierungsmechanismen wie beispielsweise Smartcard-basierte Challenge/Response-Funktionen oder Zertifikatslösungen (Userid und Passwort ergeben keinen ausreichenden Schutz der Benutzeridentifikation über öffentliche Netze und im per Default unsicheren Umfeld der Kunden).
- Schutz vor unerlaubter Einsichtnahme in Informationspakete oder deren Modifikation bei der Übermittlung vom Kunden zu den Informationssystemen der Bank (durch Verschlüsselung)
- Schutz der bankinternen Informationssysteme vor unerlaubten Zugriffen von außen (demilitarisierte Zone, Firewalls, Proxy-Server etc.)
- Autorisierungs- und Access-Control-Funktionen zur Freigabe der Kundentransaktion gegenüber den vielen involvierten Applikationssystemen, die wiederum durch weitere Sicherheitssysteme vor unerlaubtem Zugriff, zum Beispiel durch nicht autorisierte Programme oder Mitarbeiter, zu schützen sind
- Administrationsprozesse für die Verwaltung der Zugriffsautorisierungen

Die Sicherheit ist bekanntlich nur so gut wie das schwächste Glied in dieser langen Kette, und Schwachstellen sind in einer solchen Kette nicht auszuschließen. Schließlich sind alle diese Komponenten häufigen Modifikationen unterworfen, die nicht alle automatisierbar und damit fehleranfällig sind. Um solche Schwachstellen zu identifizieren, sind periodische Sicherheitsüberprüfungen (scans, penetration tests, reviews etc.) durch spezialisierte, unabhängige Fachleute erforderlich.

Situation beim Einsatz von Industrie-Standardlösungen

Es ist kein Geheimnis, dass die Software kaum je fehlerfrei sein kann, da es mit vertretbarem Aufwand nicht möglich ist, sie vollständig auszutesten. Mit dieser Tatsache lebt die Informatik seit Jahren.

Beim Einsatz von Industrie-Standardlösungen hat diese Tatsache in den letzten Jahren immer wieder für Schlagzeilen gesorgt. Was ist der Grund dafür?

Softwarepakete dieser Art haben eine enorme Verbreitung, und das Know-how bezüglich ihrer Innereien ist nur einer relativ kleinen Gruppe von Ingenieuren bekannt – den Herstellern nämlich. Hingegen ist durch die große Verbreitung eine gewaltige Population von »Testern«, eben Nutzer solcher Software, am Werk. Diese Tester bzw. Nutzer stellen sehr wohl Fehler oder Schwachstellen in der Lösung fest und machen diese auch umgehend den Herstellern und restlichen Nutzern bekannt. Da es aber unmöglich ist, solche erkannte Schwachstellen sofort zu korrigieren und neue Softwareversionen bei allen Nutzern auszubreiten, ist Angreifern Tür und Tor geöffnet, diese Verletzlichkeiten für ihre bösartigen oder spielerischen Neigungen auszunutzen (Virenattacken, Hacker etc.).

Die Abbildung 1 veranschaulicht, wie häufig die UBS AG im Jahr 2001 Virenattacken ausgesetzt war und welche Viren die größte Anzahl Attacken verursachten. Erfolgreiche Attacken dieser Art sind wegen der großen Verbreitung der Lösungen aus Sicht des Täters entsprechend wirkungsvoll bzw. mit entsprechend großen Schäden bei den Nutzern verbunden.

Die Abbildung 2 bringt zum Ausdruck, dass sich sowohl die Qualität der Sicherheitsmethoden als auch die der Angriffsversuche kontinuierlich weiterentwickelt. Stillstand bzw. Rückschritt bei den eingesetzten Sicherheitsmethoden führt daher zu großen SI-Risiken. Die Maßnahmen zum wirksamen Schutz gegen bösartige Attacken müssen laufend verbessert werden, um den immer ausgeklügelteren An-

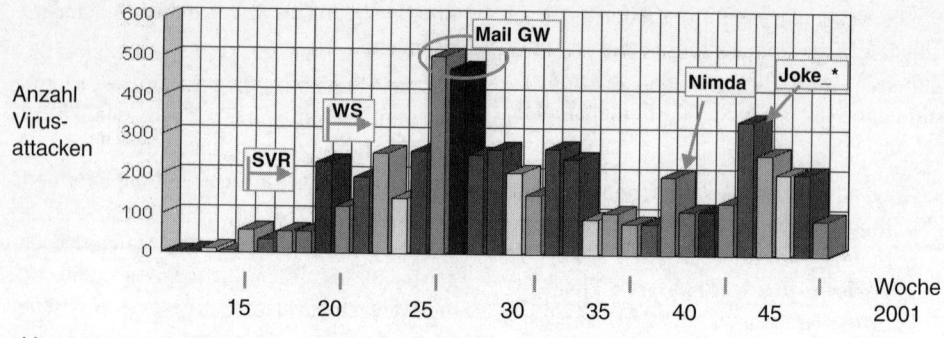

Abb. 1: Virusattacken bei UBS – Workstation- und Server-Statistik (ePO)

griffen auf die Informationssysteme standzuhalten. Nicht immer gelingt es, Attacken erfolgreich abzuwehren. Entscheidend in diesen Fällen ist eine professionelle, rasche Reaktion der Spezialisten.

Die Erfahrung zeigt, dass auch Informationssicherheitsrisiken dieser Art sich mit vernünftigem Aufwand auf ein akzeptables Restrisiko reduzieren lassen. Was es dazu braucht, sind:

- sichere Zugänge ins öffentliche Netz (Firewallsysteme mit unterschiedlichen Methoden und gegebenenfalls von verschiedenen Herstellern),
- laufendes, weitgehend automatisiertes Monitoring der Netzaktivitäten,
- aktuelle Virenscanner auf den Mail-Servern und Workstations,
- laufende Beobachtung der potenziellen neuen Bedrohungen,

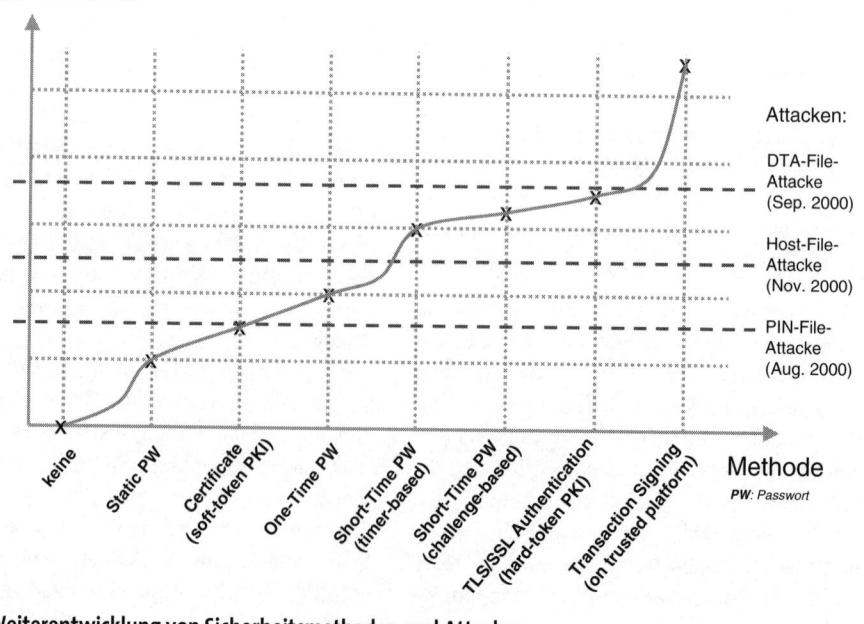

Abb. 2: Weiterentwicklung von Sicherheitsmethoden und Attacken

- gut funktionierendes Software-Release-Management,
- Ausbildung und Awareness sowie
- vorbereitete und getestete Prozesse für den Krisenfall und gute Zusammenarbeit aller beteiligten Fachleute.

2.4 Hohe Kosten – mit und ohne Sicherheit

Dienstleistungen einer Bank sind ohne Sicherheit undenkbar. Eine Bank, die das Vertrauen in die Sicherheit ihrer Dienstleistungen einbüßt, ist über kurz oder lang in ihrer Existenz gefährdet. Sichere Informationssysteme bilden also die Grundvoraussetzung für Kundenvertrauen und damit für den Geschäftserfolg eines Finanzdienstleistungsunternehmens. Die Kosten fehlender Sicherheit sind für die Bank enorm hoch einzustufen (Existenzbedrohung!); andererseits ist der Grenznutzen zusätzlicher Sicherheit ab einem bestimmten Punkt null oder gar negativ – zum Beispiel wenn Sicherheit zur Geschäftsverhinderung wird.

Die wichtigste Aufgabe des Informationssicherheits-Managements besteht folglich in der Bestimmung der wirtschaftlich optimalen Lösung für die Balance zwischen Risikoakzeptanz und Risikoreduktion durch geeignete Schutzmaßnahmen (siehe Abb. 3).

Abb. 3: Hohe Kosten – mit und ohne Sicherheit

Allerdings ist es auch Aufgabe des Informationssicherheits-Managements, die existenziellen Bedrohungen eines Finanzdienstleisters zu kennen und wo notwendig entsprechend aufwendige Schutzvorkehrungen stufengerecht entscheiden zu lassen. Informationssicherheitsrisiken dieser Dimension haben im Nachgang zum 11. September 2001 in vielen Finanzinstitutionen zu entsprechenden Diskussionen und Maßnahmen geführt.

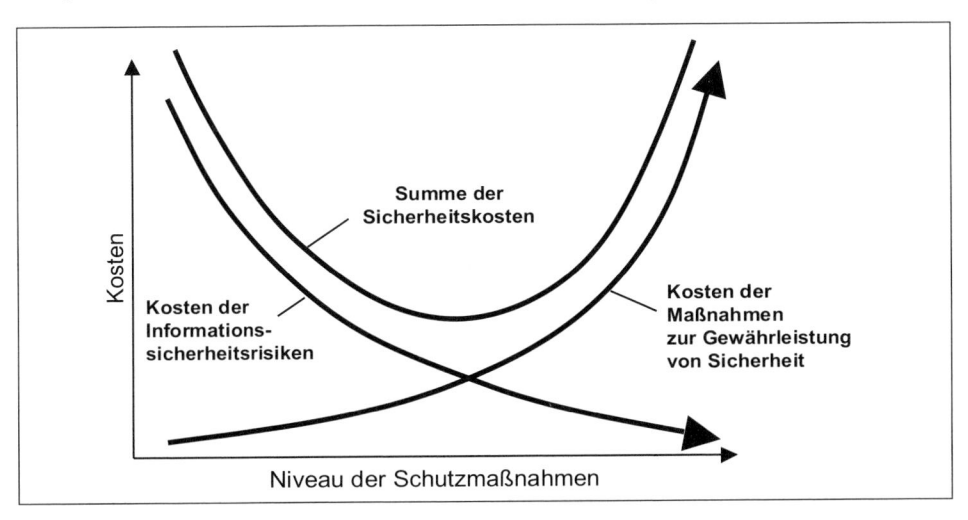

Für die tägliche Auseinandersetzung mit Informationssicherheitsrisiken sind die obigen modellhaften Aussagen natürlich nur von beschränktem Nutzen. Trotzdem ist dieses Grundprinzip des Risikomanagements immer im Auge zu behalten und bei allen anstehenden Sachentscheiden zu beachten. Im Einzelfall ist es angesagt, die Informationssicherheitsrisiken von Produkten oder neuen Lösungen genau zu analysieren, das heißt die Bedrohungen zu verstehen, die Bedeutung der in Frage stehenden Informationssysteme für die Dienstleistung des Unternehmens einzustufen, die Verletzlichkeit zu untersuchen und mögliche Schutzmaßnahmen zu evaluieren. Auf dieser Ebene sind Nutzen und Kosten von SI recht gut abschätzbar, und der optimale Einsatz von Mitteln zur Risikoeingrenzung lässt sich in etwa bestimmen. Diese Einschätzung hat immer durch den Verantwortlichen für das Produkt oder die Dienstleistung zu erfolgen, er – und nicht die SI-Spezialisten – hat das Restrisiko zu tragen.

3 Literatur

[Görtz & Stolp 1999] *Görtz, H.; Stolp, J.*: Informationssicherheit in Unternehmen – Sicherheitskonzepte und -lösungen in der Praxis. Addison-Wesley, München, 1999.

[Gora & Krampert 2002] *Gora, W.; Krampert, T. (Hrsg.):* Handbuch IT-Sicherheit – Strategien, Grundlagen und Projekte. Addison-Wesley, München, 2002.

[ISO/IEC 2000] *ISO/IEC (Hrsg.):* Information Technology – Code of practice for information security management. Genf, 2000.

[Rossbach & Locarek-Junge 2002] *Rossbach, P.; Locarek-Junge, H. (Hrsg.):* IT-Sicherheitsmanagement in Banken. Bankakademie-Verlag, Frankfurt am Main, 2002.

[Vossbein 2003] *Vossbein, R.:* Aspekte des IT-Sicherheitsmanagements in Banken – Strategieentwicklung, Notfallmanagement, Auditierung, http:// www.secure2003.de/artikel/Vossbein.pdf, Abruf am 05.06.2003.

Dr. oec. Hans-Peter Nägeli
UBS AG
IT Architecture & Business Support
Flurstraße 62
CH-8098 Zürich
hans-peter.naegeli@ubs.com
www.ubs.com

Jochen Scheeg, Uwe Pilgram

Integrierte Kostenbetrachtung für IT-Produkte

Der Beitrag beschreibt einen Ansatz für die integrierte kostenmäßige Betrachtung von IT-Produkten. Unter Berücksichtigung der wechselseitigen Beziehungen zwischen Softwareentwicklung und IT-Produktion wird eine integrierte Entscheidungsmatrix erstellt, die eine Kalkulation von IT-Produkten ermöglicht. Mit Hilfe der Entscheidungsmatrix kann durch eine erhöhte Transparenz zwischen IT-Entwicklung und IT-Produktion und durch eine enge Abstimmung und kostenmäßige Berücksichtigung der wechselseitigen Abhängigkeiten für spezifische Realisierungsmöglichkeiten die Effizienz der IT-Leistungserstellung erhöht werden.

Inhaltsübersicht

1 Ausgangssituation
2 Integrierte Entscheidungsmatrix zur Entscheidungsunterstützung
  2.1 Grundlagen
  2.2 Integrierte Entscheidungsmatrix
3 Ermittlung des Inputs für eine integrierte Entscheidungsmatrix
  3.1 Input durch IT-Entwicklung
  3.2 Input durch IT-Produktion
4 Literatur

1 Ausgangssituation

Es liegt in der Verantwortung des Informationsmanagements, mit einer umfassenden und ganzheitlichen Sicht alle Potenziale der IT im Unternehmen zu heben [Brenner 1994]. Die historisch gewachsenen Managementkonzepte in der IT führen in der Praxis zu Ineffizienz und Ineffektivität bei der Erstellung und Nutzung von IT-Leistungen. Transparenz über die Kosten entsteht zumeist erst nach der Verrechnung. Obwohl die Kosten für IT in den Unternehmen heute einen beträchtlichen Anteil ausmachen, sind im Informationsmanagement keine umfassenden Kostenmanagementkonzepte entstanden.

Sowohl IT-Entwicklung als auch IT-Produktion benutzen eigenständige Produktbegriffe, die deren separate Leistungen beschreiben. Produkte der IT-Entwicklung sind traditionell Projekte oder Anwendungen. In der IT-Produktion werden mit dem Produktbegriff vor allem technische Leistungsgrößen, wie bspw. »Million Instructions per Second (MIPS)«, »Gigabyte Speicherplatz«, »Gigabyte übertragene Daten«, oder als kundenorientiert bezeichnete Größen, wie bspw. »Betrieb einer Anwendung«, und Einhaltung von Servicevereinbarungen (Service Level Agreements) verbunden.

Die Kalkulation und Abrechnung der IT-Leistungen der Entwicklung und IT-Produktion erfolgen heute überwiegend eigenständig und unabhängig. Dies wird nicht zuletzt durch die Aufrechterhaltung eigenständiger und separater Geschäftsbeziehungen zu den Leistungsabnehmern verdeutlicht.

Die zunehmende Kundenorientierung in der IT und die Forderung nach einem effizienten Management von IT-Ressourcen setzen eine integrierte Sicht von IT-Entwicklungs- und IT-Produktionsleistungen voraus. Der im Folgenden dargestellte Ansatz einer integrierten Entscheidungsmatrix beschreibt eine Basis für die Schaffung einer derartigen integrierten Sicht. Neben den konzeptionellen Grundlagen wird die konkrete Umsetzung anhand eines durchgängigen Praxisbeispiels erläutert.

2 Integrierte Entscheidungsmatrix zur Entscheidungsunterstützung

2.1 Grundlagen

IT-Produkte

Ausgangspunkt für das Verständnis von IT-Produkten ist die Definition des Produktes als Leis-

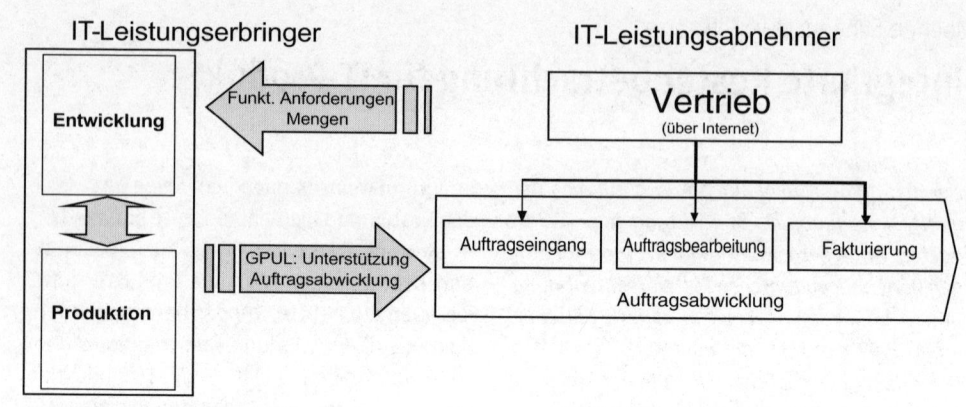

Abb. 1: IT-Leistungsabnehmer und IT-Leistungserbringer

tung, das die Bedürfnisse eines Kunden befriedigt und einen Nutzen erzielt [Kotler 2002]. Der Nutzen für den Kunden, also Leistungsabnehmer, liegt in der Unterstützung seiner Geschäftsprozesse. IT-Produkte werden aus diesem Grund im Folgenden als Geschäftsprozessunterstützungsleistung (GPUL) betrachtet.

Das in Abbildung 1 gezeigte und im Folgenden kurz beschriebene Beispiel dient als Grundlage für die weiteren Ausführungen. Ein IT-Leistungsabnehmer fragt für die Erweiterung seines Vertriebs um einen Internet-Vertriebskanals eine GPUL nach. Der Vertriebsprozess umfasst die Teilprozesse Auftragseingang, Auftragsbearbeitung und Fakturierung. Alle Teilprozesse sollen durch ein IT-Produkt unterstützt werden. Die nachgefragte GPUL lässt sich hier somit als »Unterstützung Auftragsabwicklung« bezeichnen. Die fachlichen Anforderungen für alle diese Teilprozesse sind bekannt und präzise beschrieben. Aufgrund einer Marktstudie liegen dem IT-Leistungsabnehmer Schätzungen über die zu erwartenden Umsätze dieses Kanals und Internet-Besucherzahlen vor.

Um diese Kundennachfrage zu befriedigen, hat der IT-Leistungserbringer die Aufgabe, eine Lösung in Form von GPUL für den Kunden bereitzustellen und zu betreiben. Für die Bereitstellung der nachgefragten GPUL sind Leistungen der IT-Entwicklung und IT-Produktion durch den IT-Leistungserbringer zu kombinieren. Die einzelnen Teilleistungen von Entwicklung und Produktion stiften für den Kunden ohne deren Kombination keinen Nutzen.

Alternativen der IT-Entwicklung und IT-Produktion

Sowohl für die IT-Entwicklung als auch für die IT-Produktion existieren jeweils mehrere alternative Möglichkeiten für die Realisierung der GPUL. Dabei bildet die geschäftsorientierte Mengenplanung des IT-Leistungsabnehmers eine wichtige Grundlage für die Auswahl der technischen Konzepte und Realisierungsmöglichkeiten.

In der IT-Entwicklung reichen die Realisierungsmöglichkeiten (Entwicklungsalternativen) von der Erstellung einer Anwendung, die alle drei Teilprozesse unterstützt, bis hin zu einer Mehrzahl von Einzelanwendungen, die zu einem späteren Zeitpunkt für den Kunden zu einer Lösung zusammengeführt, d.h. integriert werden. Grundsätzlich ergeben sich die unterschiedlichen Gestaltungsmöglichkeiten aus folgenden Gestaltungsparametern:

- Technische Plattform der Realisierung
- Architektur bzw. Architekturdesign
- Programmiersprache
- User-Interface-Design (bspw. Dialogfolge)

Ebenso wie in der Entwicklung existieren für das Betreiben dieser Lösungen unterschiedliche

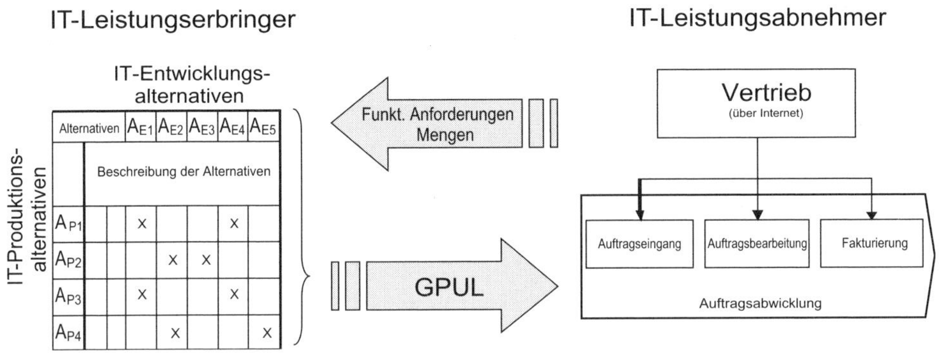

Abb. 2: Matrix der Realisierungsalternativen

Alternativen. In Abhängigkeit der funktionalen Anforderungen und den prognostizierten (Geschäfts-)Mengen ergeben sich Auswahlmöglichkeiten für technisch unterschiedliche Systeme, bspw. Serversysteme mit unterschiedlichen Betriebssystemen (Produktionsalternativen). Teilweise bedingen spezifische Alternativen der IT-Entwicklung die Produktionsplattform. Trotz dieser Einschränkung der Auswahlmöglichkeiten für die IT-Produktion bestehen dennoch weiterhin unterschiedliche Produktionsalternativen. Dies gilt insbesondere mit Blick auf die Skalierbarkeit, Verfügbarkeit oder Sicherheit der verschiedenen technischen Systeme.

Die konkrete Gestaltung der Produktionsalternativen basiert auf der Auswahl und Konfiguration der folgenden Komponenten:

- Hardware
- Systemnahe Software (insbesondere Betriebssysteme)
- Speichermedien
- Netzinfrastruktur

Sowohl für Leistungen der IT-Entwicklung als auch der IT-Produktion kann der IT-Leistungserbringer auf Lieferanten zurückgreifen. Je nach Art und Ausprägung des Fremdbezugs sind die entsprechenden Varianten der eingekauften Leistungen der IT-Entwicklung und IT-Produktion als Alternativen aufzuführen.

Für die Kombination der Entwicklungsalternativen mit den Alternativen für die IT-Produktion gibt es u.a. technische, organisatorische, ressourcenbezogene und unternehmensspezifische Einschränkungen. Die tatsächlichen Kombinationsmöglichkeiten sämtlicher Entwicklungsalternativen und Produktionsalternativen lassen sich in übersichtlicher Form in einer Matrix darstellen.

Abbildung 2 zeigt eine solche Matrix. Sie ist aufgespannt mit den beiden Dimensionen »Alternativen der Entwicklung« und »Alternativen der Produktion«. Die Entwicklungsalternativen sind horizontal, die alternativen Produktionsmöglichkeiten vertikal eingeordnet. Zu unterscheiden sind realisierbare und nicht realisierbare Alternativen. Die nicht realisierbaren Alternativen sind mit »X« gekennzeichnet.

Das Ergebnis der beschriebenen Matrix ist eine Übersicht über die realisierbaren GPULs in Form einer ersten integrierten Sicht. Die Betrachtung der Machbarkeit allein leistet jedoch noch keinen Beitrag zu weiterführenden Potenzialen oder einer Verbesserung der Effizienz. Daher wird diese Betrachtung im Folgenden um Kosteninformationen erweitert.

Kosten der Alternativen

Die Geschäftsmengenplanung seitens des IT-Leistungsabnehmers spielt wie beschrieben eine zentrale Rolle. Sie bildet die Grundlage für die Auswahl der technischen Konzepte und Realisierungsmöglichkeiten und somit auch deren Kosten. Dies gilt gleichermaßen für die IT-Entwicklung als auch die IT-Produktion. Je genauer die Mengenplanung den später in der Nutzung tatsächlich erreichten Mengen entspricht, umso geringer ist die Gefahr einer falschen Dimensionierung der Anwendung bzw. Anwendungen und Systeme der IT-Produktion.

Im oben beschriebenen Beispiel entstehen bei einer Überdimensionierung Kosten für nicht genutzte, aber vorgehaltene Kapazitäten, für den Fall einer Unterdimensionierung entstehen üblicherweise Opportunitätskosten, wie bspw. durch lange Antwortzeiten abgebrochene Bestellungen und damit im Extremfall entgangene Umsätze.

Entwicklungsalternativen und Produktionsalternativen und jede mögliche Kombination dieser Alternativen verursachen bei der Erstellung der GPUL unterschiedlich hohe Kosten. Die zentralen Einflussgrößen auf die Kosten der Entwicklungsalternativen sind neben dem Umfang der GPUL die Anzahl der Verbindungsstellen und die Qualifikation des Personals der IT-Entwicklung. Die Kosten des Betriebes werden ebenfalls durch den Umfang der spezifizierten GPUL bestimmt. Die Qualität der Entwicklungsleistung ist dabei von zentraler Bedeutung. Je ressourcenschonender und wartungsfreundlicher die zugrunde liegende Anwendung bzw. die Anwendungen programmiert sind, desto geringer sind die Kosten der Produktion.

Neben den Komponentenkosten der Produktionsalternativen und der programmiertechnischen und architekturbezogenen Qualität der IT-Entwicklungsleistungen wird die Höhe der Produktionskosten auch durch folgende Punkte beeinflusst. Existieren für eine Produktionsalternative bereits Kapazitäten und sind diese nicht voll ausgelastet, ist eine Produktion auf »Rest-«Kapazitäten gegebenenfalls kostengünstiger. Durch die Standardisierung der Produktionsumgebung können die Produktionskosten sowohl bei den technischen Plattformen als auch bei den Personalkosten gesenkt werden. Umgekehrt bedeutet dies, dass eine hohe Flexibilität der Produktionskapazitäten tendenziell höhere Produktionskosten nach sich zieht. Geht man davon aus, dass die IT-Produktion in Bezug auf den Betrieb von Anwendungen flexible Produktionsfaktoren (technische Plattformen und Personal) einsetzt, so sind die Kosten nicht eindeutig planerisch bestimmbar.

In Abhängigkeit sämtlicher Einflussgrößen der derzeit betriebenen und künftig zu betreibenden Anwendungen verändern sich die anzunehmenden Kosten [Mayer 1998]. Aufgabe der IT-Produktion ist die Darstellung und betriebswirtschaftliche Bewertung der einzelnen Alternativen.

Als Zielsetzung des IT-Leistungserbringers kann eine möglichst effiziente, d.h. kostengünstige Herstellung der GPUL unterstellt werden. Hierfür sind die Entwicklungs- und Produktionsalternativen unter Berücksichtigung ihrer kostenmäßigen wechselseitigen Abhängigkeiten zu berücksichtigen und die Gesamtkosten zu optimieren. Die im Folgenden dargestellte Entscheidungsmatrix beschreibt einen Weg und die Anforderungen zum Erreichen dieses Ziels.

2.2 Integrierte Entscheidungsmatrix

Für eine effiziente Herstellung der GPUL ist eine integrierte Betrachtung der Gesamtkosten entscheidend. Diese Transparenz lässt sich durch die Übertragung des in der japanischen Fertigungsindustrie verbreiteten Instruments der Kostentabellen [Yoshikawa et al. 1990] übertragen. Das Ergebnis dieser Übertragung stellen integrierte IT-Entscheidungsmatrizen dar. Nachfolgend soll eine solche IT-Entscheidungsmatrix exemplarisch für das gewählte Beispiel erstellt werden.

Die Basis bilden die oben aufgeführten Grundlagen der IT-Produkte, der Geschäftsmengenplanung für die GPUL und die Beschreibung der Alternativen der IT-Entwicklung und IT-Produktion sowie deren kostenrechnerische Bewertung. Die integrierte Entscheidungsmatrix (Abb. 3) stellt eine Ergänzung der Matrix der Realisierungsalternativen (Abb. 2) um Kosteninformationen dar. Sie bezieht sich explizit auf die

Integrierte Kostenbetrachtung für IT-Produkte

Funktionale Anforderungen d. Nutzers

Gesamtkosten p.a. Alternativenpaar
$K_{ges} = K_{En} + K_{PEn}$

K_{En} Entwicklungskosten der Alternative A_{En}

$K_{PEn} = f(A_{En})$ Entwicklungsspezifische Produktionskosten je Produktionsalternative A_{Pn}

Altern. Produktion \ Altern. Entwicklung		A_{E1}	A_{E2}	A_{E3}	A_{E4}	A_{E5}
	Koster	1 Mio	2 Mio	12 Mio	3 Mio	8 Mio
A_{P1}		X	15 Mio (2 + 13)	17 Mio (12 + 5)	X	20 Mio (8 + 12)
A_{P2}		8 Mio (1 + 7)	X	X	13 Mio (3 + 10)	24 Mio (8 + 16)
A_{P3}		X	14 Mio (2 + 12)	25 Mio (12 + 13)	X	21 Mio (8 + 13)
A_{P4}		5 Mio (1 + 4)	X	24 Mio (12 + 12)	20 Mio (3 + 17)	X
Min		5 Mio	14 Mio	17 Mio	13 Mio	20 Mio

Betrachtungszeitraum: 4 Jahre

Kombination technisch nicht realisierbar

Kostenminimale Kombination

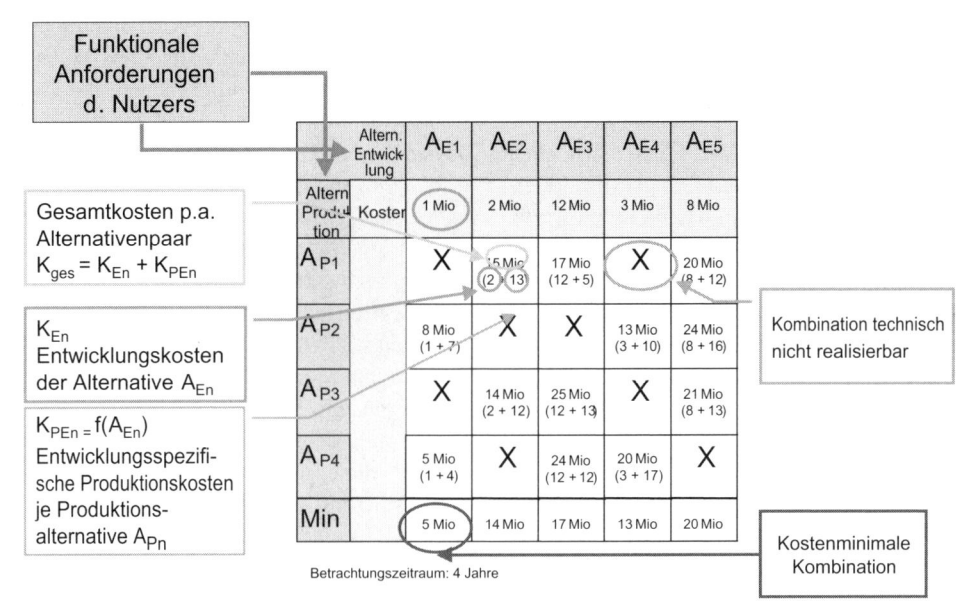

Abb. 3: Integrierte Entscheidungsmatrix

Herstellkosten der GPUL und bezieht sich im Sinne einer Lebenszyklusorientierung auf eine geplante Nutzungsdauer von vier Jahren.

Den Inhalt der Zellen bilden die prognostizierten Kosten der IT-Entwicklung und IT-Produktion für den abgegrenzten Betrachtungszeitraum von vier Jahren in Euro. Eine spezifische Zelle beschreibt die Kosten der Entwicklung einer spezifischen Alternative (K_{En}) und die Produktionskosten dieser spezifischen Entwicklungsalternative (K_{PEn}) über den gesamten geplanten Nutzungszeitraum. Die Gesamtkosten (K_{ges}) eines Alternativenpaares sind jeweils die Summe der Entwicklungskosten einer spezifischen Alternative (K_{En}) und der zugehörigen Produktionskosten (K_{PEn}). Nicht realisierbare Alternativen sind auch hier mit »X« gekennzeichnet.

Die Entwicklung und der Aufbau der integrierten Entscheidungsmatrix vollziehen sich in den folgenden drei Schritten:

In einem ersten Schritt sind die Kosten der Entwicklungsalternativen zu bestimmen. Dabei gilt, dass die Kosten einer Entwicklungsalternative über sämtliche Produktionsplattformen hinweg als konstant angenommen werden. Sind mehrere Entwicklungsalternativen hinsichtlich ihrer technischen Ausprägungen identisch, unterscheiden sie sich jedoch hinsichtlich ihrer Kosten, so handelt es sich in der Entscheidungsmatrix um zwei unterschiedliche Alternativen. Dieser Fall kann in der Praxis dann auftreten, wenn bspw. für unterschiedliche Alternativen der Entwicklung die gleiche Entwicklungsplattform gewählt wird, die Softwarearchitektur aber aufgrund unterschiedlicher Annahmen hinsichtlich der Skalierung anders gewählt wird und somit ein anderer Entwicklungsaufwand entsteht.

In einem zweiten Schritt werden auf Basis der Beschreibungen der Entwicklungsalternativen die Produktionskosten für jede Entwicklungsalternative bestimmt. Bei den Produktionskosten (K_{PEn}) handelt es sich um Kosten, die abhängig von der jeweiligen Entwicklungsalternative je Produktionsalternative, wie oben ausgeführt, variieren können.

Im dritten Schritt werden dann die Gesamtkosten jeder spezifischen Realisierungsmöglichkeit einer Entwicklungsalternative mit der zugehörigen Produktionsalternative aufsummiert, um die Gesamtkosten einer jeden (möglichen) Kombination von Entwicklungs- und Produktionsalternativen zu ermitteln.

Gegebenfalls sind die Stückkosten einer GPUL für den IT-Leistungserbringer von Interesse. Beispielsweise, wenn das Preismodell zwischen IT-Leistungserbringer und IT-Leistungsabnehmer auf Basis einzelner Geschäftsvorfälle gewählt wird. In einem solchen Fall können dann die Stückkosten durch Division der ermittelten integrierten Gesamtkosten durch Division mit den geplanten Nutzungsmengen der GPUL ermittelt werden.

Nutzung der integrierten Entscheidungsmatrix

Abbildung 3 zeigt für das Beispiel eine starke Streuung in den integrierten Gesamtkosten. Im definierten Betrachtungszeitraum von vier Jahren reicht die Bandbreite von 5 Mio. € bis hin zu 25 Mio. €. Die mit »Min« gekennzeichnete Zeile der Matrix zeigt die minimalen Herstellkosten einer Entwicklungsalternative im Betrachtungszeitraum als Summe. Das Minimum dieser Zeile beschreibt die kostenminimale Kombination. Die Kosten dieser Kombinationen betragen zwischen 5 Mio. € und 20 Mio. €.

Bereits bei den Entwicklungsleistungen können große Unterschiede zwischen den verschiedenen Alternativen auftreten. Mögliche Gründe für solche Differenzen sind auf die o.a. Einflussgrößen zurückzuführen. In unserem Beispiel ist hier insbesondere die Dimensionierung der Anwendung in Bezug auf die mögliche Nutzung der GPUL im Vergleich zur tatsächlich benötigten Nutzung zu nennen.

Auch zwischen den verschiedenen Produktionsalternativen können große Unterschiede bezüglich der Kosten für den Betrieb einzelner Entwicklungsalternativen auftreten. Es hat sich in der Praxis gezeigt, dass standardisierte Produktionsalternativen zu geringeren Kosten führen als vergleichsweise wenig standardisierte Produktionsumgebungen.

Aus den Zahlen sind nicht unmittelbar Handlungsempfehlungen abzuleiten. Die Entscheidungsmatrix und insbesondere die Darstellung der kostenminimalen Kombinationen dienen der Entscheidungsunterstützung. Es ist nicht zwingend erforderlich, eine kostenminimale Lösung zu realisieren. Die Entscheidungen sind im unternehmensspezifischen Kontext zu treffen, der weitere Kriterien, Erfolgsfaktoren und Erwartungen enthalten kann.

An dieser Stelle sei mit Blick auf das Beispiel darauf hingewiesen, dass der IT-Leistungserbringer mit dem Ziel, weitere Kunden mit identischen Anforderungen zu gewinnen, bewusst eine überdimensionierte Lösung für die GPUL »Unterstützung Auftragsabwicklung« auswählen kann. Ist, wie hier unterstellt, Kostenminimierung für das Produkt »Unterstützung Auftragsabwicklung« das Ziel, so ist die kostengünstigste Alternativenkombination mit (Gesamt-)Kosten in den nächsten vier Jahren in Höhe von 5 Mio. € auszuwählen.

Szenarien

Die unternehmerische Praxis ist gekennzeichnet von komplexen Entscheidungssituationen, die sich aus getroffenen Annahmen und den damit verbundenen funktionalen Anforderungen ergeben. Mögliche Parameter, die Einfluss auf die Ausgestaltung der Lösungsalternativen nehmen, sind beispielsweise Zeithorizont, (Mindest-)Abnahmemengen, Verfügbarkeit und Performance. Die unterschiedlichen Ausprägungen dieser Parameter lassen sich als Sets von Anforderungen angeben. Jedes Set kann in einer eigenen Entscheidungsmatrix beschrieben werden. Damit stellt jede Matrix ein spezifisches Einsatzszenario dar.

Szenarien sind voneinander unabhängig und beschreiben Lösungen für spezifische Situationen und Zwecke. Die Qualität der Entscheidungsunterstützung der unterschiedlichen Szenarien hängt wesentlich davon ab, inwieweit es gelingt, die Abhängigkeiten zwischen den Alternativen der Entwicklung und der Produktion zu isolieren. Falls wechselseitige Abhängigkeiten zwischen funktionalen Anforderungen bestehen, sind diese in einer GPUL zusammenzufassen und in der Matrix als *eine* Lösungsalternative darzustellen.

3 Ermittlung des Inputs für eine integrierte Entscheidungsmatrix

Die integrierte Entscheidungsmatrix beschreibt eine Verbindungsstelle zwischen den Leistungen der IT-Entwicklung und der IT-Produktion. Ihr Nutzen hängt unmittelbar von der Qualität der Kostenprognosen und der Bestimmung der verursachungsgerechten Ressourceninanspruchnahmen sowohl der IT-Entwicklung als auch IT-Produktion ab. Im Folgenden sollen daher die Anforderungen für die Erstellung einer aussagefähigen Entscheidungsmatrix dargestellt werden. Eine integrierte Kostenbetrachtung stellt neue Anforderungen an die Kalkulationen sowohl für IT-Entwicklungsleistungen als auch IT-Produktionsleistungen.

3.1 Input durch IT-Entwicklung

Aus der integrierten Entscheidungsmatrix ergeben sich zwei neue Anforderungen an die Kalkulation von IT-Entwicklungsleistungen:

1. (Re-)Definition bzw. Abgrenzung des Gegenstandes der Kostenprognosen und -schätzungen als Teil für die Bereitstellung von GPUL.
2. Einsatz von Instrumenten und Verfahren des Software Performance Engineering (SPE) für die Prognose der IT-Produktionsressourcen-Inanspruchnahme.

Für die Prognose und Planung von Kosten von IT-Entwicklungsleistungen, insbesondere für Projekte und Anwendungen, sind in der Vergangenheit mehr als 20 verschiedene Verfahren entwickelt worden [Boehm et al. 1998]. Die zentralen Einflussgrößen für die Schätzung sind entweder Einflussfaktoren aus den zu entwickelnden Anwendungen, wie bspw. Umfang und Komplexität, oder Einflussfaktoren aus dem Entwicklungsprozess, wie bspw. Projektdauer oder Entwicklungsumgebung [Hermann 1990].

Der Detaillierungsgrad (Granularität) der Kostenschätzungen ist abhängig von den vom Kunden nachgefragten GPUL. In Abhängigkeit der Nachfrage und Anforderungen der Kunden kann es sich dabei um Teile von Anwendungen ebenso handeln wie um eine anwendungsübergreifende Betrachtung. In unserem Beispiel für die Unterstützung der Auftragsabwicklung sind die Gesamtkosten der IT-Entwicklungsleistung für die GPUL »Unterstützung Auftragsabwicklung« die entscheidende Größe.

Das Ergebnis der Prognose und Planung von Kosten der Entwicklungsalternativen bildet die Inputgröße der IT-Entwicklung für eine spezifische Entwicklungsalternative einer GPUL, die in die integrierte Entscheidungsmatrix zu übernehmen ist.

Das SPE schafft die Grundlage für eine weitere Veränderung zur Erreichung einer integrierten Kostensicht. Aus der Erkenntnis, dass die Vorgehensweise des »fix it later« in der IT-Entwicklung schwierig und kostenintensiv ist, wurde die Disziplin des SPE entwickelt. Potenzielle Performance-Probleme einer Anwendung werden vor der Implementierung erkannt, lokalisiert und beseitigt. Der Begriff »Performance« kennzeichnet hier im Wesentlichen das Antwortzeitverhalten der Systeme in der IT-Produktion unter Berücksichtigung der geplanten IT-Produktionsmengen bzw. Benutzerzahlen [Smith 2001].

In den letzten Jahren wurde für das SPE eine Reihe von Methoden entwickelt, um die Performance und die Ressourcenauslastung von Anwendungen zu prognostizieren. Einen Überblick über diese Methoden gibt Abbildung 4.

Abbildung 5 zeigt in Anlehnung an [Müller-Clostermann & Vilents 2001] einen Ausschnitt aus einer Software-Performance-Prognose auf Basis von (Last-)Simulation. Für eine spezifische IT-Entwicklungsalternative sind die konkreten

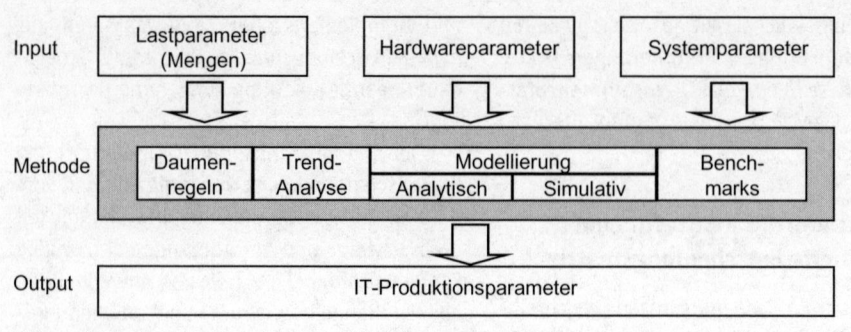

Abb. 4: Methoden des SPE und Kapazitätsmanagement [Müller-Clostermann & Vilents 2001]

Produktions-alternative A_n	Messgrößen	Nutzung [in %]	Restkapazität [in %]
Servertyp A	Anzahl Transaktionen pro Sekunde	24	76
Netztyp B	Anzahl Mbits pro Sekunde	9	91
File-Server-Typ C	Anzahl Transaktionen pro Sekunde	34	66

Abb. 5: Ressourcennutzung einer Entwicklungsalternative auf einer Produktionsalternative

Nutzungswerte für eine spezifische IT-Produktionsalternative ermittelt worden.

Das SPE konzentriert sich bislang auf die Optimierung von Antwortzeiten von Anwendungen, jedoch können die gewonnenen Informationen über die Ressourcennutzung auch als Grundlage für die kostenrechnerische Bewertung der Produktionskosten von GPUL herangezogen werden.

2.1 Input durch IT-Produktion

In der IT-Produktion ist eine Abkehr von der traditionellen und weit verbreiteten Bereitstellung und Abrechnung von Kapazitäten für den Kunden hin zu einer Bewertung und Abrechnung der gelieferten IT-Produkte erforderlich. Bei der Erstellung der integrierten Entscheidungsmatrix ist die IT-Produktion verantwortlich für die Kalkulation der IT-Produktionskosten einer GPUL. Ausgangspunkt für die Kalkulation sind dabei die Schätzungen und Planungen der IT-Entwicklung, wie sie in Abbildung 5 skizziert sind. Kern der Kalkulation ist die kostenrechnerische Bewertung der prognostizierten Ressourceninanspruchnahmen. Unter Berücksichtigung der prognostizierten Abnahmemengen können unterschiedliche technische Plattformen kalkuliert werden.

Da die Kostenstruktur der IT-Produktion im Wesentlichen den fixen Gemeinkosten zugeordnet werden können, müssen Verfahren und Systeme etabliert sein, die eine verursachungsgerechte Unterscheidung von vorhandener Kapazität zur genutzten Kapazität erlauben. Grundlage hierfür bietet eine Unterscheidung von Nutz- und Leerkosten, die es erlaubt, Elemente einer Teilkostenrechnung in der IT-Produktion anzuwenden [Mai 1996]. Mit einer ergänzenden Prozesskostenrechnung kann die Zurechnung von Kosten weiterhin präzisiert werden [Fürer 1994]. Die Prognose der Ressourceninanspruchnahme, wie in Abbildung 5 dargestellt, liefert hierfür die Grundlage.

In der Fertigungsindustrie sind im Zuge der Durchdringung der Produktionsstätten mit flexiblen Fertigungsautomaten eine Reihe von Konzepten für die Bewertung und Kalkulation von Produktionsschritten und Produkten entstanden [Mayer 1998]. Im Hinblick auf die Anpassung der IT-Produktionskostenrechnung können diese Ansätze Hilfestellung leisten.

Literatur

[Boehm et al. 1998] *Boehm, B.; Abts, C.; Chulani, S.:* Software Development Cost Estimation Approaches – A Survey, 1998.

[Brenner 1994] *Brenner, W.:* Konzepte des Informationssystem-Managements. Physika-Verlag, 1994.

[Fürer 1994] *Fürer, P. J.:* Prozesse und EDV-Kostenverrechnung: Die prozessbasierte Verrechnungskonzeption für Bankrechenzentren, 1994.

[Herrmann 1990] *Herrmann, O.:* Verfahren der Aufwandsschätzung bei der Entwicklung von Anwendungssystemen. In: Handbuch der Wirtschaftsinformatik, hrsg. von Kurbel, K. u. Strunz, H., Stuttgart, Poeschel, 1990.

[Kotler 2002] *Kotler, Ph.:* Marketing Management. 11. Auflage, Prentice Hall, 2002.

[Mai 1996] *Mai, J.:* Konzeption einer controllinggerechten Kosten- und Leistungsverrechnung für Rechenzentren. Lang, Frankfurt am Main, 1996.

[Mayer 1998] *Mayer, R.:* Kapazitätskostenrechnung: Neukonzeption einer kapazitäts- und prozessorientierten Kostenrechnung. München, Vahlen, 1998.

[Müller-Clostermann & Vilents 2001] *Müller-Clostermann, B.; Vilents, M.:* Modellexperimente mit VITO. In: Müller-Clostermann, B. (Hrsg.): Kursbuch Kapazitätsmanagement. Essen, 2001.

[Smith 2001] *Smith, C.:* Origins of Software Performance Engineering: Highlights and Outstanding Problems. In: Dumke, R.; Rautenstrauch, C.; Schmietendorf, A.; Scholz, A. (Hrsg.): Performance Engineering, State of the Art and Current Trends. Springer-Verlag, 2001, S. 96-118.

[Yoshikawa et al. 1990] *Yoshikawa, T.; Innes, J.; Mitchell, F.:* Cost Tables: A Foundation of Japanese Cost Management. Journal of Cost Management, 4. Jg. 1990, Fall, S. 30-36.

Dipl. oec. Jochen Scheeg
Deutsche Telekom AG
Corporate Information Management
Friedrich-Ebert-Allee 140
53105 Bonn
Jochen.Scheeg@telekom.de
www.telekom.de

Uwe Pilgram
T-Systems CDS GmbH
Leiter Business Development
Pfnorstraße 1
64293 Darmstadt
uwe.pilgram@t-systems.com
www.t-systems.com

Rolf Bergmann, Volker Kratzenstein, Wolfgang Behme

Portalgestütztes Wissensmanagement bei der Qualitätssicherung der Volkswagen AG

Bei der Qualitätssicherung in der Automobilindustrie steht heute die Früherkennung möglicher Qualitätsmängel im Vordergrund, da aus monetärer Sicht eine frühe Fehlerprävention immer günstiger ist als eine späte Fehlerbeseitigung. Grundlage für eine effektive Fehlerprävention ist das Wissen über Ursachen und Zusammenhänge. Daher stellt die Ressource Wissen, bereitgestellt über ein Portal für alle Mitarbeiter über alle qualitätsrelevanten Prozesse, den entscheidenden Wettbewerbsfaktor dar. Der folgende Beitrag beschreibt Inhalte, Funktionalitäten, die zugrunde liegende Architektur sowie bisher gemachte Erfahrungen beim Aufbau des QS-Wissensportals bei der Volkswagen AG.

Inhaltsübersicht

1 Einleitung
2 Wissensmanagement in der Volkswagen-Qualitätssicherung
3 Das QS-Wissensportal
   3.1 Inhalte
   3.2 Funktionalitäten
   3.3 Architektur
   3.4 Angebundene Wissensquellen
4 Ausblick auf die nächsten Ausbaustufen
5 Erfahrungen
   5.1 Technik
   5.2 Organisation
   5.3 Mensch
6 Literatur

1 Einleitung

In der Automobilindustrie hat sich in den letzten Jahren ein Wechsel vollzogen. War es in der Vergangenheit ausreichend, mit möglichst niedrigen Kosten qualitativ hochwertige Fahrzeuge zu produzieren, so stehen heute neue, zusätzliche Anforderungen wie die Verkürzung der Entwicklungszeiten und die konsequente Kundenorientierung im Mittelpunkt. Auch hat sich das Verhältnis der Automobilhersteller zu den Lieferanten grundlegend verändert. Wurden diese früher als verlängerte Werkbänke des Herstellers betrachtet, so sind sie heute fest in der Wertschöpfungskette teilweise vom Design bis zur Produktion integriert. Die damit einhergehende engere Bindung des Automobilherstellers an den Lieferanten erfordert ein gemeinsames Qualitätsverständnis und entsprechende Mechanismen, die eine effektive und effiziente Fehlervermeidung, -erkennung und -behebung erlauben.

Die Herausforderung für die Automobilindustrie besteht zukünftig also darin, einen Wettbewerbsvorteil durch die kontinuierliche, schnelle und kostengünstige Einführung von innovativen Produkten und Prozessen auf globaler Basis über unterschiedlichste Kanäle zu erreichen. Diese offensichtliche Komplexität erfordert neue, IT-unterstützte Ansätze, um das Wissen und die Erfahrungen aus unterschiedlichsten Bereichen zu sammeln und gezielt in den Prozess einzubringen ([[North & Golka 2002], [Abecker et al. 2002]).

2 Wissensmanagement in der Volkswagen-Qualitätssicherung

Die in der Einleitung geschilderten Herausforderungen führen zwangsläufig weg von der produktbezogenen Qualitätskontrolle hin zu einer prozessorientierten Qualitätssicherung, d.h., die reaktions- und gegenwartsorientierte Qualitätskontrolle wird ergänzt um präventive, in die Zukunft gerichtete Methoden, wie z.B. Quality Function Deployment (QFD) oder der Fehlermöglichkeits- und Einflussanalyse (FMEA).

Die konsequente Weiterentwicklung dieser Konzepte führte bei Volkswagen zu einer Qualitätsstrategie, die insbesondere drei strategische Stoßrichtungen in den Vordergrund stellt:

- reife Produkte
- robuste Prozesse
- exzellente Kundenbetreuung

Die Basis dieser Strategien ist eine konsequente Prozessorientierung.

Insgesamt erfordert diese Ausrichtung eine bereichsübergreifende Zusammenarbeit und Verzahnung von Produktentstehung, -herstellung und -vermarktung. Die betriebswirtschaftliche Erkenntnis, dass das Beheben von Fehlern in der Produktion um ein Vielfaches teurer ist als ihre vorausschauende Verhinderung schon in der Entstehungsphase (ca. 60–80% der Produktkosten und -qualität werden bereits hier festgelegt) macht deutlich, dass qualitätssteigernde und -sichernde Methoden bereits an dieser Stelle im Gesamtprozess greifen müssen.

Dem Produktlebenszyklus folgend sind in der Produktherstellung ebenfalls Qualitätsaspekte zu beachten. Hierbei darf das Augenmerk nicht allein auf die Produktqualität gelegt werden, sondern vielmehr auf den gesamten Herstellungsprozess.

Die Qualität eines Produktes wird nicht ausschließlich durch die Herstellung bestimmt. Sie hat auch unmittelbar vor, während und nach dem Produkteinsatz eine hohe Bedeutung, da der Kunde zunehmend Produktqualität an den damit verbundenen Diensten misst. In der Produktvermarktung lassen sich somit u.a. die beiden folgenden Ziele der Qualitätssicherung ableiten: das Zufriedenstellen des gegenwärtigen Kunden und das Sichern oder Verbessern der Qualität zukünftiger Produkte, um damit die Zufriedenheit zukünftiger Kunden sicherzustellen. Erreicht werden kann dies durch ständige Erfassung und Auswertung der Felddaten wie z.B. Gewährleistungs- und Kulanzdaten oder Kundendienstberichte. Dazu muss das Feldinformationssystem eng mit anderen Bereichen wie z.B. Marketing und Produktentstehung verknüpft sein, um so laufend die ermittelten Informationen im Sinne einer präventiven Qualitätssicherung bei der Planung neuer Produkte einfließen lassen zu können [Reinhart et al. 1996].

Diese Ausführungen machen deutlich, dass nur eine Vernetzung der über den gesamten Geschäftsprozess verteilten Qualitätssicherungselemente zu einer kontinuierlichen und effizienteren Verbesserung von Abläufen und Systemen führen kann. Um diesen übergreifenden Wissensaustausch zu ermöglichen, wurde bei der Volkswagen AG im Bereich der Konzern-Qualitätssicherung das Projekt »Wissensmanagement« initiiert, das das Ziel verfolgt, vorhandenes Wissen der Qualitätssicherung geschäftsbereichübergreifend autorisierten Benutzern konzernweit zur Verfügung zu stellen.

Ausgehend von diesem übergeordneten Ziel, lassen sich u.a. folgende Teilziele identifizieren:

- Relevante Wissensquellen identifizieren und die dort gespeicherten Informationen konzernweit systematisch und eindeutig recherchierbar machen;
- Wissensquellen (Informationserzeuger) und -senken (Informationsverbraucher) innerhalb des Geschäftsprozesses erkennen und verbinden;
- Wissenslücken transparent machen und schließen;
- globale und prozessübergreifende Wissensnetzwerke bilden;
- Schaffung eines Systems zum Austausch von horizontalen (operativen) und vertikalen (Management-)Informationen;
- von einer evolutionär über Jahrzehnte gewachsenen IT-Landschaft zu einer modernen, webbasierten Kommunikationsplattform migrieren.

Der Erkenntnis folgend, dass die Einführung eines erfolgreichen Wissensmanagements in einem Unternehmensbereich mehr als die bloße Bereitstellung einer IT-Infrastruktur für die

Speicherung und den Zugriff auf Informationen erfordert, wurde von der Volkswagen AG ein ganzheitlicher Ansatz durch das Aufsetzen verschiedener Teilprojekte (TP) gewählt:

- *Führung/Kultur (TP Veränderungsmanagement):*
  Erfolgreiches Wissensmanagement erfordert eine bestimmte Unternehmenskultur, die von der Unternehmensführung zu etablieren und vorzuleben ist. Die Unternehmenskultur räumt den Mitarbeitern gezielt Freiräume zum Dokumentieren, Kommunizieren und Erlernen von neuem Wissen ein. Allen Mitarbeitern des Unternehmens muss bewusst sein, dass lebenslanges Lernen und kontinuierliche Fortbildung des Einzelnen die Voraussetzung für den Unternehmenserfolg darstellen.
- *Technologie/Infrastruktur (TP Informationstechnologie):*
  Zur Umsetzung der Grundaktivität »Wissen speichern« und »Wissen verteilen« müssen geeignete Informations- und Kommunikationstechnologien eingesetzt bzw. entwickelt werden. Hierzu gehört auch entsprechende Hard- und Software, die ein räumlich und zeitlich getrenntes Zusammenarbeiten unterstützen.
- *Internes Marketing (TP Kommunikation):*
  Ein wichtiger Faktor für den Erfolg eines Wissensmanagementsystems ist die Verbreitung des »Wissens«, dass es ein derartiges System gibt und welchen Nutzen es für die Anwender darstellt.
- *Schulung (TP Qualifizierung):*
  Um den vollen Umfang eines Wissensmanagementsystems zu erschließen, sind weiter reichende Qualifizierungsmaßnahmen sowohl bzgl. der Funktionalitäten des Systems als auch bzgl. der angebotenen Inhalte erforderlich (z.B. prozessbezogenes Methodenwissen).

Die nachfolgenden Abschnitte 3–5 beziehen sich ausschließlich auf das Teilprojekt »Informationstechnologie«, in dessen Mittelpunkt das entstehende »Qualitätssicherungs-(QS-) Wissensportal« steht. Es stellt die geforderte IT-Infrastruktur zur Verfügung und bietet zukünftig einen einheitlichen Zugang für das Qualitätswissen.

3 Das QS-Wissensportal

3.1 Inhalte

Wissensmanagementsysteme orientieren sich an den wertschöpfenden Prozessen in den Unternehmen (vgl. Abb. 1). Für den Bereich der Konzern-Qualitätssicherung sind somit Infor-

Abb. 1: Fahrzeuggeschäftsprozess

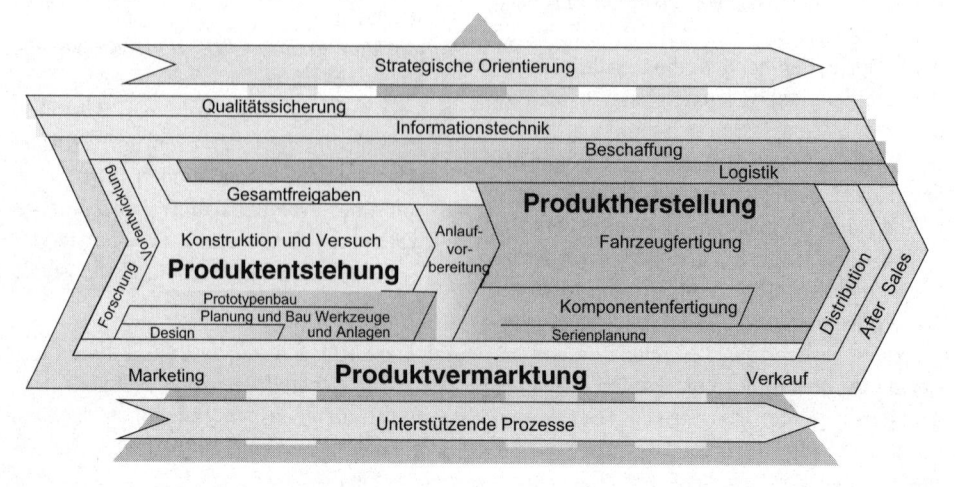

mationen, die den gesamten Fahrzeuggeschäftsprozess betreffen, mit zu berücksichtigen. Die entlang dieses Prozesses gewonnenen Informationen werden in den jeweiligen Systemen (Wissensquellen) gespeichert und stehen als Handlungs- und Entscheidungsgrundlage zur Verfügung.

Der Fahrzeuggeschäftsprozess unterteilt sich bei der Volkswagen AG in die bereits eingangs erwähnten Kerngeschäftsprozesse Produktentstehung, Produktherstellung und Produktvermarktung.

Aus Sicht der Qualitätssicherung ergeben sich aus diesen Kernprozessen mehr als ein Dutzend so genannter Wissensfelder, die – unterteilt nach Wissensthemen – die inhaltlichen Schwerpunkte des QS-Wissensportals bilden. Die Wissensthemen sind jeweils Wissensquellen für entsprechende, inhaltlich zugeordnete Prozesse. Die bisher oftmals als Wisseninseln (isoliertes Wissen aufgrund organisatorischer Barrieren) vorhandenen Wissensquellen sollen über das QS-Wissensportal auch für andere Mitarbeiter verfügbar gemacht werden.

Die Wissensfelder decken u.a. folgende Bereiche ab:

- Q-Projektcontrolling (Stand aller Projekte)
- Erfahrungskataloge
- Kundenanforderungskatalog
- Q-Lastenheft
- Q-Situation in den Fabriken
- Teileversorgung
- Zulieferer (Kaufteile)
- Produktionstreue
- Q-Situation im Kundendienst
- Feldfehlersituation
- Fehlerabstellprozess

In den ersten Stufen des Projektes wurde der Fokus auf den Kerngeschäftsprozess »Produktvermarktung« und hier insbesondere auf die Feldfehlersituation und den Fehlerabstellprozess gelegt. Ergänzt wurde dieser Bereich anschließend um die Wissensfelder »Zulieferer (Kaufteile)« und »Q-Situation in den Fabriken«

aus dem Kerngeschäftsprozess Produktherstellung sowie die Bereiche »Q-Projektcontrolling« und »Erfahrungskataloge« aus der Produktentstehung.

Beispielhaft sei an dieser Stelle auf die Wissensfelder »Fehlerabstellprozess (FAP)« und »Zulieferer (Kaufteile)« näher eingegangen:

Innerhalb des Fehlerabstellprozesses werden technische bzw. konzeptionelle Mängel an Fahrzeugen respektive Bauteile erfasst und analysiert. Eine wichtige Quelle stellen dabei die Daten aus der Feldfehlersituation, d.h. den Autowerkstätten, dar. Neben der Problemanalyse erfolgt eine Maßnahmendefinition zur Behebung der Probleme. Die Maßnahmen selbst sowie deren Ergebnisse gilt es zu dokumentieren. Das Ende des FAP bildet der Problemabschluss, der besagt, ob die durchgeführten Maßnahmen erfolgreich waren.

Das Wissensfeld »Zulieferer (Kaufteile)« beschäftigt sich vor allem mit der Bewertung vorhandener bzw. neu aufzunehmender Lieferanten. Beispielsweise werden durch den Teilprozess Hallenstörfälle die Lieferanten hinsichtlich ihrer Lieferqualität aus verschiedenen Blickwinkeln überprüft. Im Rahmen der Bemusterung werden die Erstmuster der Lieferanten u.a. bzgl. der Kriterien Werkstoffe, Geometrie und Funktion überprüft. Abschließend führt die Gesamtheit der unterschiedlichen Teilprozesse zu einer Beschreibung der »Lieferantenleistung«. Ist der potenzielle Lieferant noch nicht für die Volkswagen AG tätig, so dass noch keine Leistungsbewertung vorliegt, wird über die »Leistungsfähigkeit« festgestellt, ob der Lieferant in den aktuellen Lieferantenstamm der Volkswagen AG aufgenommen werden kann.

3.2 Funktionalitäten

Der folgende Abschnitt gibt einen Überblick über die im Rahmen des QS-Wissensportals bisher realisierten Funktionen. Die nachfolgende Abbildung zeigt die Einstiegsseite in das QS-Wissensportal.

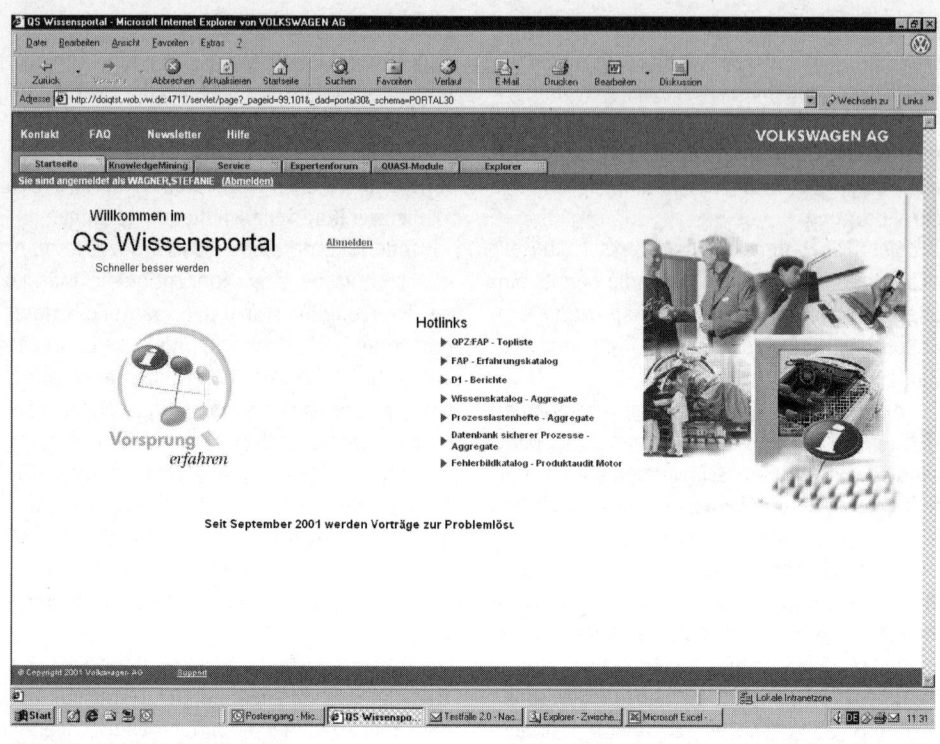

Abb. 2: Screenshot der Oberfläche

Als Funktionalitäten sind die Recherche (Knowledge Mining), ein navigierender Zugriff à la Explorer auf einen reduzierten Dokumentenbestand, ein Expertenforum als eine kollaborative Funktion, der Zugriff auf ausgewählte operative Module sowie die allgemeinen Funktionen (Startseite, Service) zu unterscheiden.

Auf der Startseite erfolgt im Wesentlichen die Authentifizierung (Login), das Anzeigen eines aktuellen News-Tickers sowie die Möglichkeit, schnell auf so genannte Hotlinks, d.h. Verweise auf interessante Intranetbeiträge, zu wechseln. Verweise auf weitere QS-relevante Themenbereiche werden unter dem Reiter »Service« angeboten. Über das Register »QUASI-Module« ist ein direkter Einstieg (über Single Sign-on) in die jeweils berechtigten operativen Module (z.B. Laborinformationssystem) möglich. Auf die Module selbst wird an dieser Stelle nicht weiter eingegangen.

Die Funktionen Recherche, navigierender Zugriff sowie die Diskussionsforen werden in den folgenden Abschnitten näher beschrieben.

Knowledge Mining

Unter Knowledge Mining wird im QS-Wissensportal die Dokumentenrecherche über den KnowledgeMiner der Firma USU AG verstanden [Rust et al. 1999]. Der KnowledgeMiner ist eine Metasuchmaschine, die mit Hilfe von themenorientierten Metastrukturen (den so genannten Topic Maps [Wildhalm & Mück 2002]) das Retrieval aus verschiedenen Wissensquellen ermöglicht. Metasuchmaschine deshalb, weil der KnowledgeMiner seinen Abfragestring nach einer semantischen Transformation an eine untergeordnete Suchmaschine, die Oracle Digital Library (ODL), weitergibt und die zurückgereichten Ergebnislisten wieder anzeigt.

Insgesamt sind die folgenden Recherchearten im QS-Wissensportal realisiert:

- *Unstrukturierte Suche:*
Hierunter ist eine Volltextsuche im Freitext zu verstehen, die es erlaubt, nach den im Dokument auftretenden Begriffen zu suchen. Die Anfrage lässt sich über boolesche Verknüpfungen (AND, OR) verfeinern. Darüber hinaus können Wörter durch Abschneiden und Ersetzung der ausgelassenen Wortteile durch Platzhalter die Suchmöglichkeiten erweitern. Unterstützt wird die Volltextsuche durch die so genannte Fuzzy Search. Dies bedeutet, dass nicht nur nach exakten Suchbegriffen, sondern auch nach ähnlichen Begriffen gesucht wird. Dazu gibt es in der aktuellen Version des Knowledge-Miners einen so genannten Fuzzy-Regler, der die Suchgenauigkeit (Fuzzy-Wert) regelt.
- *Strukturierte Suche:*
Die strukturierte Suche bezieht sich auf die den Dokumenten zugeordneten Metadaten. Metadaten enthalten Informationen über die Dokumente (Erstellungsdatum, Autor etc.) und deren Inhalt. Sie kommen im eigentlichen Dokument typischerweise nicht vor, sie werden jedoch beim Indizieren zusätzlich zu den real im Dokument vorkommenden Begriffen aufgenommen. Beispielsweise wird zu jedem Dokument das Wissensfeld und -thema (vgl. Abschnitt 3.1) sowie die Wissensquelle über Metadaten hinzugefügt. Bei der Recherche kann dann direkt nach Informationen aus bestimmten Bereichen gesucht werden (gezielte Einschränkung der Suche).
- *Kombinierte Suche:*
Komplettiert wird die Suche durch eine Kombination von strukturierter und unstrukturierter Suche, d.h., der Anwender schränkt seinen Suchbereich gezielt über Metadaten ein und recherchiert gleichzeitig nach Begriffen per Volltext.

Da bei den bisher beschriebenen Verfahren die Suchbegriffe als Zeichenkette ohne Bezug zu der Semantik betrachtet werden, können viele Dokumente mit spezifischen Inhalten nicht gefunden werden. Dieses Defizit wird durch die Verwendung von Topic Maps ausgeglichen [Gerick 2000]. Sie stellen eine spezifische Ausprägung der semantischen Netze dar, bei denen das Strukturwissen durch Knoten (Sachthemen) und Kanten (Beziehungen) repräsentiert wird. Im Unterschied zu den gebräuchlichen baumartig strukturierten Kategorien werden dadurch für den Anwender sämtliche Querverbindungen eines Themas sichtbar. Beispielsweise gibt es im QS-Wissensportal eine Topic Map zu den »QM-Methoden«, die einen Überblick über die in der Qualitätssicherung verwandten Methoden (z.B. QFD, Poka Yoke, Kepner Tregoe) geben soll. Eine weitere Topic Map »Baugruppe« stellt Beziehungen zwischen Kundendienstnummern, Bau- und Reparaturgruppen sowie Fahrzeugsystemen dar. Die Visualisierung der Topic Maps ermöglicht es nun Anwendern, in einer sehr einfachen Art Zusammenhänge nicht nur zu erkennen, sondern diese auch gleich für die Formulierung von Suchanfragen zu verwenden. Topic Maps sind somit »externalisiertes Wissen«, das den Anwendern des QS-Wissensportals unmittelbar zur Verfügung steht.

Insgesamt stellt sich die Recherchefunktionalität damit wie folgt dar: Im ersten Schritt greift nach Eingabe eines Suchbegriffes der KnowledgeMiner über die Fuzzy Search auf die Strukturinformationen zu und bietet dem Benutzer Themen an, die dem Suchbegriff entsprechen. In einem zweiten Schritt kann der Benutzer die für sich relevanten Themen auswählen und die eigentliche Suche starten.

Im Rahmen eines personalisierten Push-Services hat der Anwender auch die Möglichkeit, seine Suchanfragen zu speichern, um sie zu späteren Zeitpunkten wieder zu verwenden bzw. um sich die Ergebnisse regelmäßig (z.B. wöchentlich) per Mail zusenden zu lassen. Damit ist es möglich, Dokumente über ein bestimmtes Wissensthema quasi zu »abonnieren«.

Explorer

Die unter dem Reiter »Explorer« zusammengefassten Funktionalitäten stellen einen alternativen Zugang zu einem Teil der im QS-Wissensportal verfügbaren Informationen dar. Die bisher verteilt auf diversen abteilungseigenen Servern in unterschiedlichen Anwendungen vorliegenden Dokumente werden in einem zentralen Repository auf Basis des Oracle iFS zusammengeführt.

Eine an dem zentralen Fahrzeuggeschäftsprozess orientierte Verzeichnisstruktur (geordnet nach Wissensfeldern und -themen) schafft Transparenz. Über das QS-Wissensportal können über eine Explorer-ähnliche Darstellung die berechtigten Mitarbeiter direkt auf die interessierenden Verzeichnisse zugreifen. Zugleich sind aber alle vorhandenen Dokumente über die allgemeine Recherche (Knowledge Mining) abrufbar.

Die Wissensthemenverantwortlichen können über eine Upload-Maske (Einzel- oder Mehrfachupload) die relevanten Dokumente sowie deren Metadaten bereitstellen.

Diskussionsforen

Die Unterstützung von Kommunikation ist ein wesentlicher Bestandteil eines Wissensmanagementsystems, da sie die Voraussetzung für einen Wissenstransfer ist. Daher wurden im Rahmen der kollaborativen Funktionen zunächst Diskussionsforen (Expertenforen) errichtet. Sie haben das Ziel, den Informations- und Wissensaustausch zwischen Mitarbeitern zu fördern. Über einen gemeinsamen Mechanismus können Personen Fragen (z.B. zu einem aufgetretenen Problem) in einem Forum platzieren, die die anderen Nutzer beantworten oder kommentieren können. Zurzeit existieren folgende Diskussionsforen:

- Logistik
- Kaufteile
- Elektrik/Elektronik
- Colour Matching (Colour Matching bezieht sich auf die Problematik, möglichst gleiche Farbausprägungen auf unterschiedlichen Materialien bzw. Oberflächen zu erhalten)

Das Diskussionsforum basiert auf dem Produkt »Ultimate Bulletin Board« (UBB) des Unternehmens Infopop.

3.3 Architektur

Aus logischer Sicht stellt sich die Architektur des QS-Wissensportals wie folgt dar: Das Prinzip des QS-Wissensportals ist es, eine unabhängige Sicht auf die Daten bzw. Informationen der Volkswagen AG im Bereich Qualitätssicherung zu bieten (vgl. Abb. 3). Um die Wartbarkeit eines solchen komplexen Systems zu gewährleisten, wird das Systen in drei technisch voneinander getrennte Schichten zerlegt, die über fest definierte Schnittstellen miteinander kommunizieren. Eine funktionale Änderung innerhalb einer Schicht darf bei gleichzeitiger Beibehaltung der Schnittstellen keine Änderungen innerhalb der anderen Schichten notwendig machen.

Die Präsentationsschicht stellt für den Anwender den Zugang zum QS-Wissensportal dar. Sie ist – wie der Name suggeriert – die Schnittstelle zum Endanwender. Die Businesslogikschicht stellt für die darüber liegende Präsentationsschicht den Zugang zu den Funktionen wie beispielsweise Berechnungen, statistische Auswertungen oder die Dokumentensuche über die Strukturinformationen dar. Sie greift auf die von der Datenzugriffsschicht bereitgestellten Informationen zu. Dabei muss sichergestellt werden, dass die entsprechenden Benutzer einerseits nur die Informationen lesen dürfen, für die sie berechtigt sind, und andererseits aber auch die Wissensquellen im Zugriff haben, die sie benötigen. Die Datenzugriffsschicht stellt den Zugang zu den Wissensquellen und den angeschlossenen operativen Systemen dar. Sie hat eine einheitliche Schnittstelle und kapselt alle Funktionen, die notwendig sind, um auf die Vielzahl der vorhandenen Wissensquellen zuzugreifen.

Aus rein technischer Sicht stellt sich die Gesamtarchitektur des QS-Wissensportals als ein

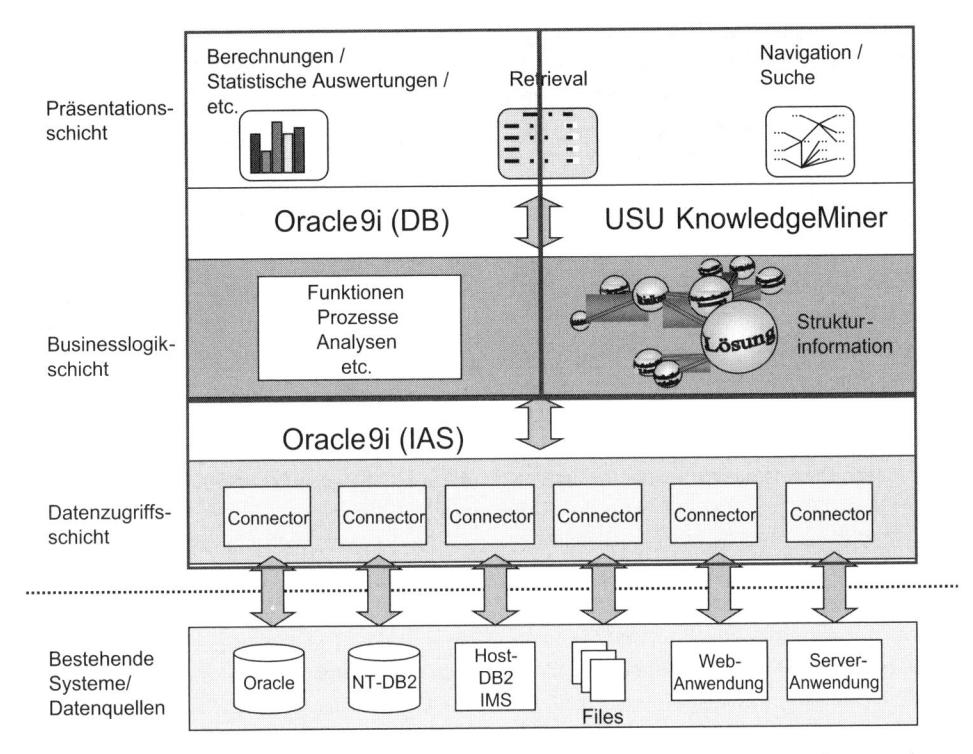

Abb. 3: Schichtenarchitektur

komplexes Gebilde aus diversen Produkten unterschiedlicher Hersteller wie folgt dar:

Das Portal (realisiert mit Oracle Portal) ist der zentrale Einstiegspunkt, über den alle Anwender – je nach Rolle und Berechtigung – die Funktionen des Systems nutzen können. Es umfasst Komponenten für die Darstellung, für die Personalisierung, zur Integration und für das Zugriffsmanagement. Jeder Benutzer kann seine Portal-Oberfläche individuell entsprechend seiner Neigungen und Bedürfnisse anpassen (Personalisierung). Diese Einstellungen sind speicherbar und jederzeit wieder änderbar.

Für die Recherchefunktionalität kommen die Module USU KnowledgeMiner und die Oracle Digital Library (ODL) zum Einsatz. Nach Erhalt einer Suchanfrage, die der KnowledgeMiner erstellt hat, baut die ODL zunächst eine interne Trefferliste auf Basis des aktuellen Volltextindexes auf. Diese Trefferliste muss in einem nächsten Schritt um die Dokumente bereinigt werden, für die der Benutzer keine Leseberechtigung hat. Zu diesem Zweck werden, sofern erforderlich, Anfragen an die Wissensquellen gesendet. Nach Erhalt und Auswertung der Ergebnisse wird die interne Trefferliste an die Berechtigungssituation angepasst (Entfernen der lesegeschützten Dokumente). Erst danach wird die Trefferliste zur Anzeige an den KnowledgeMiner übergeben. Es kann also durchaus zu einer Situation kommen, in der ein Anwender keine Suchergebnisse angezeigt bekommt, obwohl hierfür entsprechende Dokumente vorhanden sind. Mit diesem Ansatz trägt das QS-Wissensportal der allgemein akzeptierten These Rechnung, dass das Wissen um bestimmte Zusammenhänge ein wettbewerbsentscheidender Faktor ist und daher nur sehr gezielt bestimmten Benutzergruppen bereitgestellt werden sollte.

Um dieses zu gewährleisten, wird die ODL als Suchmaschine in den KnowledgeMiner integriert, d.h., der KnowledgeMiner ist für den gesamten Zyklus, bestehend aus Suchanfragenformulierung, Suchanfragenerweiterung und Trefferlistendarstellung, zuständig. Die ODL führt die Suche durch und filtert die Trefferliste entsprechend den Zugriffsrechten des jeweiligen Anwenders.

Als zentrales Repository dient das Oracle Internet File System (iFS), eine Erweiterung der Oracle9i-Datenbank. In dem Repository des iFS können Dokumente mit unterschiedlichen Dateitypen abgelegt werden.

Eine zentrale Funktion innerhalb des QS-Wisssensportals stellt die Anbindung der verschiedenen Wissensquellen über eine universelle Schnittstelle dar, die mit Hilfe des RAL-Konzeptes (Repository Access Layer) realisiert wurde. Der RAL besteht grundsätzlich aus zwei unterschiedlichen Teilen. Ein Teil läuft auf dem Rechner der Wissensquelle (WQ) und der andere auf dem Rechner des Wissensportals (WMS). Die Kommunikation zwischen den Teilen geschieht per XML. Abbildung 4 stellt das RAL-Konzept grafisch dar.

Nicht alle Wissensquellen werden direkt über die RAL-Schnittstelle an das Portal angebunden. Dokumente von Systemen, die auf dezentralen Servern bzw. PCs laufen, werden in einem Repository eingestellt, das dann als Wissensquelle für das QS-Wissensportal dient. Aus Portalsicht ist der Anschluss von Wissensquellen-Repositories (WQR) und operativen Wissensquellen (WQO) als gleich zu betrachten. Die Unterscheidung ist nur an den Inhalten der Metadaten zu erkennen.

3.4 Angebundene Wissensquellen

Die Qualität des QS-Wissensportals wird u.a. an der Vielfalt der angebundenen Systeme deutlich (vgl. Abb. 5).

Die Wissensquellen QUASI-WIM^2 (Informationen über den Fehlerabstellprozess) und QUASI-PROMIS (vor allem Qualitätsdatenblätter) sind direkt an das Portal angeschlossen. Die verfügbaren Dokumente aus QUASI-WIM^2 werden täglich in den Index der Suchmaschine aufgenommen, jedoch erst bei einer konkreten Anforderung erzeugt und im QS-Wissensportal

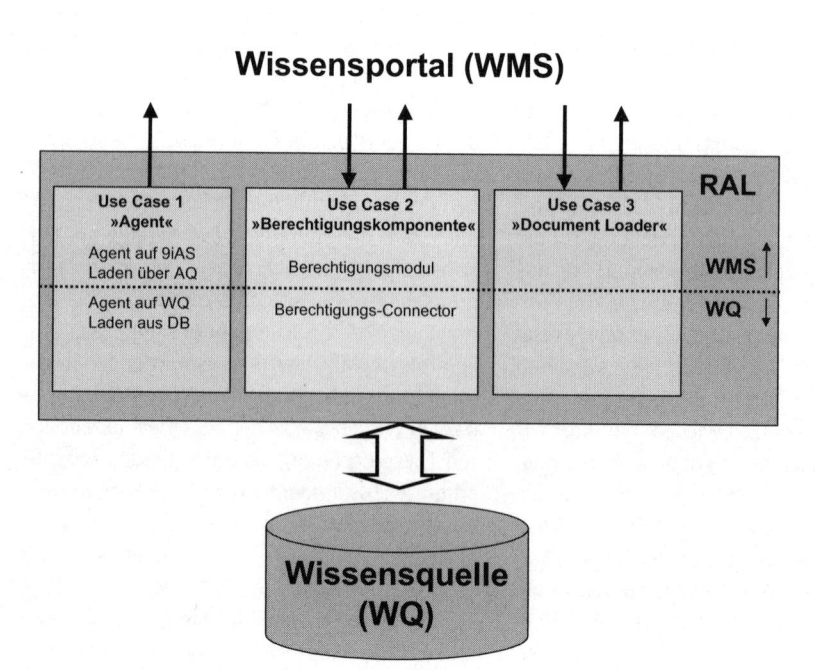

Abb. 4:
RAL (Repository Access Layer)-Konzept

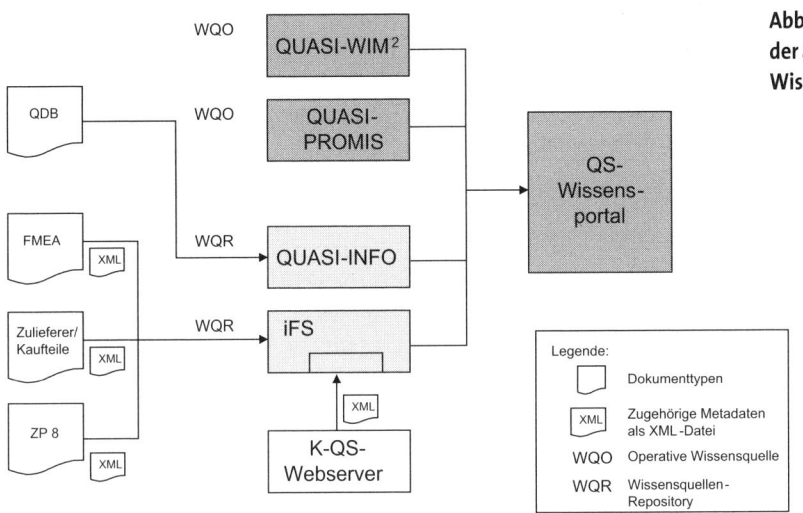

Abb. 5: Übersicht der angebundenen Wissensquellen

Diagramm:
- QDB → WQO → QUASI-WIM²
- QDB → WQO → QUASI-PROMIS
- FMEA (XML) → WQR → QUASI-INFO
- Zulieferer/Kaufteile (XML) → WQR → iFS
- ZP 8 (XML)
- iFS ← XML ← K-QS-Webserver
- QUASI-WIM², QUASI-PROMIS, QUASI-INFO, iFS → QS-Wissensportal

Legende:
- Dokumenttypen
- XML: Zugehörige Metadaten als XML-Datei
- WQO: Operative Wissensquelle
- WQR: Wissensquellen-Repository

zur Anzeige gebracht. Anders dagegen bei QUASI-PROMIS. Hier werden die Dokumente täglich indiziert und gleichzeitig in das ODL-eigene Repository mit Hilfe eines Batchloaders geladen.

Die Systeme QUASI-INFO und iFS sind als Wissensquellen-Repositories angeschlossen. QUASI-INFO ist ein VW-eigenes System, das u.a. die Standardberichte aus dem Modul QUASI-FI (Feldinformationen aus Gewährleistungs- und Kulanzdaten) aufnimmt und zur Recherche bereitstellt. Über das zweite Repository (iFS) werden in erster Linie zurzeit dezentral abgelegte Dokumente zusammengeführt und somit recherchierbar gemacht.

Insgesamt stehen dem QS-Wissensportal zurzeit ca. 40.000 Dokumente zur Recherche zur Verfügung. Ziel ist es, den Dokumentenbestand auf mehrere hunderttausend Dokumente auszubauen. Die Größe der einzelnen Dokumente variiert dabei sehr stark, so dass hier keine Aussage zum Gesamtvolumen an Speicherplatz gemacht werden kann.

4 Ausblick auf die nächsten Ausbaustufen

Im Rahmen der Weiterentwicklung werden als zusätzliche Funktionalität so genannte Berichtsfunktionen eingeführt. Diese setzen ihren Schwerpunkt auf die Auswertung von quantitativen und strukturierten Daten, die z.B. durch relationale oder multidimensionale Datenbanksysteme bereitgestellt werden (im Gegensatz zu der Analyse der unstrukturierten Daten im Rahmen der Recherche) [Gabriel & Dittmar 2001, S. 23 ff.]. Der Mehrwert liegt in der Zusammenführung von strukturiertem Wissen aus unterschiedlichen QUASI-Modulen zu neuen Kennzahlen, beispielsweise den Fehlerabstellprozess in Relation zu Informationen aus dem Lieferantenaudit (Generierung neuen Wissens). Weiterhin sollen zum Beispiel für die Produktbeobachtung auf Fahrzeug-, Baugruppen- und Bauteileebene Schwellwerte, wie z.B. Schadensgrenzwerte (Limits), definiert werden. Die entsprechenden Anwender werden automatisch bei Überschreitung der Limits per E-Mail benachrichtigt (Push-Service). Für das Management sollen diese Informationen zusätzlich in Form von Ampelberichten bereitgestellt werden.

Insgesamt werden die auf diese Weise erzeugten Berichte in zwei Kategorien unterteilt. Die einen Berichte zeichnen sich dadurch aus, dass sie in regelmäßigen Abständen (z.B. täglich oder wöchentlich) per Batchlauf erzeugt und gegebenenfalls um Metadaten ergänzt und danach als pdf-Datei abgelegt werden. Anschließend werden sie in den Index der Suchmaschine aufgenommen und können somit im Rahmen einer Recherche gefunden werden.

Der Aufruf der Berichte der zweiten Kategorie erfolgt manuell durch die Anwender. Der Ergebnisreport interessiert nur einen sehr kleinen Anwenderkreis und wird daher nicht in den Index aufgenommen. Er steht somit nicht im Rahmen einer Recherche zur Verfügung.

Außerdem ist geplant, noch eine Vielzahl weiterer Systeme direkt an das QS-Wissensportal anzubinden, um die dort gespeicherten Informationen unmittelbar zentral recherchierbar zu machen. Ein anderes Ziel der nächsten Stufen ist es auch, die Wissensbasis, d.h. den Dokumentenstamm, sukzessive zu erweitern, um bis dato noch nicht adressierte Themen ebenfalls zu integrieren. Gleiches gilt auch für die Topic Maps, die ebenfalls weiterzuentwickeln sind.

5 Erfahrungen

Das Roll-out des QS-Wissensportals wurde im Oktober 2001 begonnen und derzeit haben mehrere tausend Anwender aus dem Bereich Qualitätssicherung Zugriff auf das System. Die Erfahrungen während des Roll-outs und das Feedback der Einführungsveranstaltungen waren durchweg sehr positiv, da von vielen Teilnehmern unmittelbar der Mehrwert für die tägliche Arbeit erkannt wurde. Beispielsweise wird der Aufwand für die Recherche nach Informationen, die in einer Vielzahl von Systemen vorliegen, drastisch reduziert. Auch hat sich die enge Verknüpfung von operativen Systemen und dem Wissensmanagement als sehr positiv erwiesen, da das Wissensmanagement nicht als »weiteres« System empfunden wird, sondern als integrierter Teil eines Gesamtsystems.

Die seitdem gemachten Erfahrungen (im Sinne von Lessons Learned), gegliedert in die drei Bereiche Technik, Organisation und Mensch, werden im Folgenden dargestellt.

5.1 Technik

Im Zuge der Projektinitiierung wurde ein detaillierter Anforderungskatalog an das QS-Wissensportal erstellt, der den gängigen Anbietern mit der Bitte um Beantwortung zugestellt wurde. Die Auswertung ergab, dass es keinen Anbieter am Markt gab, der alle Anforderungen standardmäßig erfüllen konnte. Obwohl es einem Anbieter gelang, innerhalb sehr kurzer Zeit einen Prototyp eines Wissensportals zu erstellen, benötigte die Produktivsetzung, die eine weiter gehende Integration erforderte, deutlich länger als erwartet und zeigte schon frühzeitig konzeptionelle Schwächen bzgl. Skalierbarkeit, Änderbarkeit, Performanz und Konsistenz. Basierend auf diesen Erfahrungen wurde die in Abschnitt 3.3 vorgestellte Architektur, die ein höheres Maß an Autonomie der integrierten Systeme vorsieht, entworfen und implementiert.

Das QS-Wissensportal in seiner avisierten Form erfordert zwei Arten der Integration: Frontend (Integration ins Portal) und Backend (Integration der bestehenden Systeme/Datenquellen). Ist man anfänglich vielleicht geneigt zu vermuten, dass die Backend-Integration als schwieriger anzusehen ist, so zeigt die Erfahrung, dass die einheitliche und durchgängige Frontend-Integration von unterschiedlichsten Applikationen als sehr schwierig und aufwendig zu betrachten ist. Die Gründe hierfür sind mannigfaltig und liegen oftmals nicht nur in der Technik (z.B. HTML- vs. Java-Applikation), sondern auch in menschlichen Gewohnheiten (Benutzerkomfort) begründet. Erschwerend kommt hinzu, dass gleiche Applikationen in unterschiedlichen Standorten unterschiedlich verwendet werden (z.B. Erfassung der Menge von beanstandeten Teilen). Die damit verbundenen Konsolidierungsprobleme sind oftmals nicht auf systemtechnischer oder fachlicher Basis lösbar. Ein ähnliches, wenn auch im Detail anders gelagertes Problem ist die evolutionär entstandene Systemlandschaft, die oftmals auf den ersten Blick gleiche Daten und Informationen für unterschiedliche Anwenderkreise bereitstellt. Im Falle von »überlappenden Systemen« stellt die Entscheidung, welches System als das führende zu betrachten ist, sowohl systemtechnisch als auch intra- und interorganisatorisch eine klare Herausforderung dar. Ein Beispiel in diesem Zusammenhang ist die Ermittlung des Qualitätsstatus eines Lieferanten, wofür es eine Reihe von unterschiedlichen Quellsystemen gibt.

5.2 Organisation

Mit dem Start des QS-Wissensportals und der aktiven Kommunikation über dessen Existenz bzw. die weitere Planung zeigte sich, dass in einigen Organisationseinheiten bereits in der Vergangenheit ähnliche Aktivitäten initiiert wurden. Obwohl diese vielfach nicht unter dem Titel »Wissensmanagement« betrachtet wurden, so war oder ist doch die Zielsetzung eine ähnliche gewesen. Beispiele hierfür sind Fileserver, die als Sammlungen von Dokumenten, Vorträgen oder sonstigen wissenswerten Informationen fungierten oder Expertenforen zum aktiven Austausch von Erfahrungen. Für eine erfolgreiche übergreifende Zusammenarbeit zwischen Organisationseinheiten ist es zentral, dass die Aktivitäten im Bereich Wissensmanagement durch das oberste Management unterstützt werden. Andernfalls ist die Bereitschaft für die Bereitstellung von Informationen oder kompetenten Mitarbeitern zur aktiven Mitarbeit in den jeweiligen Einheiten zu gewinnen, zurückhaltender oder nicht vorhanden. Die organisatorischen Barrieren erweisen sich beim Aufbau eines Wissensmanagements als wirkliche Grenzen, die im Zuge von begleitenden Maßnahmen reduziert werden. Bei der Umsetzung der Maßnahmen arbeiten sowohl der QS-Fachbereich als auch WMS-Coaches zusammen, indem sie Informationen sammeln, abstimmen und das Thema Wisssensmanagement den einzelnen Bereichen aktiv näher bringen. Als Teil dieser strategischen Orientierung werden durch diese Vorgehensweise wiederum die nötigen Randbedingungen und die Vorgaben für die Technik definiert.

5.3 Mensch

Zentral für den Erfolg des QS-Wissensportals sind neben den organisatorischen Randbedingungen die Mitarbeiter der Volkswagen AG, deren Mitarbeit bei allen Aktivitäten (Generieren, Bereitstellen, Verteilen und Nutzen von Informationen des Wissensmanagementsystems) zwingend erforderlich ist. Ähnlich zu den organisatorischen Barrieren gibt es auch hier eine Vielzahl von Faktoren, die Mitarbeiter davon abhalten, sich aktiv in diesen Prozess einzubringen. Dieser Erkenntnis folgend, wurde eine detaillierte Analyse bzgl. möglicher Barrieren durchgeführt und im Zuge des Veränderungsmanagements sind eine Reihe von Maßnahmen initiiert bzw. geplant worden, die diese Barrieren wenn auch nicht abschließend beseitigen, so doch reduzieren helfen sollen. Beispielhaft sei in diesem Zusammenhang die enge Integration des Wissensportals mit den operativen Systemen genannt, die eine aktive Nutzung fördern soll.

Die Notwendigkeit, Mitarbeiter von der Bedeutung des Themas Wissensmanagement für den Konzern zu überzeugen, beschränkt sich nicht auf einzelne Ebenen der Organisation. Dies gilt insbesondere auch für das Topmanagement, wo das Thema Wissensmanagement Zugang in das Berichtswesen, den Sprachgebrauch usw. finden muss, da Wissensmanagement und die geschäftsprozessunterstützenden IT-Applikationen zukünftig den gleichen Stellenwert wie Hallen, Maschinen oder Büros haben.

Zum jetzigen Zeitpunkt ist noch keine Beurteilung über die Nachhaltigkeit des QS-Wissensportals möglich. Was aber bereits heute festgehalten werden kann, ist, dass der Erfolg nicht durch die Technik, die oftmals im Mittelpunkt der Diskussionen steht, sondern durch die Faktoren Organisation und Mensch bestimmt wird. Bemerkenswert in diesem Zusammenhang ist auch, dass die letztgenannten Faktoren auch diejenigen sind, die die höchste Trägheit bei Änderungen aufzeigen.

6 Literatur

[Abecker et al. 2002] *Abecker, A. et al.:* Geschäftsprozess-orientiertes Wissensmanagement. Springer-Verlag, Berlin, 2002.

[Bach et al. 2000]] *Bach, V.; Österle, H.; Vogler, P. (Hrsg.):* Business Knowledge Management in der Praxis. Springer-Verlag, Berlin, 2000.

[Gabriel & Dittmar 2001] *Gabriel, R.; Dittmar, C.:* Der Ansatz des Knowledge Management im Rahmen des Business Intelligence. In: HMD – Praxis der Wirtschaftsinformatik 222, Dezember 2001, S. 17-28.

[Gerick 2000] *Gerick, T.:* Intelligentes Information Retrieval als KM-Basistechnik. In: Computerwoche 7/2000.

[North & Golka 2002] *North, K.; Golka, M.:* Die wichtigsten Wissensquellen der Automobilhersteller. In: Wissensmanagement 3/2002, S. 10-15.

[Reinhart et al. 2002] *Reinhart, G.; Lindemann, U.; Heinzl, J.:* Qualitätsmanagement. Springer-Verlag, Berlin, 1996.

[Rust et al. 1999] *Rust, C.; Huber, U.; Müller, U.:* U.S.U. ValueBase: Anwendungsbeispiele. In: HMD – Praxis der Wirtschaftsinformatik 208, August 1999, S. 71–79.

[Wildhalm & Mück 2002] *Wildhalm, R.; Mück, T.:* Topic Maps. Springer-Verlag, Berlin, 2002.

Dipl.-Ing. Rolf Bergmann
Dr. Volker Kratzenstein
Volkswagen AG
38436 Wolfsburg
{rolf2.bergmann, volker.kratzenstein}@volkswagen.de
www.volkswagen.de

Dr. Wolfgang Behme
Senior Principal Consultant
Oracle Deutschland GmbH
Baumschulenallee 16
30625 Hannover
wud.behme@t-online.de
www.oracle.com

Glossar zu Strategisches IT-Management

Im Zuge der Weiterentwicklung der Informationstechnologie und ihrer Anwendungen entstehen laufend neue, auch synonyme und leider oft unscharf gegeneinander abgegrenzte Begriffe. Das ab HMD 227 aufgenommene Glossar zum jeweiligen Schwerpunktthema soll Ihnen, liebe Leserinnen und Leser, den Umgang damit erleichtern. HMD-Beiträge werden aktuell erstellt und kurzfristig abgegeben. Deshalb lassen sich die Autoren nur schwer auf eine einheitliche Terminologie verpflichten, die zudem Ihrer Praxiserfahrung widersprechen könnte. Auch in diesem Zusammenhang hoffen wir, dass das Glossar, z.B. bei den Ihnen noch weniger vertrauten Schwerpunktthemen, für Sie hilfreich ist. Ihre Anregungen dazu sind uns wie immer herzlich willkommen (hmd@dpunkt.de)!

CIO

Der Begriff des Chief Information Officers (CIO) wird je nach Verantwortungsbereich und Aufgabengebiet unterschiedlich definiert. Zu den Hauptaufgaben des CIO gehören die Ausrichtung der IT auf die Unternehmensstrategie, der Aufbau und Betrieb geeigneter System- und Kommunikationsarchitekturen sowie die Weiterentwicklung der Informationssysteme. In vielen Unternehmen ist der CIO direkt dem Chief Executive Officer (CEO) unterstellt, in einigen wenigen ist er Mitglied der Geschäftsleitung.

CobiT

CobiT (Control Objectives for Information and Related Topics) ist ein Referenzmodell für IT-Governance, welches eine Menge von Kontrollzielen für die Informatikprozesse definiert. In seiner aktuellen dritten Version identifiziert das Modell 34 IT-Prozesse, welche anhand von 318 Kontroll- und Überwachungsrichtlinien bewertet werden. Über Critical Success Factors, Key Performance Indicators und andere Kennzahlen wird dem Bedarf des Managements nach Kontrolle und Messbarkeit der IT Rechnung getragen. Hierdurch kann die IT-Umgebung den von CobiT identifizierten IT-Prozessen gegenübergestellt und beurteilt werden (vgl. *http://www.isaca.org/cobit.htm*).

Informationsmanagement

Das Informationsmanagement schließt aus Sicht der Unternehmensleitung das systematische, methodengestützte Planen, Steuern, Kontrollieren und Koordinieren der betrieblichen Informationsversorgung ein. Es akzentuiert die Bedeutung von Information als Produktionsfaktor resp. als Wettbewerbsfaktor. Die Wertschöpfung aller Unternehmensbereiche hängt in erheblichem Umfang von der Qualität der Informationsverarbeitung und -bereitstellung ab. Hierfür sind zum einen die Fortschritte der Informationstechnik oder IT, zum anderen die Erkenntnis verantwortlich, dass Faktoren wie Qualität und Zeit bei Geschäftsprozessen, aber auch Flexibilität für sich verändernde Kundenwünsche und Marktbedürfnisse für den Unternehmenserfolg kritisch sind (Lexikon der Wirtschaftsinformatik).

IT-Alignment

Unter IT-Alignment wird die Ausrichtung der IT an den Geschäftsaktivitäten verstanden. Der Hauptfokus liegt bei der Implementierung von IT-Lösungen, welche bestmöglich die jeweiligen Geschäftsziele und -strategien einer Unternehmung unterstützen. Daneben interessieren die unternehmensinternen Stärken und Schwächen sowie die sich ständig wandelnden Umweltbedingungen. In diesem Kontext gilt es, die IT kontinuierlich anzupassen und den Rahmenbedingungen entsprechend auszurichten (vgl. Weill, P., Broadbent, M.: Leveraging the New Infrastructure, Harvard Business School Press, 1998).

IT-Governance

Unter Governance werden Grundsätze, Verfahren und Maßnahmen zusammengefasst, welche möglichst effizient zur Unterstützung und Durchsetzung der Unternehmensstrategien und -ziele beitragen sollen. Als integraler Teil der Unternehmensführung strebt IT-Governance nach einer Ausrichtung der IT auf die Geschäftstätigkeit, einem verantwortungsvollen Umgang mit IT-Ressourcen und den damit verbundenen Risiken sowie dem Erkennen und Nutzen von IT-inhärenten Wettbewerbsvorteilen. (Das IT Governance Institute beschäftigt sich mit der Entwicklung von Prinzipien und Standards zur IT-Governance und ist entscheidend an der Entstehung der aktuellen Version des CobiT-Referenzmodells beteiligt, vgl. *http://www.itgovernance.org/index.htm*.)

ITIL

ITIL (Information Technology Infrastructure Library) ist eine herstellerunabhängige Sammlung von »Best Practices« für das IT-Servicemanagement. Ausgehend von einer Initiative der britischen Regierung Ende der 1980er Jahre wurde das Konzept kontinuierlich durch Vertreter der Praxis weiterentwickelt. Als generisches Referenzmodell für die Planung, Überwachung und Steuerung von IT-Leistungen ist ITIL mittlerweile zum internationalen De-facto-Standard für das IT-Servicemanagement geworden. Dem ITIL-Framework liegen insgesamt fünf Prozessbereiche (Business Perspective, Application Management, Service Delivery, Infrastructure Management und Service Support) zugrunde. Ziel ist es, in strategischen, taktischen und operativen Bereichen eine verbesserte Kunden- und Serviceorientierung beim IT-Dienstleister zu gewährleisten (vgl. *http://www.itil.co.uk*).

IT-Servicemanagement

Das IT-Servicemanagement umfasst jene Prinzipien und Verfahren, welche der Erstellung und Erbringung von zuverlässigen, kundengerechten IT-Dienstleistungen dienen. Neben der Kundenorientierung zielt das IT-Servicemanagement auch auf eine Qualitätsverbesserung und Kostensenkung ab. Diese Ziele ziehen einen Paradigmenwechsel – vom IT-Anwender zum IT-Servicekunden – nach sich und setzen einen kulturellen Wandel in der Organisation voraus. Es existiert diesbezüglich eine Vielzahl von Ansätzen und Konzepten, von denen insbesondere ITIL eine hohe Praxisrelevanz besitzt (vgl. van Bon, J. (Hrsg.): The Guide to IT Service Management – Volume I, Addison-Wesley, 2002).

Notizen

Join the CIO Circle

Falls Sie als CIO oder IT-Führungskraft ein Forum zum Erfahrungsaustausch suchen, dann nehmen Sie unter *http://www.cio-circle.org* mit Gleichgesinnten Kontakt auf. Dieses Netzwerk unter IT-Führungskräften organisiert informelle Gesprächsrunden, Workshops, Vortragsreihen und Diskussionsforen. Ziel dabei ist, Erfahrungen in der Führungsarbeit auszutauschen, weitere Lösungsansätze und Methoden kennen zu lernen sowie praktische Hilfen für die Aufgaben des CIO zu erhalten. Beispielsweise wird am Donnerstag, 2. Oktober 2003 in München eine Veranstaltung zum Thema IT-Servicemanagement organisiert. Der Erfahrungsaustausch findet in vertrauensvoller Atmosphäre statt und die Mitwirkung ist kostenlos.

Prof. Dr. Andreas Meier
andreas.meier@unifr.ch

Workshop »IT-Alignment und -Governance« im Rahmen der GI-Jahrestagung

Die Jahrestagung der Gesellschaft für Informatik (Informatik 2003) präsentiert traditionell das breite Spektrum aktueller Entwicklungen in der Informatik. Adressaten sind sowohl Wissenschaftler als auch Praktiker, die sich einen fundierten Überblick über die wichtigsten aktuellen Trends in der Informatik verschaffen möchten. Der Workshop »IT-Alignment und -Governance« beleuchtet aktuelle Forschungsschwerpunkte und zukünftige Trends in diesem Bereich. Im Mittelpunkt stehen Konzepte und Strategien, die eine effizientere und effektivere Gestaltung des IT-Einsatzes in Unternehmen und Organisationen ermöglichen. Der Workshop findet am 30. September 2003 in Frankfurt am Main statt. Nähere Informationen finden sich im Internet auf der Homepage der GI-Jahrestagung unter *www.informatik2003.de*.

Höhere Effizienz durch IT-Investitionen

Die Beratungsfirma Accenture analysierte 400 Unternehmen der Fertigungsindustrie, des Maschinen- und Anlagenbaus sowie der Dienstleistungsbranche aus dem deutschsprachigen Raum hinsichtlich ihrer IT-Investitionen. Knapp die Hälfte der Befragten (46 Prozent) investiert demnach in IT vor allem, um die Geschäftskosten zu senken. Umsatzsteigerung oder eine Reduktion der IT-Kosten stehen für 20 Prozent im Mittelpunkt. Des Weiteren wurde im Rahmen der Studie ermittelt, dass rund 40 Prozent der IT-Gesamtbudgets für neue IT-Lösungen aufgewendet werden, es jedoch nur einem Teil der Unternehmen gelingt, damit Produktivität und Effizienz der Geschäftsprozesse zu steigern. Weitere Schwerpunkte der Untersuchung bilden die IT-Organisation, der Einsatz von SAP und außerhalb offizieller IT-Budgets umgesetzte Projekte (»Schatten-IT«).

Erfolgreiche IT-Servicegesellschaften

Das CIO Magazin untersuchte in Zusammenarbeit mit Arthur D. Little den Markterfolg der IT-Töchter der DAX-30-Unternehmen. Die Hälfte der DAX-30-Unternehmen hat demnach ihre IT in eigene Tochterfirmen ausgegründet. Laut CIO Magazin agieren aber nur 6 IT-Tochterfirmen auch erfolgreich auf dem Drittmarkt und erwirtschaften mehr als 30 Prozent ihres Umsatzes auf dem externen Markt. Dies sind Siemens Business Services, T-Systems, ThyssenKrupp Information Services, Deutsche Börse Systems, Lufthansa Systems und Gedas (Volkswagen). Alle anderen IT-Servicegesellschaften arbeiten, zum Teil gewollt, hauptsächlich für den Mutterkonzern. Die Ergebnisse der Untersuchung finden sich in der Ausgabe Januar/Februar 2003 des CIO Magazin.

Dr. Rüdiger Zarnekow
ruediger.zarnekow@unisg.ch

Bücher

Helmut Krcmar
Informationsmanagement
3., neu überarbeitete und erweiterte Auflage, Springer-Verlag, Berlin, Heidelberg, New York, 496 S., € 29,95, ISBN 3-540-43886-6

Die Einleitung befasst sich mit der Bedeutung des Informationsmanagements (IM), verstanden als Management von Information, von Informationssystemen (IS) und von Informations- und Kommunikationstechnik (IKT). Den Abschluss des ersten Kapitels bilden Ziel und Aufbau des Buches: »Informationsmanagement« ist ein Lehrbuch, welches der Komplexität des Themas nicht durch Simplifizierung, sondern mit sensibilisierender Diskussion entgegentritt.

Das folgende Kapitel schafft einen Rahmen für das Informationsmanagement. Zuerst wird Informationsmanagement als Managementaufgabe begründet. Dabei geht Krcmar auf das Spannungsverhältnis zwischen der Lösung von langfristig gleich bleibenden Grundproblemen und dem Nacheifern von Moden und Trends ein. Die Definition einiger Grundbegriffe sowie die Darstellung der problem- und aufgabenorientierten Ansätze im amerikanischen bzw. deutschen Sprachraum dienen zur Abgrenzung des Themengebietes. Das zweite Kapitel endet mit einem vierteiligen Modell des Informationsmanagements (IM), welches den »roten Faden« und Kern des Lehrbuches bildet.

Die Aufgaben des Informationsmanagements werden entlang der Modellbereiche diskutiert: Das Management der Informationswirtschaft beschäftigt sich mit dem Umgang von Information als Ressource. Dies umfasst Fragen zu Angebot, Nachfrage und Verwendung von Informationen. Die Ergebnisse der Überlegungen dienen zur Spezifikation der Anforderungen an das Management der Informationssysteme. Diese zweite Ebene befasst sich mit Anwendungen, deren Lebenszyklus einschließlich Entwicklung sowie den zugrunde liegenden Daten und Prozessen. Die dritte Ebene des Managements der Informations- und Kommunikationstechnik stellt die technischen Grundlagen für Speicherung, Verarbeitung und Kommunikation bereit. Diese drei Ebenen strukturieren den Aufgabenbereich des Informationsmanagements nach seiner Nähe zur Technik. Die Führungsaufgaben des IM sind die vierte Gruppe des Modells. Sie erfüllen Querschnittsfunktionen des Informationsmanagements wie Strategie, Organisation und Personal des IM sowie Controlling der Informationsverarbeitung.

Das letzte Kapitel behandelt aktuelle Einsatzfelder des Informationsmanagements. Dazu werden die Themen Collaborative Commerce, Wissensmanagement und Ubiquitous Computing herausgegriffen und anhand des zuvor beschriebenen Modells hinsichtlich ihrer Herausforderungen für das Informationsmanagement untersucht.

Die Behandlung eines so breiten Themengebietes in einem Lehrbuch bedeutet eine große Herausforderung. Helmut Krcmar erhebt explizit keinen Anspruch auf eine wissenschaftlich vollständige Abhandlung, sondern stellt pragmatische und verständliche Lösungen in den Vordergrund. Dementsprechend präsentiert das Buch auch eine Auswahl an Themen, welche vertieft behandelt werden, so z.B. Prozessorientierung und -modellierung mittels Ereignisgesteuerter Prozessketten (EPK), der Einsatz von Referenzmodellen und Standardsoftware am Beispiel von SAP, Outsourcing und Geschäftsmodelle des E-Business. Des Weiteren werden strategische Aspekte immer wieder aufgegriffen und die Wechselwirkungen von Alignment und Enabling diskutiert; Ersteres beschreibt die Ausrichtung der Informationssysteme auf die Unternehmensstrategie, während Letzteres die strategischen Impulse der Informationstechnologie untersucht. Der Einsatz des Buches im Unterricht hängt stark von diesen Schwerpunkten ab, da die übrigen Themen zu allgemein abgehandelt werden, um Studierenden ein generelles Nachschlagewerk zum Informationsmanagement zu bieten.

Die größte Stärke des Lehrbuches liegt im Modell zur Systematisierung der Aufgabenbereiche, welches nicht nur Studenten, sondern auch Praktikern eine wertvolle Orientierungshilfe ist. Leider sind in der konkreten Ausarbeitung einige Übergänge zu abrupt, wenn beispielsweise innerhalb eines Unterkapitels über das Management der Informationsnachfrage von der Erläuterung der Balanced Scorecard direkt zu den Suchmaschinen im World Wide Web gewechselt wird. Manchmal überrascht – um nicht zu sagen verwirrt – die Themenzuordnung. Zum Beispiel ist die Klassifizierung von Viren im Unterkapitel »Datenbanksystem« zu finden und nicht bei den Ausführungen zu Internettechnologie und der Sicherheit in Kommunikationsnetzwerken.

Zum Schluss eine Anmerkung zu Einstieg und Abschluss des Buches: Helmut Krcmar beginnt mit der eingangs erwähnten Problematik von langfristigen Grundproblemen gegenüber kurzfristigen Modeerscheinungen anhand eines Dreiklangs von Rhetorik, Aktion und Identität. Aus diesen Überlegungen folgert er »für das Informationsmanagement, dass die temporären Moden nicht abzuflachen, auch nicht zu überhöhen, sondern dass sie zu ertragen und auszunutzen sind.« Diese Betrachtungen sind leider kein leichter Einstiegspunkt, sondern wären vielleicht besser geeignet, die aktuellen Themengebiete im letzten Kapitel durch diese philosophische Erkenntnis abzurunden.

Helmut Krcmar war lange Jahre an der Universität Stuttgart Hohenheim und ist seit Oktober 2002 am Lehrstuhl für Wirtschaftsinformatik der Technischen Universität München tätig.

Dona Mommsen-Ghosh
Universität Fribourg
Rue Faucigny 2
CH-1700 Fribourg
dona.mommsen@unifr.ch
www.unifr.ch

Hubert Österle, Robert Winter (Hrsg.)

Business Engineering – Auf dem Weg zum Unternehmen des Informationszeitalters

2., neu bearb. u. erw. Auflage, Springer-Verlag, Berlin, Heidelberg, 2003, 403 S., Hardcover, € 44,95, ISBN 3-540-00049-6

Dieser Herausgeberband beschäftigt sich in insgesamt 19 Beiträgen mit der Transformation von Unternehmen des Industriezeitalters in erfolgreiche Organisationen des Informationszeitalters. Vor dem Hintergrund der Tatsache, dass die Veränderung als einzige Konstante der heutigen Zeit angesehen werden muss, stellt sich das Sammelwerk den unternehmerischen Herausforderungen des Wandels, indem es Lösungskonzepte und Methoden des Business Engineerings zur Planung und Umsetzung der digitalisierten Wirtschaft vorstellt. Zentrale Themengebiete werden diesbezüglich in drei Hauptteile gegliedert.

Im Rahmen der ersten drei Beiträge werden zunächst die grundlegenden Fähigkeiten und Voraussetzungen für eine erfolgreiche Umsetzung von Wandlungsprozessen dargelegt. Im Fokus steht dabei das Business Engineering, welches als gesamthaftes Konzept eine systematische Transformation von Unternehmungen ermöglicht. Neben dem erfolgreichen Management der Transformation wird die Konzeption eines geeigneten Geschäftsmodells für das Informationszeitalter diskutiert. Ausgangspunkt des digitalen Unternehmens bildet dabei der Kunde, auf den sämtliche Aktivitäten auszurichten sind.

Der zweite Themenblock vertieft die verschiedenen, inhaltlich interdisziplinären Elemente des Business Engineerings. Anzumerken ist in diesem Zusammenhang, dass der Sammelband nicht nur die (üblichen) betriebswirtschaftlichen und informationstechnischen Aspekte behandelt, sondern auch dem Thema der politischen und kulturellen Dimension der Menschen in den neuen Organisationen die notwendige Aufmerksamkeit schenkt. Angereichert werden die theoretischen Sachverhalte dabei durch Praxisbeispiele und Möglichkeiten zum Selbsttest. Anhand eines konkreten Projekts aus der Musikindustrie wird dem Leser beispielsweise die konzeptionelle Vorgehensweise im Rahmen des Business-Engineering-Modells verdeutlicht.

Die abschließenden sechs Beiträge stellen aktuelle Forschungsgebiete aus dem Bereich des Business Engineerings dar. In diesem Kontext wird u.a. das Thema Customer Relationship Management (CRM) angesprochen, welches mittels Informationstechnologien eine enge, langfristige und profitable Kundenbindung anstrebt. Weitere Beiträge befassen sich u.a. mit der Vernetzung physischer Objekte (Ubiquitous Computing) und dem Thema Business Networking.

Die Inhalte des Sammelwerks werden auf eine übersichtliche und verständliche Weise dargestellt. Auf Basis einer klaren und nachvollziehbaren Struktur erhalten dabei sowohl Praktiker als auch Studenten einen sehr umfangreichen Einblick in das Thema Business Engineering. Insbesondere die ausgewogene Berücksichtigung technischer, betriebswirtschaftlicher, aber auch politischer und sozialer Implikationen ist in diesem Zusammenhang positiv anzumerken. Obwohl sich einige Beiträge auf den ersten Blick etwas schwierig in den Gesamtkontext einordnen lassen, zeigt sich hieran, wie multi- und interdisziplinär das Thema Business Engineering ist. Die Illustration theoretischer Sachverhalte durch anschauliche Beispiele und Cases aus der Praxis erleichtern dem Leser das Verständnis der Materie. Summa summarum lässt sich das Sammelwerk somit als informatives und innovatives Buch beschreiben, welches dem theoretischen Anspruch der sauberen Darstellung komplexer Zusammenhänge, aber auch dem praktischen Bedarf nach umsetzbaren Lösungsansätzen und Methoden gerecht wird.

Tobias Weichsler
Universität St. Gallen
Institut für Wirtschaftsinformatik
Müller-Friedberg-Straße. 8
CH-9000 St. Gallen
tobias.weichsler@unisg.ch
www.unisg.ch

Jan van Bon (Hrsg.)
The Guide to IT Service Management, Volume I
Addison-Wesley, London, 2002, 820 S., € 133,00, ISBN 0-201-73792-2

Der in englischer Sprache verfasste Herausgeberband van Bons ist das derzeit umfangreichste Werk zum Thema IT-Servicemanagement. Das Buch ist in zehn sehr unterschiedliche Bereiche aufgeteilt, so dass es Sinn macht, die Bereiche zunächst einzeln zu rezensieren.

Im ersten Teil werden 15 IS-Managementmodelle in einer wertfreien Art und Weise vorgestellt. Hierdurch wird dem Leser ein sehr umfassender Einblick in die Referenzmodell-Landschaft für IT-Servicemanagement gegeben. Die Autoren waren zum großen Teil an der Entwicklung der vorgestellten Modelle beteiligt, so dass die Wertfreiheit durchaus Sinn macht und angenehm auffällt.

Im zweiten Teil werden allgemeine Probleme und Herausforderungen des Outsourcing im Rahmen von vier recht unabhängigen Beiträgen diskutiert, wobei hier der Link zum Thema IT-Servicemanagement leider nicht hergestellt wird und dadurch dem Leser der Sinn des Kapitels nicht verständlich wird. Zudem ist das Thema Outsourcing schon sehr umfangreich in früher erschienener Literatur behandelt worden.

Teil 3 umfasst das Thema Metriken für IT-Servicemanagement, wobei hier Methoden zur Bestimmung von Kennzahlen und Service Levels für die einzelnen Prozessbereiche des IT-Servicemanagements im Vordergrund stehen. Die vorgestellten Methoden helfen dem Leser, einen pragmatischen Weg zu finden und sich dem Thema »Bewertung der einzelnen Prozesse« zu nähern.

Der vierte Teil behandelt das Thema Prozess-Maturity, wobei hier zum einen allgemeine Maturity-Modelle vorgestellt werden und zum anderen für drei spezifische Bereiche die Anwendung solcher Modelle veranschaulicht wird. Auch in diesem Abschnitt glänzen die Beiträge durch die Breite. Zudem schafft die Verbindung von Maturity-Theorie und deren Anwendung auf spezifische Bereiche eine positiv auffallende Pragmatik.

Im fünften Teil widmen sich die Autoren dem Thema Prozesse, wobei hier insbesondere der Service-Level-Management-Prozess betrachtet wird. In weiteren Beiträgen werden die Prozesse Softwarewartung, Cost-Management und ICT-Management behandelt. Leider wird in diesem Teil nicht die Gesamtheit der Prozesse betrachtet, sondern nur ein geringer Teil. Auch die Auswahl für die behandelten Prozesse bleibt unklar, so dass eine gewisse Willkür unterstellt werden kann.

Organisatorische Aspekte des IT-Servicemanagements sind Bestandteil des sechsten Teils. Dieser Abschnitt glänzt durch fünf praktische Ansätze für organisatorische Aspekte des IT-Servicemanagements.

Teil 7 enthält neun Beiträge mit Empfehlungen im Bereich Service Delivery. Dieser Teil fällt durch die starke Praxisorientierung und die Pragmatik der vorgestellten Ansätze positiv auf.

Die Schnittstelle bzw. der Einfluss des E-Business auf IT-Servicemanagement ist Thema des achten Teils. Hierdurch wird der Bezug und die Relevanz des IT-Servicemanagements bezüglich aktueller Trends in der IT hergestellt und somit die Nachhaltigkeit des Themas aufgezeigt.

Im neunten Teil werden Tools und Instrumente zur Unterstützung des Managements der IT-Umgebung und für den Service-Level-Management-Prozess vorgestellt. In diesem Teil hätte man sich eine umfassendere Übersicht über bestehende Tools gewünscht. Dennoch veranschaulichen die zwei Beispiele eine mögliche Konkretisierung von IT-Servicemanagement-Prozessen.

Der zehnte Teil besteht aus dem IT-Management-Glossar, welches einen sehr umfangreichen Überblick über die Begriffe des IT-Managements gibt.

Das Buch überzeugt durch die umfassende und pragmatische Darstellungsweise, die es insbesondere Praktikern ermöglicht, sich dem Thema IT-Servicemanagement zu nähern und einen Überblick über das breite Themengebiet zu gewinnen. Dabei gibt van Bon für jeden der 10 Teile im Rahmen von »Reading Instructions« und einer Kapitelübersicht eine sehr nützliche Lesehilfe an die Hand. Abschließend gibt es für jeden Teil einen Review-Abschnitt, in welchem die wesentlichen Aussagen der einzelnen Kapitel zusammengefasst werden. Der positive Eindruck wird durch den nicht eindeutig zu erkennenden roten Faden getrübt. Auch wenn es sich um einen Herausgeberband handelt, stehen die einzelnen Kapitel teilweise recht losgelöst von der Thematik – insbesondere das Kapitel »Sourcing and Procurement«. Das Buch wendet sich an Anwender und Berater aus der Praxis und ist somit für die Zielgruppe auch in der Tiefe der Themenbehandlung ausreichend. Leider fehlen teilweise Quellenangaben, so dass Interessierte Referenzen auf tiefer gehende Literatur vermissen. Van Bons Guide to IT Service Management hat aufgrund der umfassenden Betrachtung des Themas das Potenzial zu einem einführenden Standardwerk zu werden, zumal es derzeit kein weiteres Buch zu dem Thema in diesem Umfang gibt.

Dipl.-Kfm. Axel Hochstein
Universität St. Gallen
Institut für Wirtschaftsinformatik
Müller-Friedberg-Straße 8
CH-9000 St. Gallen
axel.hochstein@unisg.ch
www.unisg.ch

Eric Scherer, Dorothea Schaffner

SAP Training – Konzeption, Planung, Realisierung

Galileo Press GmbH, Bonn, 2003, 429 S., € 59,90, ISBN 3-89842-337-9

»SAP basiert auf einem mehr oder weniger vorgegebenen Organisationsmodell ... Dort, wo die Standard-SAP-Prozesse nicht mit den Anforderungen der Organisation übereinstimmen, ist eine individuelle Anpassung in der Regel nur in beschränktem Maße möglich und im Hinblick auf das Ziel der Integration auch nicht sinnvoll« (S. 61).

Mit dieser Feststellung umreißen die beiden Autoren selbst die Problemstellung ihres Buches. Bei der Einführung von SAP – aber auch bei der Einführung anderer ERP-Softwaresysteme – muss die Organisation und dabei vor allem die Arbeitsorganisation in erheblichem Umfang an die Gegebenheiten des Softwaresystems angepasst werden. Betroffen sind damit bei jeder Systemeinführung die Menschen in der Organisation. Faktisch wird aber in den meisten Projekten zur Einführung integrierter Softwaresysteme der Qualifizierung der Mitarbeiter – wenn überhaupt – nur ein sehr geringer Stellenwert beigemessen. Hier setzt das Buch von Scherer und Schaffner einen deutlichen Kontrapunkt.

Ausgehend von einer grundsätzlichen Darstellung des »Erfolgsfaktors Qualifizierung« (Kapitel 1) werden »Mythen und Realitäten der betrieblichen Reorganisation« (Kapitel 2) herausgearbeitet und hinsichtlich der Bedeutung von »Qualifizierung und Change Management bei der Einführung von SAP« (Kapitel 3) verdichtet. Der Grundlagenteil des Buches schließt mit »Lernen als ganzheitlicher Prozess« (Kapitel 4).

Kapitel 5 »Elemente einer SAP-Qualifizierungsinitiative« und Kapitel 6 »Umsetzung einer SAP-Qualifizierungsinitiative« beziehen sich auf die organisatorische Umsetzung von Qualifizierungsmaßnahmen.

Kapitel 7 »Lehrmethoden«, Kapitel 8 »Projektkommunikation und Kommunikation im Projekt«, Kapitel 9 »Komplexe Zusammenhänge verständlich machen: Prozess- und Managementschulungen«, Kapitel 10 »Wissensvermittlung durch E-Learning«, Kapitel 11 »Spiele als Mittel zur Wissensvermittlung« sowie Kapitel 12 »PC-Kenntnisse« bilden eine fundierte Darstellung der relevanten Methoden der Wissens- und Informationsvermittlung.

Detailschritte einer SAP-Qualifizierung werden praxisorientiert in Kapitel 13 »Bildungsbedarfsanalyse und Entwicklung Kursangebot«, in Kapitel 14 »Trainerqualifizierung und Train-the-Trainer«, in Kapitel 15 »Dokumentation und Kursmaterialentwicklung«, in Kapitel 16 »Qualitätssicherung und Evaluation von SAP-Qualifizierung« sowie in Kapitel 17 »Key-User und Qualifizierung nach dem Go-live« präsentiert.

Kapitel 18 »Rollen und Berechtigungen« und Kapitel 19 »Aufbau eines Schulungssystems« stellen IT-Aspekte dar.

Abgerundet wird das Buch durch spezifische Aspekte in Kapitel 20 »Kosten- und Nutzenaspekte«, Kapitel 21 »Externer Dienstleistungsmarkt« sowie Kapitel 22 »Betriebliche Mitbestimmung«.

Durch die gut strukturierte Zusammenstellung der Themen und deren sehr gute inhaltliche Aufbereitung werden alle wesentlichen Fragestellungen der Qualifizierung im Zusammenhang mit der Einführung integrierter ERP-Systeme behandelt.

Positiv hervorzuheben ist auch Kapitel 23 »Qualifizierung für den eiligen Manager«, in dem auf zwei Druckseiten die wesentlichen Aussagen des Buches zusammengefasst werden.

Im Anhang findet der Leser ein Methodenverzeichnis, das überblicksartig Referenzen zwischen den relevanten Methoden und deren Behandlung in den einzelnen Kapiteln herstellt, ein Verzeichnis der wichtigsten Dokumente zur ASAP-Methode, ein kommentiertes Literaturverzeichnis, eine Auflistung der verwendeten Quellen sowie ein umfangreiches Stichwortverzeichnis.

Mit dem Buch wird ein Zugangscode für die Verlags-Website geliefert, die umfangreiches Zusatzmaterial zum Thema SAP-Training bereitstellt.

Das Buch ist für mich ein sehr empfehlenswertes Grundlagenwerk für alle, die sich mit Qualifizierung im Zusammenhang mit der Einführung komplexer Softwaresysteme beschäftigen. Trotz des SAP-Bezugs im Titel machen SAP-spezifische Darstellungen nur einen geringen Bruchteil des Umfanges aus, und selbst diese sind so geschrieben, dass sie auch für einen »Nicht-SAPler« zum Lesen zu empfehlen sind.

Hans-Peter Fröschle M.A.
i.t-consult GmbH
Heßbrühlstr. 21 B
70765 Stuttgart
hpf@i-t-consult.de
www.i-t-consult.de

Frank Wolf

SAP Web Application Server®

Internet-Anwendungen entwickeln mit ABAP, HTML und JavaScript

dpunkt.verlag

Ringstraße 19 B · D-69115 Heidelberg
fon: 0 62 21 / 14 83 40
fax: 0 62 21 / 14 83 99
e-mail: hallo@dpunkt.de
www.dpunkt.de

2003, 320 Seiten, Festeinband
€ 39,00 (D)
ISBN 3-89864-214-3

Kongresse – Tagungen – Messen 2003

August

25.-27.08.2003, Klagenfurt
JMLC '2003
Joint Modular Languages Conference
http://jmlc-itec.uni-klu.ac.at

September

01.-05.09.2003, Helsinki, Finnland
9th European Software Engineering Conference (ESEC) and 11th ACM SIGSOFT International Symposium on the Foundations of Software Engineering (FSE-11)
http://esecfse.cs.Helsinki.fi

07.-10.09.2003, Stuttgart
3. Fachübergreifende Konferenz »Mensch & Computer 2003«, »Interaktion in Bewegung«
http://www.mensch-und-computer.de/mc2003/

09.-12.09.2003, Berlin
VLDB 2003
29th Int. Conference on Very Large Data Bases
http://www.vldb.informatik.hu-berlin.de/

15.09.2003, St. Gallen
12. St. Galler Anwenderforum AWF
http://forum.iwi.unisg.ch

17.-19.09.2003, Nürnberg
CONQUEST 2003
7th Conference on Quality Engineering in Software Technology
http://www.asqf.de

17.-19.09.2003, Dresden
6. Internationale Tagung Wirtschaftsinformatik 2003
Medien – Märkte – Mobilität
http://www.wi2003.de

22.-25.09.2003, Erfurt
GPCE 2003
2nd International Conference on Generative Programming and Component Engineering
Part of NetObjectDays'03
http://gpce.org

22.-25.09.2003, Casa Grande Hotel, São Paulo, Guarujá, BRAZIL
I3E 2003
3rd IFIP International Conference on e-Commerce, e-Business and e-Government
http://www.cenpra.gov.br/I3E_conference

22.-25.09.2003, Erfurt
net.objectdays 2003
http://www.netobjectdays.org/

23.-24.09.2003, Erfurt
ICWS-Europe'03
The International Conference on Web Services – Europe 2003
http://www.jeckle.de/ICWS03-Europe

24.-26.09.2003, Varazdin, Croatia
IIS 2003
14th International Conference on Information and Intelligent Systems
http://www.foi.hr/iis

29.09.-03.10.2003, Frankfurt
Informatik 2003
33. Jahrestagung der Gesellschaft für Informatik e.V.
http://www.informatik2003.de/

Oktober

08.-13.10.2003, Frankfurt / Main
Buchmesse Frankfurt
http://www.frankfurt-book-fair.com/

15.-17.10.2003, Universität Münster
EMISA 2003: AUF DEM WEG IN DIE E-GESELLSCHAFT
Workshop der GI-Fachgruppe »Entwicklungsmethoden für Informationssysteme und ihre Anwendung (EMISA)«
http://dbms.uni-muenster.de/emisa2003/

20.-24.10.2003, San Francisco, USA
UML' 03
Sixth International Conference on UML-Modeling Languages and Applications
http://www.umlconference.org/

27.-29.10.2003, Frankfurt / Main
LinuxWorld
http://www.linuxworldexpo.de

November

06.-08.11.2003, Friedrichshafen
Intertech 2003
14. Internationale Technologiemesse
http://www.messe-fn.de/messen/intertech/

19.-21.11.2003, Paris, France
DAIS 2003
Fourth International IFIP Working Conference on Distributed Applications and Interoperable Systems
http://fedconf.enst.fr/

24.-25.11.2003, York, England
Metamodelling for MDA
http://www.cs.york.ac.uk/metamodel4mda

Tipps, Hinweise und Inputs sind willkommen:
HMD@dpunkt.de

Vorschau

Eine Inhaltsübersicht zum nächsten HMD-Heft 233 Financials finden Sie auf der hinteren Umschlagseite innen. Die Hefte 234 bis 236 behandeln die untenstehenden Schwerpunkte. Wenn Sie zu einem dieser Hefte einen Beitrag leisten wollen oder Anregungen haben, wenden Sie sich bitte an den zuständigen Herausgeber oder die Redaktion (Anschrift siehe Impressum). Wenn Sie sicher gehen wollen, dass Ihr Vorschlag bei entsprechender Eignung berücksichtigt werden kann, wenden Sie sich bitte spätestens ca. 6 Monate vor Erscheinungstermin des jeweiligen HMD-Heftes an uns.

HMD 234: Web-Services (12/03)

Der Hype der Internet-Ökonomie ist noch nicht ganz verklungen, da lockt uns mit Web-Services das nächste Internet-Thema. Web-Services setzen auf eine konsequente Umsetzung des Komponentenansatzes bei der Software-Entwicklung. Auf der Basis von XML werden Internet-basierte Middleware- und Funktionskomponenten bereitgestellt, um isolierte Anwendungen und Daten zu integrieren. Für die Software-Industrie werden mit dem Übergang von einem Software-Lizenzierungsmodell zu einem Software-Service-Modell neuartige Geschäftsmodelle prognostiziert. Für die Anwenderseite stellen Web-Services die technologische Basis einer – auch unternehmensübergreifenden – Integration und damit Standardisierung von Anwendungen und Geschäftsprozessen dar.

Die Autoren des Schwerpunktheftes präsentieren Grundlagen und analysieren die Visionen und Potenziale von Web-Services:

- Aktueller Status der Web-Service-Standardisierung
- Neue Geschäftsmodelle und Auswirkungen auf die Software-Industrie
- Aktuelle und prognostizierte Marktdurchdringung
- Sicherheits- und Performance-Aspekte von Web-Services
- Lösungsszenarien zum Einsatz von Web-Services zur Anwendungsintegration sowie zur unternehmensübergreifenden Geschäftsprozessintegration

Die Szenarien werden durch aktuelle Realisierungsbeispiele ergänzt.

Hans-Peter Fröschle
hpf@i-t-consult.de

HMD 235: Handel / Warenwirtschaftssysteme (WWS) (02/04)

Im Zeitalter des WWW und des Supply Chain Managements stehen Warenwirtschaftssysteme im Mittelpunkt der IT-Abteilung im Handelsunternehmen. Optimierte Warenströme (hohe Verfügbarkeit bei geringen Beständen), jederzeit aktuelle Informationen für dispositive Zwecke, Integration von Internetapplikationen (elektronischer Handel – B2B, B2C) und Fremdsystemen (Mergers), Lieferanten (SRM), Kunden (CRM) und Business-Intelligence-Anwendungen (Data Warehouse) sind die Herausforderungen, die es zu bewältigen gilt.

Typische Fragen hierzu sind: Welche Vorteile haben Standard- gegenüber Individuallösungen? Welche Entwicklungstrends zeichnen sich ab? Wo ergeben sich – z.B. aufgrund besserer technischer Möglichkeiten – neue Einsatzmöglichkeiten und Nutzenpotenziale? Welche Erfahrungen gibt es mit den vorhandenen Systemen, wo ist eine Feinjustierung nötig?

Im HMD-Heft 235 werden diese Fragen aufgegriffen und diskutiert. Vorgesehen sind aktuelle Beiträge über Grundlagen, Strategien, Methoden und Techniken zum Thema Handel / WWS. Darüber hinaus sind Erfahrungsberichte geplant, die auf die Realität in der betrieblichen Praxis eingehen.

Prof. Dr. Knut Hildebrand
knut.hildebrand@t-online.de

HMD 236: IT-Sicherheit (04/04)

Sicherheit in der IT ist in demselben Maße unverzichtbar geworden wie die IT selbst und gewinnt ständig weiter an Bedeutung.

Sicherheitslöcher in der Software machen täglich Schlagzeilen. Wurden anfangs nur Windows-Derivate auf Sicherheitslöcher untersucht, so wird derzeit systematisch alle Standardsoftware – auch Open Software – einer öffentlichen Prüfung unterzogen. Wird dies irgendwann zu einem Ende kommen? Und zu welchem? Oder wird sich das Thema ewig fortentwickeln – so ähnlich wie das Qualitätsthema?

Wie die IT in ihren Anfängen, so kostet Sicherheit derzeit immer noch – ohne dass jemand nachfragt, wie viel sie bringt. Klar, wenn durch ein Sicherheitsloch das Überleben des Unternehmens dranhängt, scheinen auf den ersten Blick alle erträglichen Aufwände gut angelegt zu sein. Ist das wirklich so?

- Wie viel Sicherheit braucht der Mensch – braucht das Unternehmen?
- Wie viel darf diese Sicherheit kosten? Wie viel zusätzliche Sicherheit wird für die aufgewandten Kosten geschaffen? Und ab wann sind Investitionen in Sicherheit unsinnig?

Diesen und ähnlich wichtigen betriebswirtschaftlichen Fragen wollen wir im Heft 236 – IT-Sicherheit – nachgehen.

Dipl.-Physiker Michael Mörike
michael.moerike@gmx.de

HMD 237: Virtuelle Organisationen (06/04)

Prof. Dr. Heidi Heilmann
Heidi.Heilmann@t-online.de

HMD 238: Linux/Open Source (08/04)

Prof. Dr. Heinz Sauerburger
Sauerburger@fh-furtwangen.de

HMD 239: Product-Life-Cycle (10/04)

stefan.meinhardt@sap.com

Neben dem jeweiligen Schwerpunkt werden auch andere aktuelle Themenstellungen behandelt.

Änderungen vorbehalten

Stichwortverzeichnis

Dieses Stichwortverzeichnis umfasst alle HMD-Beiträge ab Heft 229 (Februar 2003). Stichwörter vor Heft 229 finden Sie im Jahresregister 1998–2002 unter *http://hmd.dpunkt.de/archiv*

A

Access-Control-Funktionen 232/79
ActiveX Data Objects.NET (ADO.NET) 230/39
Adaption 229/42
Adaptive Software Development (ASD) 231/46
Agile Methoden 231/5
Agile Softwareentwicklung 231/46
Agile Verfahren 232/66
Agiles Manifest 231/46
Akzeptanz neuer Konzepte 231/79
Application Design for Analytical Processing (ADAPT) 231/97
Architektur 232/25
Architekturmanagement 232/57
Aspektorientiertung 231/19
Aufwandsschätzung 231/55
Auslagerung 230/86
Authentisierung 232/79
Automatische Identifikation 229/23
Autorisierungsfunktion 232/79
Aware Goods 229/56
Axis 230/28

B

Balanced Scorecard 230/96
Benchmark 230/96
Benutzer 231/71
Benutzungsschnittstellen 231/71

C

C# 230/15
Change Management 231/79
ChartFX 230/57
CIO 232/17
CMM(I) – Capability Maturity Model (Integration) 231/63
Codegenerierung 231/38
Content-Altlasten 230/106
Content-Bedarfsprüfung 230/106
Content-Management-Systemen 230/106
~ empirische Studie zur Nutzung im Intranet 230/106
contentXXL 230/57
Customer Relationship Management (CRM) 229/33
CobiT (Control Objectives for Information and Related Technology)
Crystal-Methodenfamilie 231/46

D

Data-Warehouse-System 231/97
Debitorenmanagementsystem 230/57
Delegaten 230/15
Delta-Softwarearchitektur 229/68
Deserialisierung 230/48
Development Tools 230/7
Dezentrale Softwareentwicklung 232/66
Dimensional Fact Model (DFM) 231/97
Domain Engineering 231/28
DSO.isys 230/65
Durchlaufzeitverkürzung 231/28
DV-Architektur 232/57
Dynamic Software Development Method (DSDM) 231/46

E

E-Business 230/74
E-Business-Strategie 232/37
Eigenerstellung 230/86
Einführung neuer Konzepte 231/79
Eingebettete Rechner 229/90
Enterprise Resource Planning (ERP) 229/33
Entwicklungsumgebung 229/90
Entwicklungsplattformen – Java vs. .NET 230
Extreme Programming (XP) 231/46
»eyes free« 229/68

Stichwortverzeichnis

F
Frameworks 230/7

G
Geschäftsarchitektur 232/57
Geschäftsprozesse 230/28; 232/66
Geschäftstransaktionen 230/28
Gesundheitsmarkt 229/102
Grafische Notationssprachen 231/97

H
Hacker 232/79
»hands-free« 229/68
Headset 229/68
Hidden Action 230/86
Hidden Information 230/86
Hidden Intention 230/86
HP ITSM (HP IT Service Management Reference Model) 232/45

I
IBM ITPM (IBM IT Process Model) 232/45
I-Code 229/81
Informatikplanung 232/25
Informatikstrategie 232/25
Informationsmanagement 232/17
Informationssystem-Architektur 232/57
Innovationsmanagement 231/79
Integration 230/28
Intellectual Capital Management (ICM) 230/96
Intelligente Etiketten 229/81
Intranet 230/106
Invasive Komposition 231/19
ISO 9001 232/66
IT-Dienstleistung 232/7
IT-Entwicklung 232/89
IT-Governance 232/7, 17
ITIL (IT Infrastructure Library) 232/45
IT-Management 232/7
IT-Managementprozesse 232/45
IT-Organisation 232/17
IT-Produkt 232/7, 89
IT-Produktion 232/89
IT-Referenzmodelle 232/45
IT-Servicemanagement 232/45

J
J2EE 230/7, 74
Java 230/7, 15, 28
Java Database Connectivity (JDBC) 230/39

K
Kalkulation 232/89
Knowledge Management 230/96
Kommunikation 231/55
Komponentenmodell 230/48
Komponentenorientierung 231/5
Komponentensysteme 231/19
Konstruktor 230/15
Koordination 231/55
Kosten-Nutzen-Schätzung 231/79
Kostenrechnung 232/89

L
Lean Development (LD) 231/46
Lebenszyklus 232/7
Lokalisierung 229/23
~ zentral – dezentral 229/16

M
Marktanalyse Websites 229/102
Marktstudie Websites 229/102
Metaebene 232/57
Mobile Anwendungen 229/42
Mobile Business 229/33
Mobilität 229/16
Model Driven Architecture (MDA) 231/5, 38
Modellierung 231/38; 232/57
~ semantische 231/97
Monitoring 231/88
Mono 230/7
Mundo 229/68
my-d 229/81

N
Namensraum 230/15
.NET 230
.NET Passport 230/7
Neue Konzepte in der Softwareentwicklung 231
Nutzenpotenziale 229/5

O

Objektorientierung 231/19
Online-Dienstmarkt 229/102
Open-Source-Entwicklung 231/5
Open-Source-Software 230/74; 231/55
Organisations-Netzwerk-Analyse (ONA) 230/96
Outsourcing 230/86; 231/88

P

Pagination 229/42
Parallelisierung 231/55
Performanz 230/7, 39
Persistenz 230/7, 39
Persona 231/71
Pervasive Computing 229/5
Phasenmodell 231/88
Plattform 230/74
Portabilität 230/7, 39
Portal 230/74
Portalgestütztes Wissensmanagement 232/98
Portfolio-Management 231/28; 232/7, 17
Prinzipal-Agenten-Theorie 230/86
Priorisierung von Anforderungen 231/28
Product Line Engineering 231/5
Produktfamilien 231/28
Produktmanagement 232/7
Produktlinien 231/28
Projekt, IT-intern 231/79
Projektmanagement 231/28; 232/66
Projektorganisation 232/25
Prozessverbesserung 231/28
Python 230/74

Q

QM-Framework 232/66
Qualitätssicherung 232/98

R

Radiofrequenzidentifikation (RFID) 229/23
~ Technologien 229/5, 81
Reifegradmodelle 231/63
Release-Zyklus 231/55
Reporting 231/88
Review 231/88

S

Scrum 231/46
Semantische Datenmodelle 231/97
Semantische Modellierung 231/97
Serialisierung 230/48
Serviceebenen-Anforderungen 231/88
Serviceebenen-Vereinbarungen 231/88
Service Level Agreements (SLAs) 231/88
Service Level Management (SLM) 231/88
Service Level Requirements (SLRs) 231/88
Service-Management 232/7
Sicherheitsarchitektur 232/79
Sichtensysteme 231/19
Situationsanalyse 232/25
Skalierbarkeit 230/7, 39
Smartcard 229/81
Smart Items 229/56
Smart-Its 229/90
Smart Shelf 229/56
Smart Vending Machines 229/56
Smarte Dinge 229/23
Smart-Items-Infrastructure 229/56
SOAP 230/28, 48
Software-Engineering 232/57
Softwareentwicklung 230/74; 231
~ neue Konzepte in der 231
Softwareentwicklungsmethoden 231/5
Softwareentwicklungsmodell 231/55
Softwarekomposition 231/19
Softwarequalität 232/66
~ Verbesserung der 231/63
Software-Qualitätsmanagement 232/66
Softwaretest 231/55
Standardsoftware 229/33
Strategieentwicklung 232/37
~ Vorgehensmodell 232/37
~ Fallstudien 232/37
~ Laborstudien 232/37
Strategische E-Business-Planung 232/37
Strategische Erfolgspositionen 229/5
Strategisches IT-Management 232
Supply Chain Management (SCM) 229/33

T

Talking Assistant 229/68
Test 229/16

Stichwortverzeichnis

TicketXPert.NET 230/57
Training 231/79
Transaktionskostentheorie 230/86
Transcoding 229/42

U

UbiComp 229/5
~ Bausteine 229/5
Ubiquitäre Infrastrukturen 229/42
Ubiquitous Computing 229
Unified Modeling Language (UML) 231/5, 38, 97
Unsicherer Code 230/15
Usability 231/71
User Interface Design 231/71

V

Vergleich von Websites 229/102
Virenattacken 232/79
Volkswagen AG 232/98

W

Wartbarkeit 232/57
Web-basierte Anwendungen 229/42
Webseiten 230/106
~ Erstellung, Verwaltung und Pflege 230/106
Web Service Description Language (WSDL) 230/28
Web-Services 230/7, 28
Werkzeuge 231/38
Wertschöpfungskette 229/33
WinCO 230/57
Wissensmanagement 232/98
Wissensportal 232/98

X

XML 229/42
XP (Extreme Programming) 231/46

Z

Zope 230/74

Rückblick
Das HMD-Jahresregister enthält jeweils:
– alle Hefte der letzten 5 Jahre mit ihren Schwerpunktthemen sowie die im kommenden Jahr neu erscheinenden Hefte
– ein Stichwortverzeichnis zu allen Beiträgen der letzten 5 Jahre (das Stichwortverzeichnis zum jeweils aktuellen Jahr wird in den Heften während des Jahres laufend aktualisiert und gedruckt)
– ein Autorenverzeichnis zu allen Beiträgen der letzten 5 Jahre
Bis einschließlich Heft 222, Dezember 2001, befindet sich das Jahresregister im letzten Heft eines Jahrgangs). Ab dem Jahrgang 2002 stellen wir Ihnen das Jahresregister auf der HMD-Website *http://hmd.dpunkt.de/archiv* elektronisch als PDF zur Verfügung.

Datenbank-Spektrum
Zeitschrift für Datenbanktechnologie

Das Datenbank-Spektrum versteht sich als ein Medium für den Austausch von Informationen aus der Datenbankpraxis und -forschung. neben Grundlagenbeiträgen, Tutorials und Forschungsergebnissen werden Erfahrungen aus der Praxis sowie aktuelle Standards und Technologien aus den Bereichen Datenbanken und deren Anwendungen veröffentlicht.

Die Themenschwerpunkte der kommenden Hefte:

- Heft 6 · Information Integration
- Heft 7 · Hochleistungs-/Cluster-Datenbanken
- Heft 8 · Data Mining/Business Intelligence
- Heft 9 · Scientific Databases

Abonnenten-Preis:
€ 74,00 (zzgl. Versandkostenpauschale)
3 Ausgaben pro Jahr

Einzelverkaufspreis:
€ 25,00 je Heft zzgl. Versandkosten

ISSN 1618-216

www.datenbank-spektrum.de

dpunkt.verlag

Ringstraße 19 B · D-69115 Heidelberg · fon: 0 62 21 / 14 83 40
fax: 0 62 21 / 14 83 99 · e-mail: hallo@dpunkt.de · www.dpunkt.de

Impressum

HMD – Praxis der Wirtschaftsinformatik wurde 1964 als »Handbuch der maschinellen Datenverarbeitung« gegründet. Ab Heft 150 bis Heft 201 lautete der Titel »HMD – Theorie und Praxis der Wirtschaftsinformatik«. – ISSN 1436-3011 – 40. Jahrgang – ISBN 3-89864-205-4

Verlag und Vertrieb: dpunkt.verlag GmbH • Ringstraße 19 b • 69115 Heidelberg • Tel. 0 62 21/14 83 40 • Fax 0 62 21/14 83 99 • wilbert@dpunkt.de

HMD-Redaktion: Christa Preisendanz • c/o dpunkt.verlag GmbH • Tel. 0 62 21 / 14 83-0 • Fax 0 62 21 / 14 83-99 • HMD@dpunkt.de • http://hmd.dpunkt.de

Anzeigen: Antje Nicklas • Tel. 06221-148324 • nicklas@dpunkt.de
Anzeigenpreisliste Nr. 21 vom 1. 1. 2003.

Herausgeber:
Prof. Dr. Heidi Heilmann (verantwortliche Schriftleiterin) • Universität Stuttgart • Auf der Stelle 11/1 • 71067 Sindelfingen • Tel. 07031/805371 • Heidi.Heilmann@t-online.de
Hans-Peter Fröschle M.A. • i.t-consult GmbH • Heßbrühlstr. 21 B • 70565 Stuttgart • Tel. 0711-782959510 • Mobil 0171-3197810 • hpf@i-t-consult.de • www.i-t-consult.de
Prof. Dr. Knut Hildebrand • Fachhochschule Darmstadt • Fachbereich Wirtschaft • Haardtring 100 • 64295 Darmstadt • Tel. 06151-16-8395 • Mobil 0177/3884400 • knut.hildebrand@t-online.de
Prof. Dr. Andreas Meier • Universität Fribourg • Rue Faucigny 2 • CH-1700 Fribourg • Tel. 0041/26/3008322 • andreas.meier@unifr.ch
Dipl.-Kfm. Stefan Meinhardt • SAP Deutschland AG & Co. KG • 69190 Walldorf • Tel. 06227/74–3801 • stefan.meinhardt@sap.com
Dipl.-Physiker Michael Mörike • Vor dem Kreuzberg 28 • 72070 Tübingen • Tel. 07071/943954 • michael.moerike@gmx.de • www.moerike.net

Prof. Dr. Susanne Strahringer • EUROPEAN BUSINESS SCHOOL, Private Wissenschaftliche Hochschule • Wirtschaftsinformatik / Information Systems • Schloss Reichartshausen • 65375 Oestrich-Winkel • Tel. 06723-69251 • Mobile 0172-6649145 • susanne.strahringer@ebs.de
Prof. Dr. Heinz Sauerburger • Fachhochschule Furtwangen • Gerwigstraße 11 • 78120 Furtwangen • Tel. 07723/920459 • sauerburger@fh-furtwangen.de

Copy-Editing: Ursula Zimpfer, Herrenberg
Satz und Herstellung: Josef Hegele, Dossenheim
Umschlaggestaltung: Helmut Kraus, Düsseldorf
Druck: Koninklijke Wöhrmann B. V., Zutphen, Niederlande

Bezugsbedingungen (Stand 1. 1. 2003): Erscheinungsweise: 6 Ausgaben pro Jahr • Lieferung im Jahresabonnement gegen Vorausberechnung. 6 Lieferungen = € 114,00 (D) zzgl. Versandpauschale (Inland € 9,40, Ausland € 15,00). Schuber € 8,00; der Schuber ist gesondert zu bestellen. Das Abonnement verlängert sich zu den jeweils gültigen Bedingungen um ein Jahr, wenn es nicht 8 Wochen vor Ablauf des Bezugszeitraums schriftlich gekündigt wird. GI-Mitglieder erhalten eine Ermäßigung von 25 %, Studenten erhalten eine Ermäßigung von 50 % auf das Abo. Einzelheft € 23,50 (D) zzgl. Versandkosten.

Die Zeitschrift sowie alle in ihr enthaltenen einzelnen Beiträge und Abbildungen sind urheberrechtlich geschützt. Jede Verwertung, die nicht ausdrücklich vom Urheberrechtsgesetz zugelassen ist, bedarf der vorherigen Zustimmung des Verlags. Fotokopien für den persönlichen und sonstigen eigenen Gebrauch dürfen nur von einzelnen Beiträgen oder Teilen daraus als Einzelkopien hergestellt werden. Jede im Bereich eines gewerblichen Unternehmens hergestellte oder benützte Kopie dient gewerblichen Zwecken gemäß § 54 (2) UrhG und verpflichtet zur Gebührenzahlung an die VG WORT, Abteilung Wissenschaft, Goethestraße 49, 80336 München, von der die Zahlungsmodalitäten zu erfragen sind.
Die Wiedergabe von Warenbezeichnungen in dieser Zeitschrift berechtigt auch ohne Kennzeichnung nicht zu der Annahme, dass solche Namen im Sinne der Warenzeichen- und Markenschutzgesetzgebung als frei zu betrachten wären.